두 시점의 개념사
―현지성과 동시성으로 보는 동아시아 근대

두 시점의 개념사
― 현지성과 동시성으로 보는 동아시아 근대

한림대학교 한림과학원 편

서정훈·양일모·고쿠분 노리코(이예안 옮김)·
노관범·이행훈·송인재·허수·강중기

푸른역사

머리말
현지성과 동시성으로 보는 근대 개념사

　문헌의 해석은 언어의 탐사에서 시작한다. 역사 연구도 마찬가지이다. 텍스트를 구성하는 언어는 과거의 실상을 이해하는 열쇠이며, 언어라는 도구를 통해 비로소 과거의 진실을 포착할 수 있다. 이런 점에서 흔히 언어는 실재를 반영하는 거울에 비유된다. 그러나 그 거울은 본질적으로 불완전해 실재를 정확하게 반영할 수 없다.
　언어의 불완전함은 텍스트의 다양한 해석과 오독을 낳는 근원이다. 나아가 진리와 대면하기에는 텍스트를 구성하는 언어가 너무도 유한하다. 조선 말기 문인 이건창李建昌(1852~1898)이 성인聖人의 언어에 회의를 품고 직접 천지의 도道와 만나고자 했을 때, 그는 성인의 언어도 시대의 한계를 벗어나지 못한다는 사실을 통찰했다. 그가 보았듯이 보편적인 규범을 정초한 성인의 언어조차 역사적 산물에 불과하다면, 언어 그 자체의 완전함을 맹신하는 것은 지적인 물신숭배일 것이다.

언어의 불완전성이나 유한성이 두드러지는 것은 언어가 변화하기 때문이다. 인간의 언어는 언제나 변한다. 이는 발화 주체가 특정 시공간의 제약 아래 놓이기 때문에 발생하는 불가피한 현상이다. 조선 후기의 학자 이상수李象秀(1820~1882)는 이러한 언어의 가변성을 명확하게 인식하고 새로운 독서 전략을 제시한 바 있다. 독자들이 처한 언어적 상황은 문화적으로 서로 다를 수밖에 없으며, 최초의 어휘도 지역적·시대적 전달 과정에서 그 의미가 끊임없이 변한다는 사실을 유념하자는 주장이다.

이상수가 지적한 언어의 공간적·시간적 가변성은 일단 동아시아 고문사학古文辭學의 맥락에서 논의되어야 하겠지만, 오늘날 한국 근대 개념사를 올바르게 성찰하기 위해서도 이상수의 지적은 시사하는 바가 크다. 개념사의 연구 대상은 인간의 언어이다. 개념사적 견지에서 볼 때 인간의 언어는 역사로부터 초월해 고정 불변하는 것이 아니다. 언어에는 항상 역사적 시간과 공간에서 형성된 인간의 경험이 개입해 있다. 역사적 경험을 적극적으로 고려할 때 언어를 어휘의 차원에서 개념의 차원으로 고양시켜 인식할 수 있게 된다.

이렇게 볼 때 언어의 불완전성이나 유한성의 원인으로 간주되어 온 언어의 공간적·시간적 가변성, 곧 언어의 역사성은 도리어 개념사의 중심적인 연구 대상으로 부각될 수 있다. 언어의 역사성이야말로 언어가 인간의 역사적 경험과 밀접하게 대응해 있다는 징표이기 때문이다. 개념사의 본래적인 관심이 역사적 변화와 접맥된 개념의 변화를 규명하는 데 있으므로 언어의 역사성에 대한 탐구는 개념사 연구에서 필수적이다. 더구나 개념들이 '언어혁명'이라는 급격한 변화를 거쳐 근대로 진입했다는 관점에 설 경우, 근대라는 시공간 속에 위치하는 언어의 역사성에 대한 관심은 더욱 각별할 수밖에 없을 것이다.

이와 같은 견지에서 이 책은 근대라는 시공간에서 발현되는 언어의 역사성과 이에 따른 개념의 역사성을 어떻게 인식할 것인가를 화두로 삼았다. 구체적으로 그러한 역사성의 공간적 차원으로는 개념의 현지성locality이라는 문제를 상정하고, 시간적 차원으로는 개념의 동시성contemporaneity이라는 문제를 상정했다. 현지성과 동시성은 근대라는 시공간의 본질적 측면, 특히 한국 근대의 시공간이 가진 본질적 측면을 보여 주는 중요한 지표가 될 수 있다. 우리는 현지성과 동시성으로 한국 근대 개념사를 둘러싼 통념적 견해에서 탈피할 수 있으리라는 기대도 갖고 있다. 여기서 말하는 통념적인 견해란 한국 근대 개념사를 서양 근대 개념의 수용사로 간주하는 단선적인 이해 방식을 말한다.

먼저 현지성의 문제를 보도록 한다. 한국 근대 개념사에서 현지성은 개념의 근대적 공간 구조를 전형적으로 표현할 수 있는 지표이다. 앞에서 말한 통념적인 견해에 따르면, 개념의 공간 운동은 개념의 근대성을 선취한 서양의 개념이 비非서양 세계로 전파되는 현상을 가리킨다. 한국 근대 개념사에서 이 현상에 대해 말하자면 서양의 특정 개념이 동아시아의 중국과 일본을 거쳐 한국에 도달한다는 식으로 설명될 수 있을 것이다. 이러한 설명은 당대에 실제로 일어난 개념의 공간 운동이 가진 중요한 측면을 보여 준다. 그러나 개념 운동 과정에서 확인되는 지점들이 '출발지―경유지―도착지'라는 위계적인 도식 속에 놓일 뿐, 각 지점들이 역사적 배경과 언어적 환경을 반영해 각각 어떠한 특성을 구현하고 있었는가에 대해서는 진지하게 주목하지 못했다. 현지성에 대한 충분한 이해 없이 개념의 출발지와 도착지를 기계적으로 접속시켜 볼 경우, 출발지 개념의 의미로 도착지 개념의 의미를 예단하거나 도착지 개념의 의미로 출발지 개념의 의미를 유추하는 함정에 빠질 것이다. 이처럼 개념의 공간 운동을 개념사의 실제에 합당한 방식으로 설명하기 위해서는 개념의 현지성에 관한 인식이 중요하다고 생각된다.

다음으로 동시성의 문제를 보도록 한다. 한국 근대 개념사에서 동시성은 개념의 근대적 시간 구조를 적실하게 표현할 수 있는 개념이다. 앞에서 말한 통념적인 견해에 따르면 개념의 시간 운동은 개념의 근대성을 선취한 서양 개념이 비서양 세계에 유입되어, 아직 근대성을 획득하지 못한 현지의 전통적인 개념들을 대체하는 현상을 가리킨다. 그리고 그 대체의 결과는 시간적인 단절이 일어난 것으로 이해된다. 이 구도에 따르면 비서양 세계의 개념사는 시간적으로 서양 개념이 유입하기 이전과 이후로 양분되며, 이전의 시간대는 전통적인 비서양 개념이, 이후의 시간대는 근대적인 서양 개념이 각각 분점한다. 이러한 인식도 당대에 실제로 발생한 개념의 시간 운동이 가진 중요한 측면을 설명해 준다. 그러나 개념 운동 과정에서 확인되는 각각의 시간들이 '이전'과 '이후'라고 하는 이분법적 구도 하에 단선적인 형태로 편성되어 있을 뿐, 외래적인 개념과 내재적인 개념이 실제로 어떠한 시간적 관련성을 가졌는가에 관해서는 정밀하게 파악하지 못했다. 오히려 비서양 세계에서 근대라는 시간은 단지

'이후'의 시간으로 존재했던 것이 아니라, 서양과 비서양의 서로 다른 시간들이 '비동시성의 동시성'이라는 형식으로 구현된 복합적 시간으로 존재했다고 보인다. 이 점은 '이전'의 시간에 대해서도 동일하게 말할 수 있다. 서로 다른 문화적 시간들이 복합적으로 구성되어 있던 비서양의 전통적 시간들을 단지 '이전'이라는 단선적인 시간으로 규격화하는 것은 온당하지 않다. 이러한 시각에서 개념의 시간 운동을 개념사의 실제에 합당한 방식으로 설명하기 위해서는 개념의 동시성, 아니 개념들의 동시성에 관한 인식이 중요하다.

지금까지 한국 근대 개념사를 바라보는 중요한 시각으로서 한국 근대의 시공간에서 구현된 개념의 역사성을 현지성과 동시성이라는 문제에 입각해 제기했다. 이러한 시각은 한림대학교 한림과학원에서 〈동아시아 기본 개념의 상호 소통〉이라는 의제로 수행해 왔던 '인문한국 사업'의 중간 성과들을 점검하는 과정에서 산출되었다. 한림과학원은 2011년 4월 〈근대 동아시아에서 진보의 재발견〉이라는 이름으로 제4회 심포지엄을 개최했고, 2012년 10월 〈동아시아적 사유와 근대 개념의 형성〉이라는 이름으로 제8회 심포지엄을 개최했다. 각각의 심포지엄은 세부적으로 동아시아 근대의 다양한 개념들을 다루었지만 전체적으로 보면 전자의 경우 서양에서 출발한 개념을 중심으로 서양으로부터 동아시아에 이르기까지 개념의 공간 운동을 조망했고, 후자의 경우 동아시아에서 생성된 개념을 중심으로 전통에서 근대에 이르기까지 개념의 시간 운동을 조망했다. 한림과학원은 이 두 심포지엄을 통해 한국 근대 개념사를 통찰하는 공간적 키워드와 시간적 키워드를 모색했고 그 결과 현지성과 동시성의 문제를 발견한 것이다.

이 책에 수록된 여덟 편의 글은 이러한 문제의식에서 선별되었다. 먼저 1부 〈개념의 공간 운동과 현지성〉에는 서정훈, 양일모, 고쿠분 노리코, 노관범 네 명의 글이 소개된다.

서정훈 교수의 〈19세기 말 영국의 사회진화론들〉은 영국의 사상가 스펜서, 키드, 피어슨 세 사람의 사회진화론을 고찰해 19세기 영국의 사회진화론에는 개인주의적 사회진화론으로부터 집단적인 사회진화론에 이르기까지 다양한 편차가 있었음을 제시했다. 스펜서의 사회진화론이 국가의 간섭이 배제된 개인의 자유로운 경쟁을 통해 사회의 진보를 추구했고, 키드의 사회진화론이 국가의 간섭을 통해 개인과 개인의 기회 균등을 확보함으로써 개인의 효율적인 경쟁을 추구했다면, 피어슨의 사회진화론은 개인의 경쟁을 부정하고 민족과 국가와 같은 집단의 경쟁을 통해 적극적인 국가주의 노선에서 새로운 진보를 추구했음을 설명했다. 이 글은 진화 개념의 도착지인 한국에서 도착지의 주관성에 매몰되어 주로 '한말판' 사회진화론을 연구하는 경향을 비판하는 의의가 있으며, 19세기 영국 사회진화론의 현지성을 부각했다는 미덕을 지니고 있다.

양일모 교수의 〈동아시아의 사회진화론 재고〉는 중국의 사상가 옌푸와 량치차오의 사회진화론, 그리고 량치차오의 영향을 받은 한국사회의 사회진화론을 재검토했다. 전파론적인 시각에서 서양의 정형화된 사회진화론이 동아시아에 수용되는 일반적인 양상에 주목하는 통념적인 연구를 비판하고, 생성론적인 시각에서 동아시아의 다양한 사회진화론이 구성되는 개별적 맥락에 주목해 논의를 전개했다. 즉 옌푸의 진화론이 '천연天演'이라는 우주적 변화에서 진행되는 낙관적인 사회 진보에 주안점이 있었기 때문에 서양의 사회진화론 중에서 스펜서의 이론을 선택적으로 수용할 수 있었다는 논의, 량치차오의 진화론이 옌푸의 진화론과 친화적이었음에도 불구하고 망명지 일본에서 우승열패와 생존경쟁을 강조하는 일본형 사회진화론을 선택해 점차 그 방향으로 경도되어 갔다는 논의, 한국이 일본의 보호국으로 전락한 시기 한국인 이진하가 한국인의 독립을 위해 량치차오의 진화론적 자유주의 대신 량치차오가 부정한 천부인권론적 자유주의를 드러내고 있었다는 논의가 그것이다. 이는 동아시아의 사회진화론이 각각 현지 입론 주체의 전략적 판단에 따라 선택적으로 구성되었음을 규명했다는 의의를 지닌다.

고쿠분 노리코 교수의 〈근대 일본에서의 진화론과 국법학의 관련성〉은 근대 일본의 초기 헌법학을 구축한 가토 히로유키, 아리가 나가오, 호즈미 야쓰카, 미노베 다쓰키치 등을 중심으로 일본의 헌법 사상 안에서 전개된 진화론과 독일식 국가 관념의 결합 양상을 조명함으로써 유교 세계에서 근대 사회로의 패러다임 전환을 성찰했다. 이에 따르면 일본에 수용된 진화론은 자유민권운동이 쇠퇴하면서 개인의 자유에서 국가의 발전으로 논점이 변화했다. 그리고 헌법학 분야에서는 진화론의 영향 아래에서 독일 국법학이 수용되었는데, 독일 국법학 자체가 법실증주의적인 성격이 강했기 때문에 이러한 법학적 국가론이 정착하면서 정작 진화론은 법외적 개념으로 취급되어 더 이상 사용되지 않게 되었다. 그럼에도 일본은 법학적 국가관의 입장에서 법인으로서의 국가를 계약 개념으로 인식하지 않고 자연적인 인격으로 간주해 국가를 진화론적인 자연 위에서 사유했다. 그 결과 일본은 더욱 경쟁력 있는 우월한 국가로 진화하기 위해 충효의 국민도덕이나 천황제 이데올로기를 모색했다. 이 글은 일본의 진화론을 국법학의 영역에서 형성된 근대 국가에 관한 사유방식으로 보면서 여기에 담긴 일본의 현지성을 고려했을 뿐만 아니라 그것의 동아시아적인 영향까지 전망했다는 의미가 있다.

노관범 교수의 〈대한제국기 진보 개념의 역사적 이해〉는 대한제국기 언론 매체의 용례를 중심으로 한국 근대에서의 진보 개념의 형성과 전개 과정을 논구했다. 근대 진보 개념의 형성에 대해서는 대한제국기에 들어와 문명의 실현이 역사적인 과제로 부상하면서 진보의 전통적인 어의가 변화해 '문명을 향한 진보'라는 새로운 개념을 획득했고, 그 결과 문명진보文明進步, 진명進明, 개명진보開明進步, 개진開進, 개량진보改良進步, 개진改進, 진화進化 등 다양한 관련 어휘가 출현했음을 제시했다. 근대 진보 개념의 전개 과정에 대해서는 대한제국이 수립되어 새로운 국가 제도를 모색하면서 개명진보와 수구완고 사이에 이념적 갈등이 노정된 초기 단계, 러일전쟁 이후 진보를 표방하는 각종 사회단체가 설립되면서 초기 진보 개념이 부활하고 다시 변화해 나갔던 중기 단계, 을사늑약 이후 자강운동이 전개됨에 따라 진보의 주체가 성별, 계급, 지역을 막론하고 확산되어 나가고 진보의 실천이 지역과 일상으로 더욱 깊숙이 파고든 후기 단계, 이렇게 세 단계로 구분될 수 있음을 주장했다. 이는 한국 근대 진보 개념이 국면별로 그 외연이 확장되고 변화하는 특정한 맥락을 현지의 역사적 상황으로부터 구체적으로 포착함으로써 개념사 연구에서 현지성의 성격을 강화했다는 의미를 지닌다.

다음으로 2부 〈개념의 시간 운동과 동시성〉에는 이행훈, 송인재, 허수, 강중기 네 명의 글이 소개된다.

이행훈 교수의 〈근대전환기 유교 담론과 도학 개념의 역사적 의미론〉은 한국 근대 도학 개념의 역사적 상황을 분석해 한국 근대 개념사에서 '전통 개념' 연구의 필요성을 제기했다. 이 글에 따르면 한국의 도학 개념은 근대 이전 유교의 정주적程朱的 계보화를 통해 정통적 지위를 확보했으나 근대에 들어서 전통적 지위를 상실하고 기독교를 비롯한 신新종교와 경쟁하는 고단한 처지에 놓였으며, 서양의 신학에 비추어 구학으로 타자화되는 가운데 심지어 망국의 원인으로 지목되어 폐기가 요구되는 등 전반적인 퇴조의 길을 걸었다. 그럼에도 한국의 언론 매체에서 생성된 근대적 공론장에서 도학 개념과 유교 담론이 끊임없이 발화되고 있었다는 사실은 여전히 중요한 의미가 있다는 것이 기본적인 시각이다. 이는 한국 근대 개념사에서 간과되어 왔던, 근대 개념과 경쟁하던 '전통 개념'의 존재 양식과 운동 양상에 대한 적극적인 재인식을 요청했다는 점에서 의미가 있다.

송인재 교수의 〈근대 중국에서 중학·서학의 위상 변화와 중체서용〉은 장지동張之洞(1837~1909)의 《권학편勸學篇》을 중심으로 중국 근대 중체서용론에 대해 재해석했다. 송인재 교수는 통설적인 관점이 체와 용의 위계 관념에 구애를 받아 중체서용을 '중학이 서학보다 우월한 위치에 있었음을 드러내고자 한 문화보수주의의 표현'으로 해석했음을 비판하고, 당대 중학과 서학의 실제적 관계를 투시해 중체서용의 실질적인 의미를 반추했다. 그 결과 이 글은 《권학편》에서 제시한 중체서용은 중학이 내학內學으로 축소되고 서학은 외학外學으로 확장되는 추세를 반영한 개념이며, 중국 문화의 근대적 전환 과정에서 지식의 중심이 중학에서 서학으로 이동하는 흐름에 부응해 나타난 개념이었다고 설명했다. 이는 중국 근대 개념사에서 중학의 영역에 속하는 전통적 지식과 서학의 영역에 속하는 근대적 지식의 동시적 접합 양상을 어떻게 설명할 것인가 하는 문제, 아울러 체용體用이라는 전통 개념과 중서中西라는 근대 개념의 동시적 결합 양상을 어떻게 설명할 것인가 하는 문제에 대한 해법을 추구했다는 점에서 의미가 있다.

허수 교수의 〈동학·천도교에서 '천' 개념의 전개〉는 한국 근대 개념의 형성사에서 외래 개념과 전통 개념의 상호 작용을 규명하기 위해, 아울러 최근 한국 사회의 관심사로 떠오르는 생명 개념의 사상적 맥락을 규명하기 위해 동학과 천도교 교단에서 지속된 '천天' 개념의 전개 과정을 시기별로 논구했다. 구체적으로 제1기(1863~1904)에는 '천'에 대한 개념화가 이루어지지 않았으나, 제2기(1905~1917)에 들어와 동학이 천도교로 개칭된 후 근대적 신관神觀이 수용되면서 기존의 '천天'이 '신神'으로 바뀌어 '우주의 대활정大活精'으로 설명되었다. 그리고 제3기(1918~1933)에는 천도교의 사회 운동이 확산되면서 '천'과 '신' 개념이 세속화되고 정치화되어 나갔고, 이 과정에서 이돈화의 '생명生命'과 '지상천국地上天國' 개념이 등장했다고 설명한다. 이는 한국 근대 개념사에서 종교적인 개념이 재래적인 종교 관념과 외래적인 종교 관념의 동시적 접합이라는 구도에서 다양한 개념들을 생성했고 그것들이 한국 현대 사상으로 지속하고 있다는 사실을 실제로 예증했다는 점에서 의미가 있다.

강중기 교수의 〈근대 중국의 미신 비판과 옹호〉는 량치차오와 루쉰의 미신 이해를 통해 서구 근대와 구별되는 근대 기획이 중국 근대에 존재했음을 추구했다. 이에 따르면 중국의 전근대 미신 개념은 근대에 들어와 과학과 반대되는 비이성적인 신앙을 가리키는 개념으로 첨예하게 인식되었지만, 량치차오와 루쉰은 미신에 대한 계몽주의적 편견을 버리고 각자 추구하는 이상적인 인간의 형성을 위해 미신을 활용하는 방안을 모색했다. 즉 량치차오는 근대 국민국가 수립을 위해서는 국민을 양성하는 것이 무엇보다 중요하다고 파악해 미신과 종교가 사회 통합 능력과 개인 활동 능력의 증진에 기여할 수 있음에 주목했다. 그리고 루쉰은 과학만능주의에서 벗어난 예술적 감수성과 형이상학적 욕구를 갖춘 인간상을 구축하기 위해 미신을 적극적으로 옹호했다. 이는 근대적 인간을 수립하는 과정에서 이성주의의 작용으로 나타난 미신 개념과 과학 개념의 동시적 접합 양상이 미신의 주변화로 귀결했지만, 근대 기획을 달리하는 사상가들의 사유에서 양자의 관계는 역전될 수도 있었음을 설명했다는 점에서 의미가 있다.

이러한 글들을 통해 이 책은 공간적 현지성과 시간적 동시성의 문제를 근대 개념사 인식의 두 시각으로 제시했다. 그러나 이것은 어디까지나 책의 편집 과정에서 대두한 것이며, 개별 논문의 필자들이 추구하는 관심이 반드시 이 문제로 제한되는 것은 아니다.

이 책이 나오기까지 많은 분들의 도움이 있었다. 먼저 한림과학원의 연구 시리즈 출간을 위해 소중한 글을 보내 주신 필자 여러분들께 감사의 말씀을 드린다. 특히 서정훈 교수와 양일모 교수, 그리고 일본의 고쿠분 노리코 교수는 이 책의 취지에 공감하고 책의 출판을 위해 별도로 귀한 원고를 보내 주셨다. 특별히 감사의 말씀을 드린다. 아울러 이 책의 출판을 지원한 한국연구재단과 한림대학교 한림과학원에 감사드린다. 이 책의 출판을 담당한 도서출판 푸른역사의 박혜숙 대표와 출판사 여러분께도 고마움의 말씀을 드린다.

2013년 5월
허수·노관범

차례 | 두 시점의 개념사—현지성과 동시성으로 보는 동아시아 근대

머리말: 현지성과 동시성으로 보는 근대 개념사 _ 4

1부 개념의 공간 운동과 현지성

19세기 말 영국의 사회진화론들
—'생존경쟁의 단위'에 대한 고찰을 중심으로 _ 서정훈

개인주의와 집단주의를 모두 정당화하는 사회진화론에 대한 소박한 인식 _ 23
스펜서의 '개인주의적' 사회진화론 _ 27
키드의 '국가 간섭 지향적' 사회진화론—집단주의적 사회진화론으로의 이행 _ 36
피어슨의 '집단주의적' 사회진화론 _ 51
산업자본주의 사회를 보는 시각에 따라 달라지는 사회진화론들 _ 64

동아시아의 사회진화론 재고
—중국과 한국의 '진화' 개념 형성 _ 양일모

동아시아의 근대와 서양 사상 _ 69
옌푸와 '천연天演' _ 74
량치차오와 '진화進化' _ 82
대한제국 시기의 '천연'과 '진화' _ 87
사회진화론의 동아시아적 의미 _ 94

근대 일본에서의 진화론과
국법학의 관련성 _ 고쿠분 노리코 지음, 이예안 옮김

일본의 헌법 사상 속의 진화론과 독일식 국가 관념 _ 99
일본의 헌법 사상과 진화론 _ 100
진화론과 국가 인격 _ 113
진화론과 도덕적 국가관 _ 124
마치며—일본에서의 법실증주의적 국법학 수용의 의의 _ 127

대한제국기 진보 개념의 역사적 이해
—언론 매체의 용례 분석을 중심으로 _ 노관범

연구의 목표와 방법 _ 131
진보 개념의 원의와 근대적 변화 _ 135
진보 개념의 단계별 전개 과정 _ 142
연구의 요약과 전망 _ 157

2부 개념의 시간 운동과 동시성

근대 전환기 유교 담론과
도학道學 개념의 역사적 의미론 _ 이행훈

중국의 부상과 유교 _ 165
유교의 계보화와 도학 _ 168
도학의 경쟁과 재조명 _ 172
흔들리는 개념들 _ 179
문명과 유교의 도적 _ 183
역사적 전환과 개념 운동 _ 190

근대 중국에서 중학·서학의 위상 변화와 중체서용
―장지동의《권학편》을 중심으로 _ 송인재

중국 근대와 중체서용 _ 193
서학의 지위 상승과 중학의 상대화 _ 199
《권학편》의 중학·신학의 배치 전략 _ 207
《권학편》에서 파악되는 중체서용 개념의 실질 _ 215

동학·천도교에서 '천天' 개념의 전개
—천天에서 신神으로, 신神에서 생명生命으로 _ 허수

천도교 사회운동과 '천' 개념 _ 219
개념화 너머의 체험적 존재 _ 222
신神: 우주의 대활정大活精 _ 230
생명: '천'의 세속화·정치화 _ 238
'천' 개념의 이후 행로 _ 251

근대 중국의 미신 비판과 옹호
—량치차오와 루쉰을 중심으로 _ 강중기

근대 중국과 '미신' 개념 _ 255
예비적 고찰 _ 257
량치차오—미신의 비판에서 활용으로 _ 262
루쉰—미신의 옹호 _ 271
미신 담론에 함축된 근대 기획 _ 279

● 참고문헌 _ 283
● 주석 _ 297
● 찾아보기 _ 349

1부
개념의 공간 운동과 현지성

19세기 말 영국의 사회진화론들―'생존경쟁의 단위'에 대한 고찰을 중심으로

영국의 사상가인 스펜서, 키드, 피어슨의 사회진화론을 고찰해 19세기 영국의 사회진화론에는 개인주의적 사회진화론에서 집단적인 사회진화론에 이르기까지 다양한 편차가 있었음을 제시한다. 그럼으로써 이러한 진화 개념의 도착지인 한국에서 도착지의 주관성에 매몰되어 '한말판' 사회진화론을 연구하는 경향을 비판하며, 19세기 영국 사회진화론의 현지성을 부각했다.

동아시아 사회진화론 재고—중국과 한국의 '진화' 개념 형성

중국의 사상가인 옌푸와 량치차오의 사회진화론을 검토하며 량치차오의 영향을 받은 한국 사회의 사회진화론을 반추했다. 그럼으로써 전파론적인 시각에서 서양의 정형화된 사회진화론이 동아시아에 수용되는 일반적인 양상에 초점을 맞춘 연구 경향을 비판하며 동아시아의 다양한 사회진화론이 구성되는 개별적 맥락에 주목했다.

근대 일본에서의 진화론과 국법학의 관련성

근대 일본에서 헌법학이 구축된 양상을 추적, 일본의 헌법 사상 안에서 전개된 진화론과 독일식 국가 관념의 결합 양상을 조명했다. 그럼으로써 일본의 진화론을 국법학의 영역에서 형성된 근대 국가에 관한 사유방식으로 파악하며 일본의 현지성을 넘어 동아시아로 범위를 확대했다.

대한제국기 진보 개념의 역사적 이해—언론 매체의 용례 분석을 중심으로

대한제국기 언론 매체의 용례를 중심으로 한국 근대에서 진보 개념이 전개되는 과정을 논구했다. 이에 따라 이념적 갈등이 노정된 초기, 진보를 표방하는 각종 사회단체가 설립되었던 중기, 자강운동의 전개로 일상에까지 진보의 실천이 파고든 후기 등 한국 근대 개념의 전개 과정을 세 단계로 구분해 시기별 진보 개념의 맥락을 구체적으로 포착했다.

19세기 말 영국의 사회진화론들

'생존경쟁의 단위'에 대한 고찰을 중심으로

개인주의와 집단주의를 모두 정당화하는 사회진화론에 대한 소박한 인식

한국에서 사회진화론에 대한 연구는 주로 한국 근·현대사를 전공하는 연구자들 사이에서 개항 이후 그것의 수용 문제를 중심으로 전개되었다. 이 연구들의 초점은 사회진화론에 높은 관심을 나타냈던 19세기 말 개화 사상가들이 어떤 경로를 통해서 그 이론을 접했고, 그들이 이해한 사회진화론이 어떤 것이었으며 또 그것을 어떻게 응용하려 했는가를 밝히는 데 놓여 있었다. 이 연구들에 따르면 개화 사상가들이 사회진화론과 접하게 된 경로는 대체로 한발 앞서 서구문물과 접촉했던 일본과 중국의 지식인들을 통한 간접적인 방식이었으며 그 원본은 주로 다윈Charles Robert Darwin(1809~18782)과 스펜서Herbert Spencer(1820~1903)의 진화론이었다. 전반적으로 서양의 사정에 극히 어두웠던 당대의 상황을 감안할 때, 개화 사상가들이 중국이나 일본을 통해 이해하고 수용했던 진화론이 다윈과 스펜서의 이론과 상당한 차이가 있을 것이라는 점은 어렵지 않게 추론할 수 있다. 최근의 연구자들은 서구의 사회진화론에 대한 개략적인 설명을 추가하고 있지만, 그들의 연구 주제가 주로 '개화 사상가들이 수용했던 사회진화론'인 만큼 서구의 사회진화론 자체에 대한 그들의 보조적인 연구는 한계가 있기 마련이다. 그러나 서구의 사회진화론에 대한 정확한 이해 없이 그것을 모방한 19세기 말 '동아시아판' 내지 '한말韓末판' 해석만을 엄밀하게 연구해 의미 있는 결론을 도출하기는 어려울 것이다. 필자는 서양사 전공자로서 부분적으로 한국 근·현대 사학계의 이러한 필요에 부응해 조그만 도움이 되기를 기대하면서 이 글을 쓰고자 한다.

19세기 말 조선의 사상가들은 다윈과 스펜서의 진화론으로부터 그들이 원래 의도했던 개인주의와 자유방임주의에 대한 정당화를 끌어내기보다는 주로 국가주의와 제국주의에 대한 정당화를 도출했던 것으로 보인다.[1] 이는 부분적으로는 서구 문물에 대해 직접 연구하기 어려웠던 상황에서 초래된 다윈과 스펜서 이론에 대한 잘못된 이해에서 비롯되었을 수도 있지만, 다른 부분적으로는 스펜서 등의 진화론이 '약육강식'이나 '우승열패'라는 '힘의 논리'로 축약되어 인식되는 일반적인 경향에서 비롯된 것으로 보인다. 사회진화론에 대해서는 매우 상반된 두 종류의 일반적 인식들이 존재한다. 1996년 사회다윈주의Social Darwinism에 대해 사전적으로 소개하는 논문을 썼던 김덕오의 말을 들어보자.

사회다원주의는 통상적으로 무제한의 경쟁을 요구하며, 자유시장경제를 지지하고 개인이나 사회에 대한 국가의 간섭을 배제하며, 따라서 철저한 개인주의를 주된 교의로 삼는 것으로 간주되어 왔다.[2]

윌슨의 이론을 둘러싼 논쟁을 통해 우리는 사회다원주의가 얼마나 부정적인 이미지를 갖고 있었는가를 명확하게 볼 수 있다. 그것은 사회다원주의가 인종차별주의, 성차별주의, 우생학, 나아가 제국주의를 정당화하고 옹호했던 이념으로 인식되어 왔음을 의미한다.[3]

두 인용문은 모두 어떤 수식어도 붙지 않은 '사회다원주의'가 전자에서는 개인주의와 자유방임주의 교의로, 후자에서는 국가주의와 제국주의 등의 전혀 다른 교의로 각각 간주되어 왔음을 잘 보여 주고 있다. 개인주의와 국가주의, 자유방임과 국가 간섭은 서로 대립되는 이념이며 교의인데 '하나의' 사회다원주의가 대립되는 교의들을 동시에 정당화하고 있는 것이다.[4] 이는 결국 하나의 사회진화론이 아니라 다양한 사회진화론들이 존재함을 시사한다.

그럼에도 불구하고 하나의 사회진화론이 존재하는 것으로 가정하는 공통된 전제가 있는 것처럼 보인다. 그것은 '동물처럼 인간도 필연적으로 생존투쟁을 통해 적자의 생존과 부적자의 도태를 유발하고 이로 인해 종의 진보를 가져 온다'는 것이다. 더 간단하게 말한다면 '인간은 생존투쟁을 통해 진보한다'는 것이다.[5] 이러한 전제로부터 적자생존과 약육강식, 우승열패 등의 소박한 일반적인 인식이 나올 수 있다. 그 한 사례로 19세기 말 조선의 사상가 유길준俞吉濬

(1856~1914)의 언급을 들어 보자.

> 무릇 인생만사가 경쟁에 의하지 않는 것이 없으니, 큰 것은 천하국가의 일로부터 작은 것은 일신일가의 일에 이르기까지 모두 경쟁으로 말미암아 비로소 진보할 수 있는 것이다. 만일 인생에 경쟁하는 바가 없으면 무엇으로 그 지덕과 행복을 숭배함으로 얻을 수 있으며, 국가가 경쟁하는 바가 없다면 무엇으로써 그 광위와 부강을 증진시킬 수 있으리오.[6]

'무릇 인생만사'가 생존경쟁을 통해 진보한다는 유길준의 말은 사회진화론에 대한 일반적인 인식의 핵심을 잘 드러내고 있다. 그는 생존경쟁의 단위를 개인으로부터 민족, 국가에까지 확대하고 있으며, 개인들 사이의 생존경쟁이 적합한 개인을, 그리고 민족들 사이의 생존경쟁이 적합한 민족을 선택할 것이라고 단순하게 믿고 있는 것처럼 보인다. 즉 개인들 사이의 투쟁과 민족들 사이의 투쟁이 '동시에' 전개되어 각각의 적자를 선택하게 되리라는 것이다. 이런 단순한 추론에서 논리적으로는 아무런 하자를 발견할 수 없다. 그러나 사회진화론에 대한 이러한 일반적 인식, 즉 '인간은 생존투쟁을 통해 진보한다'는 소박한 인식은 자유방임과 국가 간섭을, 그리고 개인주의와 집단주의를 동시에 정당화하는 모순된 결과를 나타낼 수 있다.

이러한 혼란을 피하기 위해서 생존투쟁이 누구 사이에서 일어났는가를 확인하는 일이 필요해진다. 그것은 '생존투쟁의 단위'를 명확히 하는 일이다. 예컨대 생존투쟁을 '한 집단 내부의 개인들 사이의 생존투쟁'과 부족과 민족 등의 '집단들 사이의 생존투쟁'으로 구분하는 것이다.[7] 개인들 사이의 투쟁과 집단들 사이의 투쟁은 서로 대립될 수도 있다는 점에서 '막연한 생존투쟁'을 통한 진보를 운위하는 것은 무의미한 일이며 공연한 혼란만을 초래할 수 있다. 이 글에서는 '개인들 사이의 생존투쟁을 통한 진보'의 주장이 개인주의와 자유방임을, 그리고 '집단들 사이의 투쟁을 통한 진보'의 주장은 집단주의와 국가 간섭을 지향하는 경향을 보인다는 점을 증명할 것이다. 우리는 사회진화론의 창시자라고 할 수 있는 스펜서의 개인주의적 사회진화론에서 시작해 19세기 말 영국의 대표적인 사회진화론자라고 할 수 있는 키드와 피어슨의 이론에 대한 분석을 통해 집단주의적 사회진화론으로의 이행 과정을 고찰하려고 한다.

스펜서의 '개인주의적' 사회진화론

사회진화론은 통상 다윈이 《종의 기원*The Orgin of Species*》(1859)에서 자연의 다산성, 생존경쟁, 종의 변이, 자연선택 등의 개념을 담은 생물학적 진화론을 정립한 이후, 그것이 사회과학에 적용됨으로써 등장하게 된 것으로 생각되어 왔다. 특히 19세기 말 다윈의 이론을 사회에 적용하려고 시도했던 사람들, 즉 말 그대로의 '사회다윈주의자들'은 그의 자연선택의 개념을 진화적 사회학의 중심 주제로 받아들였고, 다윈의 이론이 사회 사상에서 중대한 분수령을 이룬다고 주장했다.[8] 물론 다윈의 저서는 많은 사회과학자들에게 생물학의 일반적인 법칙들을 인간 사회에 적용하게 만든 결정적인 계기가 되었으며 이때 그 명칭부터 '사회다윈주의'로 불렸음은 사실이다. 그러나 사회진화론의 형성에서 다윈의 영향력이 지나치게 과장되어서는 안 된다. 다윈이 《종의 기원》을 발표하기 이전인 1852년 스펜서는 〈인구론〉과 〈발전가설〉이라는 논문에서 이미 다윈의 '자연선택'과 유사한 개념인 '적자생존'의 개념을 정립했으며, 그것이 다양한 사회진화론들의 중추 개념이 되었기 때문이다.[9] 스펜서의 사회진화론은 개인주의적, 자유방임적 성향 때문에 19세기 중엽 영국과 미국에서 인기를 끌었을 뿐만 아니라 19세기 말 집단주의적 경향이 강화되었던 영국에서도 그것의 주요 부분은 여전히 홉슨을 비롯한 신자유주의자들의 주된 이론적 기둥이 되었다.[10] 결국 19세기 후반 구미 지성계를 풍미했던 진화론은 다윈의 생물학적 진화론이라기보다는 사회학적 진화론, 즉 사회다윈주의였으며 그것의 원본은 스펜서의 이론이었다. 19세기 말에 나타난 다양한 사회진화론들은 주로 스펜서의 이론에 대한 비판 과정에서 대두한 것이기 때문에 그의 이론은 이러한 영국의 사회진화론들을 고찰하는 데 있어 출발점이 된다.

  스펜서는 동물계의 생존투쟁에 의한 진화 원리가 인간 사회에도 그대로 적용된다고 생각했다. 그는 "인류도 다른 동물들과 똑같은 정도로 생존투쟁에 예속되어 있으며" 동물들 사이에서처럼 "인간들 사이에서의 싸움도 인류의 진보를 가져 온다"고 주장했다.[11] 그러나 '동물처럼 인간도 생존투쟁을 통해 진보한다'는 스펜서의 진화 원리는 인간 사회의 발전 단계에 따라 생존투쟁의 단위가 달라지는 차이를 보였다. 즉 스펜서는 원시시대로부터 군사적 유형의 사회 단계에 이르기까지의 진보에 대한 설명에서 부족이나 종족 등의 '집단들 사이의 생존투쟁'에 중점을 두었던 반면, 근대의 산업적 유형의 사회에서의 진보에 대한 설명에서는 '한 사회 내부의 개인들 사이의 생존투쟁'에 초점을 맞췄다.

먼저 군사적 유형의 사회의 진보에 대한 스펜서의 분석을 고찰해 보자. 그는 생존투쟁이 인류의 진보를 가져 오는 주된 요인임을 강조하면서 한 사회 내부의 개인들 사이의 투쟁을 거의 언급하지 않고 집단들 사이의 투쟁에 설명을 집중했다. 스펜서는 사회들 사이의 생존투쟁, 즉 전쟁이 부적합한 부족들을 멸종시킴으로써 인류의 평균적 진보를 가져 왔다는 점을 강조했다.[12] 즉 집단적 생존투쟁은 생존 조건에 대처하는 데 가장 부적합했던 종족들, 예컨대 허약하거나 용감하지 못한 또는 지구력이나 지력이 떨어진 혹은 '협동 능력이 상대적으로 모자라는' 부족들을 제거함으로써 적합한 종족을 위한 식량 등의 생명 유지 능력을 보존하고 증대시켰다. 뿐만 아니라 집단적 생존투쟁은 전쟁 기술과 무기제조 기술 등의 여러 분야에서 다양한 종류의 능력들을 배양하는 일에 중대한 영향을 미쳤으며 그러한 능력은 후손에게 물려짐으로써 평균적 진보를 낳았다. 그것은 또한 작은 집단들을 큰 집단으로 통합되게 만드는 결정적인 역할을 했다. 즉 전쟁이 남긴 중대한 진보는 대규모 사회들의 형성이었다.[13] 오직 무력에 의해서만 소규모 유목민 무리들은 큰 규모의 부족들로 통합되고 이 부족들이 다시 작은 국가들로, 그리고 다시 큰 국가로 통합된다는 것이다. 스펜서는 전쟁이 없었다면 사람들의 대규모 집합체가 형성될 수 없었을 것이고 또 그런 집합체가 없었다면 사회의 발전된 산업적 상태도 존재할 수 없었을 것이라고 확신했다. 그가 보기에 정부 역시 이러한 전쟁의 산물이었다.[14]

스펜서는 전쟁의 진보적 기능을 강조함으로써 사회 내부의 개인들 사이의 생존투쟁보다는 '협동'에 주목하게 되었다. 그의 설명에 따르면 '공동 방어와 공동 공격에 의해', 즉 전쟁에 의해 '사회적 협동'이 시작되었으며, '이러한 사회적 협동으로부터 모든 종류의 사회적 협동들이 나타났다.[15] 그는 적대적인 사회들의 존재가 사회 내부의 협동과 단체 행동을 불가피하게 한다고 생각했다. 이러한 주장으로부터 비록 그가 명시적으로 언급하지는 않았지만 사회 내부의 개인들 사이의 생존투쟁을 어떻게 평가하고 있었는가를 추론해 볼 수 있다. 그는 개인들 사이의 생존투쟁이 중단되거나 최소한 억제되어야 한다고 생각했음이 틀림없다. 다른 사회와의 전쟁을 위해 한 사회가 효율적으로 협동하려면 내부의 갈등을 줄이는 일이 필수적이며, 그러기 위해서는 갈등을 유발하기 마련인 내부의 치열한 생존투쟁이 완화되어야 하기 때문이다.

군사적 유형의 사회 단계에 대한 스펜서 이론의 요점은 '종족들 사이의 생존투쟁을 통한 사회의 진보'와 '이를 더욱 능률적으로 수행하기 위한 개인들 사이의 생존투쟁의 억제와 협동의 필요성'으로 정리된다. 그것은 얼핏 보기에도 제국주의의 정당화로 쉽게 이어진다. 우선 스펜서가 말하는 '사회들 사이의 생존투쟁'은 그 형태에서 무역경쟁이나 문화경쟁이 아닌 오직 무력경쟁, 즉 전쟁만을 의미하고 있으며, 결국 무력이 강한 종족이 약한 종족을 침략해 이들을 몰살하거나 노예로 삼는 것이 자연 법칙으로 정당화될 뿐만 아니라 인류의 진보를 가져 오는 매우 바람직한 일로 평가된다. 이리하여 제국주의는 자연법칙에 대한 순응일 뿐만 아니라 인류 진보의 불가피한 수단이 된다. 논의의 현 단계에서 스펜서의 사회진화론은 현저하게 '집단주의적'이다. 집단의 생존을 위해 모든 개인은 집단의 요구에 따라 강제적으로 협동해야 하며 개인의 이해는 집단의 이해에 절대적으로 예속되기 때문이다. 더구나 전쟁을 위한 개인적 투쟁의 억제는 사실상 일종의 국가 간섭의 성격을 띠고 있다. 이렇게 보았을 때, 스펜서의 이론은 적어도 여기까지의 단계에서는 '집단주의적'인 사회진화론이라고 규정될 수 있다.

그러나 사회들 사이의 생존투쟁, 즉 전쟁의 진보적 역할에 대한 스펜서의 인정과 지지는 과거에만 국한되어 있다. 스펜서는 자신의 시대, 즉 산업사회의 단계에 대한 분석에서 "전쟁으로부터 받을 수 있는 모든 것은 이미 확보되었다[16]"고 말해 그것의 순기능이 끝났음을 강조했다. 전쟁은 무엇보다 정치적 통합의 최고 단계인 '민족국가'를 이미 수립함으로써 그것의 주된 진보적 역할을 완료했다. 그는 '장차 가능한 대규모의 정치적 통합이 오직 평화적인 연방일 뿐'이라고 보고 전쟁에 의해 수립된 제국의 지속에 강한 의문을 나타냈다.[17] 그는 전쟁 및 그것에 의해 형성된 군사적 유형의 사회가 야만인들에게는 결여되었던 적응력을 문명인들에게 충분히 습득하게 했으며, 장차 추가로 필요한 정도의 적응력은 더 이상의 전쟁 없이 자유로운 공동체의 '산업적 경쟁'의 압박 아래에서 만들어질 수 있다고 보았다. 이는 종족 내부에서의 개인들 사이의 경제적 투쟁이 종족들 사이의 생존투쟁을 대체할 것임을 시사하고 있다.

스펜서가 고등한 사회에서 전쟁이라는 형태의 생존투쟁의 역기능을 지적하고 그것의 중단을 주장했지만, 그렇다고 그가 생존경쟁 자체를 반대한 것은 결코 아니었다. 이제 그는 새로운 사회의 진보를 위해 '사회들 사이의 생존투쟁' 대신 '개인들 사이의 투쟁'이 작용할 수 있는 공간을 마련하려고 했다. 스펜서에 따르면 사회가 지속적으로 자신을 유지하기 위해서는 외부의 적에 대한 방어와 내부 성원들의 자기 부양 및 후손 번식이라는 두 가지 조건이 충족되어야 한다.[18] 적대적 사회에 직면한 사회에서는 단체 행동이 우선적인 필요조건이지만, 적대적 사회가 없어질 때 단체 행동은 부차적이 되며, 자기 부양 및 후손 번식의 충족만이 그 사회가 해결해야 하는 주된 문제가 된다. 다음에 나오는 스펜서의 말을 살펴보자.

> 이제 사회의 유지는 그 사회를 구성하는 개인들의 자기 유지와 번식에 의해서 달성될 수 있다. 만약 각 개인이 그 자신의 복지와 그 자손의 복지를 충분히 달성한다면, 사회의 복지는 은연중에 달성된다. ……공적 활동에 의해 달성되어야 할, 아직 남아 있는 목적은 사적인 행동들을 적합한 범위 안에 유지하는 것이며 이를 위해 필요한 공적 활동의 정도는 사적 활동들이 자기 제약적으로 되는 그만큼 적어진다.[19]

지금까지 민족의 생존을 위해 전쟁을 수행해야만 했던, 그리고 이를 위해 내부의 모든 역량을 일사분란하게 동원해야 했던 국가의 역할은 외부의 적이 소멸하면서 내부의 질서를 유지하는 최소의 역할로 축소되었다.[20] 이제 사회를 유지하고 진보하게 하는 일은 전적으로 개인들에게 맡겨지며 개인들은 서로에 대한 가차 없는 생존경쟁을 통해 이러한 목적을 달성할 것이다. 국가는 단지 그러한 생존경쟁 장의 질서를 유지하면 되는 것이다. 스펜서의 이 주장에서 자유방임을 주장했던 아담 스미스의 강한 체취를 느낄 수 있다. 이러한 개인들 사이의 생존경쟁이 바로 산업적, 경제적 경쟁이다. 그 경쟁은 전쟁에 의해 이미 충분한 적응력을 확보한 문명인들에게 추가로 필요한 정도의 적응력을 길러 줄 것이며 그리하여 그 사회는 진보하게 된다.[21] 이처럼 산업사회에 대한 스펜서의 분석에서 전쟁이 담당했던 정화 작용과 적응력의 배양은 이제 산업적 경쟁의 몫으로 돌려졌지만, 그 경쟁을 통해 적자의 생존과 부적자의 도태는 여전히 지속되며 특히 산업시대의 이러한 생존경쟁 역시 전쟁과 다름없이 가혹해야 했다.[22]

이제 사회의 유지와 발전은 스스로를 유지, 발전시키려는 개인들의 자발적 노력에 맡겨지며 공적 활동의 역할은 사적 활동들을 적합한 범위 안에 유지하는 것으로 줄어든다고 할 때, 적합한 정도의 공적 활동이란 어떤 것일까? 스펜서는 '행위와 그 결과 사이의 정상적인 관계의 보전'을 '정의'로 규정했는바 구체적으로 그것은 "각 개인이 더도 덜도 아니고 자신의 노력에 상응하는 꼭 그만큼의 이익을 획득한다"는 것이었다.[23] 따라서 "우수한 자가 자신이 가진 우수함의 혜택을 받아야 하고, 열등한 자는 자신의 열등함의 손실을 입어야 한다"는 것은 당연한 일이며, 적합한 정도의 공적 활동은 바로 이러한 정의를 따르는 것이 된다. 그러므로 스펜서는 열등한 자를 구제하려는 모든 공적 활동이 거부되어야 한다고 주장했다. 즉 개인들 사이의 생존투쟁에 국가가 간섭해서는 안 된다는 것이다. 그는 개인들 사이의 생존경쟁을 '그대로 내버려 두는' 사회가 그 경쟁에 국가가 '간섭하는' 사회와의 생존투쟁에서 승리한다고 보았다.

스펜서의 이러한 논의는 산업적 경쟁, 달리 말해 '한 사회의 내부에서 이루어지는 개인들 사이의 생존투쟁'에 뚜렷하게 중점을 두고 있다. 심지어 그가 '사회들 사이의 투쟁'에 대해 언급했을 때조차 그것은 개인들 사이의 생존투쟁을 방임하는 사회가 그렇지 않은 사회에 대해 승리할 것이라는 점을 의미했을 따름이었다.[24] 이렇게 보았을 때 스펜서의 이론에 야만적, 군사적 사회를 대상으로 하는 '집단주의적' 사회진화론과 산업사회를 대상으로 하는 '개인주의적' 사회진화론이 모두 들어 있지만, 그의 진정한 관심은 개인주의적 사회진화론에 있었다. 스펜서는 19세기 후반 들어 경제적, 사회적 사안들에 대한 국가 간섭의 점증하는 경향, 달리 말해 집단주의적 경향에 맞서 고전적 자유주의와 개인주의를, 특히 자유방임주의를 옹호하려고 노력했기 때문이다. 그는 현실에 의해 허물어져 가는 고전적 자유주의를 방어하는 작업에 생물학이라는 당대의 가장 강력한 무기를 동원해 '생존경쟁을 자연에 맡기는, 달리 말해 방임하는 것'이 자연법칙을 따르는 것임을 강력히 주장했던 것이다.[25]

스펜서의 이러한 개인주의적 사회진화론에서는 국가주의를 정당화할 수 있는 여지를 발견할 수 없다. 무엇보다 그는 생존경쟁에 대한 자유방임을 주장하고 국가 간섭을 강력히 반대하기 때문이다. 여기서 국가는 개인보다 결코 우위에 있지 않으며, 다만 개인들 사이의 공정한 경쟁의 장을 유지하는 최소의 역할을 하는 '야경국가'에 불과하다. 그러므로 스펜서의 개인주의적 사회진화론은 사회에 대한 개인의 종속을 의미하는 국가주의와 극도로 대립된다.[26] 이 이론은 제국주의를 정당화하는가? 생존투쟁을 통한 강자의 지배를 정당화한다는 점에서 그의 집단주의적 사회진화론과 마찬가지로 개인주의적 사회진화론 역시 제국주의를 여전히 정당화하는 것으로 볼 수 있을 것이다. 그러나 다음에서 확인할 수 있듯이 스펜서는 제국주의를 분명하게 반대했다.

> 지금 유럽의 흰 야만인들이 도처의 검은 야만인들을 유린하고 있다. ……지금 우리는 강한 민족들이 약소민족들을 게걸스럽게 잡아먹는 사회적 식인의 시대로 접어들었다. ……불길한 시대가 오고 있다. 문명 인류는 문명이 다시 더 진보하기 전에 도덕적인 면에서 야만적으로 될 것이다.[27]

앞서 언급된 군사적 사회의 관점에서 보았을 때는 민족들 사이의 치열한 생존경쟁과 적자생존의 현상을 이 글에서의 스펜서는 '사회적 식인'이나 '흰 야만인' 등의 표현을 사용하며 격렬하게 비난하고 있다. 그가 제국주의에 반대한 이유는 당시의 급진적인 지식인들처럼 수익을 능가하는 비용이 드는 제국주의의 비경제성 및 군비 경쟁 유발과 이에 따른 국제 평화의 파괴 위험, 그리고 그것이 수반할 예속성에 대한 우려 때문이었다. 그는 특히 제국주의가 정복당한 민족의 자유를 축소하는 정도로 정복하는 민족의 자유도 축소할 것이라는 점을 가장 우려했다.[28] 제국주의에 대한 스펜서의 이러한 반대는 그의 '자유방임 지향적' 사회진화론의 논리적 귀결이다. 자유방임주의의 관점에 따르면 제국주의는 사적인 영역에 속하는 원료와 시장의 획득을 위해 정부가 적극 개입하는 것을 의미한다. 즉 제국주의는 국가 간섭의 한 강력한 형태이므로 이를 적극 거부하는 스펜서의 개인주의적 진화론과 대립될 수밖에 없다.

이제까지의 논의를 통해 우리는 스펜서의 사회진화론이 자유주의나 개인주의, 자유방임주의처럼 '강한 개인'을 위한 이데올로기였지만, 결코 국가주의나 민족주의, 제국주의처럼 '강한 민족'을 위한 이데올로기가 아님을 확인했다. 스펜서의 주장은 결국 한 사회의 내부에서 개인들 사이의 경제적 투쟁을 통해 진보가 이루어진다는 것으로 이러한 투쟁에 국가가 간섭하지 않아야 한다는 점을 강조한 '개인주의적' 내지 '자유방임 지향적' 사회진화론이었다.

키드의 '국가 간섭 지향적' 사회진화론
—집단주의적 사회진화론으로의 이행

스펜서의 개인주의적 사회진화론은 19세기 중엽에 정립되어 한때 서구의 지성계를 지배했다고 할 정도로 엄청난 영향력을 행사했다. 그러나 그 유행은 단명으로 그치고 말았으며 곧이어 새로운 사회진화론들, 즉 '국가 간섭 지향적' 이론과 '집단주의적' 이론이 그 자리를 대신하게 되었다. 사회진화론의 이러한 전환은 시대적 상황의 급격한 변화와 밀접하게 맞물려 있었다.

인류 역사상 최초로 산업혁명을 시작해 19세기 중반 '세계의 유일한 공장'이 되어 선례를 찾을 수 없는 번영을 구가했던 영국은 1870년대에 들어서면서 안팎으로 심각한 도전에 직면했다. 먼저 국내에서는 산업자본주의가 완숙해짐에 따라 저절로 발생하게 된 거대한 과잉 생산과 과잉 자본이 자본주의체계 최초의 세계적인 경기 침체인 '대불황Great Depression'(1873~1896)을 촉발했다. 그것은 곧 대규모 실업과 빈곤을 의미했다. 더욱이 자본주의가 점진적으로 독점적 단계로 이행하기 시작하면서 노동의 일반적인 조건을 악화시키고 있었다. 이러한 사태는 그동안 비교적 잠잠했던 노동운동을 크게 활성화시키고 그 과정에서 노동운동의 전투성이 강화됨으로써 사회 전체가 불안정해졌다. 밖으로는 뒤늦게 산업혁명에 돌입했던 독일과 미국, 벨기에 등 신흥공업국들이 세계 시장에 급속히 진입하기 시작했다. 특히 미국과 독일은 세기가 바뀔 무렵 공업 생산에서 영국을 추월할 정도로 급성장해 영국은 이들과 치열한 시장 쟁탈전을 벌이지 않을 수 없었다. 이리하여 서구 열강은 식민지 확장 경쟁에 돌입했으며 이와 함께 보호무역의 장벽도 높아지기 시작했다.

이러한 상황에서 앞선 시기에 전성기를 구가해 왔던 고전적 자유주의는 더 이상 신뢰를 받을 수 없었다. '자율적 시장의 조화로운 기능'을 맹신함으로써 자본주의체계의 불황과 실업, 빈곤 등의 '사회문제'에 대해 아무런 처방을 제시할 수 없었기 때문이다. 따라서 고전적 자유주의, 특히 그 경제적 측면의 핵심 교의인 '자유방임'을 대신해 사회문제를 해결하려는 다양한 새로운 주장들인 신자유주의와 사회주의, 보호무역주의, 제국주의 등이 제기되었다. 이러한 대안들은 그 내용의 엄청난 편차에도 불구하고 공통적으로 국가의 적극적인 새로운 역할에서 사회문제의 해결책을 찾고 있었으며 이는 점진적으로 정책에 반영되어 영국은 자유방임하는 국가로부터 적극 간섭하는 국가로 전환하기 시작했다. 이리하여 19세기 말 영국은 개인주의로부터 집단주의로, 자유방임주의로부터 국가 간섭주의로 이행하는 경향을 보이기 시작했다. 고전적 자유주의에 대한 비판이 가중되면서 '개인들 사이의 생존투쟁에 대한 자유방임'에 의해 사회의 진보를 보증했던 스펜서의 개인주의적 사회진화론도 같은 맥락에서 중대한 도전에 직면하게 되었음은 당연하다.

이러한 맥락에서 스펜서의 이론으로부터 많은 자양을 얻었지만 그 이론과는 정반대의 결론을 도출했던 '국가 간섭 지향적' 사회진화론과 '집단주의적' 사회진화론이 대두하게 되었다. 우선 '개인들 사이의 생존경쟁에 대한 국가의 간섭을 주장하면서도 개인적 경쟁 자체는 고수하려 했던' 키드의 사회진화론을 고찰함으로써, 그것이 개인주의적 사회진화론으로부터 집단주의적 사회진화론으로 이행 중에 있는 국가 간섭 지향적 사회진화론임을 밝혀낼 것이다.

키드Benjamin Kidd(1858~1916)는 1894년 《사회의 진화Social Evolution》를 저술함으로써 갑자기 당대의 가장 인기 있는 사회진화론자로 떠올랐다. 이 책은 영국에서 4년 동안 9쇄를 찍을 만큼 대중적인 인기를 끌었을 뿐만 아니라 아라비아어와 중국어를 비롯해 10개 국어로 번역됨으로써 키드는 국제적인 명성을 날리게 되었다.[29] 그가 사회진화론을 정립하게 된 주된 동기는 마르크스주의에 대한 우려였다. 그의 설명에 따르면 마르크스주의의 일반화들이 그 시대의 '복잡한 사회 현상들의 한가운데서 작동하고 있는 법칙들의 저변에 놓인 통합성의 관념'을 형성한 데 비해, '정통과학파'의 경우 오직 스펜서의 종합철학이 인간 사회에 대한 통합과학의 수립을 시도했지만 성공을 거두지 못했다(pp. 1~2).[30] 그는 마르크스주의의 일반화가 새로운 신앙이 되어 노동자들을 하나의 계급으로 의식하게 함으로써 '동등한 조건에서 그의 주인과 대적하는 힘'을 갖게 했고, 그럼으로써 사회는 계급들의 거대한 군대로 조직되고 있다는 점을 경고했다(p. 11). 그는 마르크스주의가 가진 이러한 통합과학에서의 문제점과 오류를 인식하고 이를 대적할 수 있는 자신의 독자적인 통합과학을 수립하려고 노력했으며 그것이 그의 사회진화론이 된다.

키드는 자신의 통합과학의 기본을 생물학에 두었으며 인간 사회 역시 그것의 적용 대상이 되어야 한다고 믿었다. 즉 인류의 등장 역시 자연법에 종속되는 하나의 자연 현상이기 때문에 생물학적 진화 법칙도 '중력의 법칙처럼 엄격하게' 인류의 진화를 통제하고 지시한다는 것이다(pp. 32~33). 키드의 사회진화론은 '진보를 위한 생존경쟁의 필연성'에 대한 강조에서 시작된다. 즉 "진화가 있는 곳에는 필연적으로 선택이 있어야만 하며 선택은 어떤 종류의 경쟁을 수반해야만 한다"는 것이다. 그는 생물의 역사를 한편으로 '중단 없는 진화의 기록'으로 보면서 다른 한편으로는 '중단 없는 환경적 압박과 경쟁의 기록'으로 보았다. 여기서 경쟁은 다른 종들에서뿐만 아니라 동종의 개체들 사이에서도 행해진다(p. 35). '생존경쟁이 진화에 필수적'이라는 명제는 키드 이론의 핵심으로서 독일의 생물학자 바이즈만August Weismann(1834~1914)이 주장했던 배원설胚原設(germ plasm theory)로부터 도출된 것이다. 바이즈만은 생물의 세포들이 몸체세포body cell와 생식질세포germ cell로 분화되어 있으며 후손에게 유전되는 것은 오직 후자일 뿐이라고 주장함으로써 스펜서가 마지막까지 고수했던 획득형질의 유전설theory of inheritance of acquired characteristics, 즉 라마르크주의Lamarkianism를 논박했다.[31] 키드는 '사용과 교육의 결과'가 유전된다면, 즉 개인이 태어나면서 과거 세대의 정신적·도덕적 문화를 유산으로 물려받는다면 스펜서의 예상처럼 생존투쟁이 중단되어도 인류는 계속 진보하겠지만, 그것은 바이즈만의 이론에 의해 명백히 유전될 수 없는 것이기 때문에 자연선택이 진보의 유일한 요인이 된다고 확신했다(p. 193). 따라서 '지속적인 선택의 압력'이 사라질 경우, 즉 생존경쟁이 중단될 경우 모든 고등동물은 필연적으로 퇴화하게 된다. 키드에게는 바이스만의 이론이 냉혹한 '퇴화의 법칙'으로서 '진화를 위해서'라기보다 '퇴화되지 않기 위해서'라는 훨씬 강압적인 요구로 지속적인 생존경쟁을 강요하는 것이었다(p. 38).

키드는 이러한 진화의 법칙이 인류의 역사에서도 그대로 적용되어 왔다고 생각했다. 원시 사회와 고대 세계에 대한 분석에서 그는 스펜서처럼 개인들이 아닌 '사회들 사이의 중단 없는 전쟁'에 의한 급속한 진보를 강조했다. 즉 인간이 야수와 같은 상태에서 비교적 단기간에 세계의 지배자로 부상할 수 있었던 요인은 유용한 변이들을 점진적으로 축적해 성공적 유형을 만들어 냄과 동시에 적응에 성공하지 못한 수많은 사회들을 절멸시켰던 '중단 없는 자연선택'이었다(pp. 40~41). 키드는 사회들 사이에서 생존투쟁이 이루어지고, 인구의 대다수가 극소수에 의해 일방적으로 억압, 착취당하는 사회를 스펜서처럼 '군사적 유형의 사회'라고 지칭하고 이러한 사회가 로마 제국에서 절정에 도달했지만 그런 사회에서는 진화적 힘들이 활발하게 작용할 수 없기 때문에 진보는 엄격하게 제한되었다고 말했다(p. 44, pp. 140~141).

근대에 들어서면서 세습과 배타적 원칙들에 기초한 군사적 유형의 사회가 점진적으로 붕괴하고 정치사회혁명과 산업의 성장에 의해 권력이 절대왕정으로부터 지주 계급으로, 그 후 자본가 계급으로 이행했으며 그 과정에서 법적 평등, 개인적 자유의 신장, '신분으로부터 계약으로의 이행', 노예제의 폐지 등이 이루어졌다. 키드는 이러한 발전을 "수세기 동안의 정치사는 평등한 조건에서 생존경쟁에의 참여가 이제까지 보편적으로 배제되었던 사람들 다수의 정치적, 사회적 해방의 이야기"라고 요약했다(p. 142). 여기서 키드는 스펜서와 마찬가지로 '사회들 사이의 생존투쟁'으로부터 '한 사회 내부의 개인들 사이의 투쟁'으로 눈길을 돌렸다. 즉 그 역시 근대 산업사회에 대한 분석에서는 개인적 투쟁에 중점을 두었던 것이다. 키드는 이러한 근대적 발전이 개인적 생존경쟁 자체를 결코 중단하거나 감소하게 만든 것이 아니라 오히려 생존경쟁의 조건을 보다 자유롭고 공정한 방향으로 변화시켜, 달리 말하자면 그것을 보다 '인간적으로' 만들면서 오히려 궁극적으로 생존경쟁을 강화했다고 말했다(pp. 53~54).

키드는 근대 산업사회로 진입하면서 개인들 사이의 생존경쟁이 더욱 자유롭고 공정해지는 경향을 보이고 있다고 생각했지만, 그가 살고 있었던 19세기 말에도 아직 충분히 공정해졌다고는 생각하지 않았다. 그는 여전히 공정한 조건에서 경쟁에 돌입할 수 없는 빈곤한 사람들이 많이 있다고 생각했다. 키드는 런던 주민의 3분의 1 정도가 '만성적인 빈곤 상태'에 있다는 찰스 부스Charles Booth의 조사 결과에 주목했다(pp. 73~74). 이러한 극히 불공정한 생존경쟁 상황을 자본가들은 '자유경쟁'이라고 강변하지만, 그가 보기에 그것은 노동자들의 주장처럼 '살인적인 경쟁'에 가까웠다. 그는 이러한 상황을 '통제되지 않은 무정부 상태의 경쟁'이라고 규정했다(pp. 227~228). 당시 사회에서 주민의 대다수는 그들의 타고난 장점이나 능력이 어떻든 간에, 여전히 어떤 진정한 기회로부터 그들을 절대적으로 배제하는 조건에서 생존경쟁에 참여하고 있었다(p. 233).

키드는 다수 대중의 이러한 만성적 빈곤 상태, 달리 말해 그들이 생존경쟁으로부터 사실상 배제된 상태는 종식되어야 한다고 생각했다.

> 우리는 새로운 시대로 들어서고 있다. 대중에 대한 정치적 참정권 부여는 거의 완료되었다. 다음 세대가 전념해야 할 과정은 대중에 대한 사회적 참정권 부여enfranchisement가 될 것이다. 마침내 민중은 평등한 정치적 권리를 인정받았다. 다음 단계로 그들은 명백히 평등한 사회적 기회를 인정받아야만 한다(p. 230).

키드가 말한 '평등한 사회적 기회'는 사회적 평등 자체가 아니라 사회적 평등을 가능하게 하는 '기회의 평등equality of opportunity'을 의미하며 그것이 인정될 경우 누구나 똑같은 조건에서, 즉 평등한 조건에서 생존경쟁에 임할 수 있게 된다. 이는 지금까지 사실상 생존경쟁에서 배제된 사람들에게 경쟁의 정당한 기회를 주는 것이다. 그리하여 그것은 생존경쟁의 조건을 보다 '자유롭고 더욱 공정하며 더욱 인간적으로' 되게 한다(p. 227). 키드의 '기회의 평등'은 개인의 진정한 자유와 복지를 위해 국가 개입을 적극 주장해 온 홉슨J. A. Hobson과 홉하우스L. T. Hobhouse와 같은 신자유주의자들에 의해 동일한 맥락에서 널리 사용되어 왔으며 이러한 점에서 키드도 신자유주의자들 가운데 한 사람이라고 할 수 있다[32].

키드는 이제까지 대중에게 '평등한 사회적 기회'의 부여를 막아 온 장벽이, 달리 말해 다수 대중의 만성적인 빈곤의 원인이 '부와 자본의 통제되지 않고 조정되지 않은 대부분의 현존하는 권리들'이라고 지목하고 이러한 특권들은 사실상 '새로운 상황에 적응한 봉건주의의 잔존한 권리들일 뿐'이라고 강조했다(p. 233).[33] 키드는 이러한 특권을 제거하고 기회의 평등을 실현하기 위해서는 스펜서가 반대해 왔던 '국가 간섭'이 필요하다고 생각했다(p. 238). 개인들의 경제 사회 생활에 대한 국가 간섭은 입법을 통해 나타나며 그것은 여덟 시간 노동제, 누진세, 의무교육, 실업보험 등의 형태로 구체화되었다. 이러한 입법들이 결국 '부유한 계급을 희생해 하층 계급의 위치를 개선'하고 있다(p. 235~236).

생존경쟁에 대한 국가의 이러한 간섭은 그것의 진보적 기능을 훼손하는 것인가? 키드의 대답은 그렇지 않다는 것이었다.

거꾸로 그러한 변화의 의미는 사회의 모든 구성원들을 보다 평등한 조건에서 경쟁에 참여하게 함으로써 경쟁을 고도의 수준으로 끌어올리고 경쟁의 규모와 진보의 한 요인인 경쟁의 능률을 크게 확대하는, 그리고 그럼으로써 경쟁을 더욱 자유롭고 공정하면서도 격렬하게 만드는 경향에 있다(p. 54).

이처럼 키드가 자유방임을 거부하고 국가 간섭을 생존경쟁 및 진보의 촉진 요인으로 보았다는 점에서 그의 이론은 '국가 간섭 지향적' 사회진화론으로 규정될 수 있으며 개인주의로부터 집단주의로의 중대한 이행에 들어섰다고 말할 수 있다. 여기서 키드와 스펜서의 사회진화론의 차이를 간략하게 정리해 보면, 양자는 모두 '개인들 사이의 생존경쟁을 통한 사회의 진보'를 주장한다는 점에서 일치한다. 그러나 스펜서가 국가 간섭을 생존경쟁에 유해한 것으로 본 데 반해 키드는 오히려 그것을 유익한 것으로 보았다는 점에서 결정적인 차이를 보인다. 왜 이러한 차이가 생겨났을까? 그것은 무엇보다 당시의 생존경쟁 조건의 공정성에 대한 양자의 평가가 달랐기 때문이다. 다음으로 국가 간섭에 대한 양자의 평가 차이는 국가 자체에 대한 양자의 인식의 차이를 반영하는 것으로 보인다. 스펜서는 고전적 자유주의자들처럼 국가를 토지 귀족에게 장악되어 부당하게 인민을 억압하고 간섭하는 체제로 보았으므로 그러한 억압으로부터의 자유, 즉 자유방임을 주장했다. 그에 반해 키드는 참정권의 확대에 의한 민주적 국가의 조속한 등장을 예상했기 때문에[34] 국가로부터의 도피가 아닌 그것의 적극적인 활용, 즉 국가 간섭을 주장했던 것이다. 스펜서의 이론은 빅토리아 중엽의 '태평스런 시대'에 '가만히 내버려 두면, 저절로 잘 되어 간다'는 명제가 의문 없이 통용되던 시대의 산물인 반면에 키드의 이론은 '소란스럽고 고난에 찬 빅토리아 후기'의 산물이었다.

키드는 대중의 빈곤을 완화시키는 진보적인 국가 간섭을 적극 주장했지만, 그럼에도 불구하고 그와 사회주의 사이에는 메울 수 없는 간극이 있다. 그는 부와 자본의 특권이 다수의 인민의 권리와 기회에 부당하게 간섭하는 바로 그 지점까지 국가의 간섭과 통제가 확대되어야 하지만, 그것이 '국가 경영state management'으로, 다시 말해 사회주의로 되어서는 안 된다는 점을 분명히 했다.[35] 그는 "사회주의의 공언된 목적이 현재뿐만 아니라 생물이 시작되었을 때부터 모든 진보의 이면에 있었던 근본적 힘이었던 개인적 생존경쟁을 중지시키려 한다"고 생각했다(p. 239). 그러나 키드가 적극 수용했던 바이즈만의 '퇴화의 법칙'에 의하면 경쟁을 중단한다는 것은 사회를 퇴보시키는 것이 된다. 키드에게는 진보를 위해서 "모든 인류는 태초부터 진행되어 왔던 생존투쟁의 노고를 피할 수 없으며" 인간 삶의 모든 현상들이 이러한 '우주적 과정cosmic process'의 측면들로 간주되어야만 했다(p. 193).[36] 결국 경쟁을 종식하려는 사회주의는 자연 질서에 반하는 것이 된다. 이렇게 해서 키드는 과학의 세기에 과학의 힘을 빌려 사회주의의 가능성을 일축했다.

그렇다면 사회주의는 왜 생존경쟁을 중지시켜 사회의 퇴보를 자초할까? 키드는 사회주의의 '합리성'에서 그 답변을 찾았다. 그는 사회주의의 교의가 흔히 생각하듯이 '균형 감각을 잃은 두뇌들의 격앙된 상상들'이 아니라 '냉철한 이성의 과장되지 않은 정확한 가르침'

이며 바로 이성이 생존경쟁을 중단하게 만드는, 그리하여 진보를 가로막는 요인이라고 주장했다(p. 77). 즉 이성은 선천적 능력의 차이에 따른 차등 보상을 거부함으로써 진보에 필수적인 개인적 경쟁을 불가능하게 만든다는 것이다. 그는 이성의 관점에 선 대중이 자신의 이익을 추구하는 길이 '현행의 사회 조건을 즉각 끝장내고 경쟁을 중단하며 사회주의적 원칙에 입각해 생산수단을 사회화하는 것이라는 결론'을 유감스럽게도 피하기 어렵다고 보았다. 그것은 결국 현존 세대의 이익을 위해 종의 퇴화를 감수함으로써 미래 세대의 이익을 희생하게 되는 것이다. 따라서 그가 보기에 "사회주의는 개인주의처럼 궁극적으로 개인주의적이고 반사회적으로 인식되어야만 했다(p. 245)."

결국 키드에게 이성은 이기주의를 고무시켜 진보에 장애가 되는 파괴적 요인이었다. 키드의 이러한 이성관은 그에게 사회유기체의 이해와 개인의 이해 사이에 돌이킬 수 없는 대립을 확신하게 했다. 자신의 복지에 필연적으로 관계되는 개인의 이해와 주로 아직 태어나지 않은 세대들의 복지에 관계되는 사회유기체의 이해 사이에는 본유적이고 필연적인 대립이 존재한다. 그것들은 본유적으로 그리고 본질적으로 화해가 불가능하다. 따라서 개인의 이성에는 진보의 조건들이 지배적인 사회에서의 행위에 대한, 예컨대 종족의 생존을 위한 개인의 사회적 행위에 대한 어떤 '합리적' 인정이 존재할 수 없다. 그러나 진화과학의 으뜸원리는 진보를 위해서 사회유기체의 이해가 개인의 이해보다 항상 더욱 크며 후자가 전자에 예속되어야 한다는 점을 키드는 강조하고 있다(pp. 79~81).

이리하여 '이기적인' 이성을 가진 개인의 이해를 어떻게 사회의 이해에 종속시킬 것인가라는 문제가 진보의 관건으로 부각된다. 키드는 이성과 영원히 불화하는 초합리적인 힘인 종교에서 문제 해결의 열쇠를 발견했다. 그는 인간이 자신의 이성을 복종시키려고 노력했던 투쟁을 인간 역사의 핵심적 특징이며, 이 투쟁의 원동력이 인간의 종교적 신앙에 의해 제공된다고 생각했다(pp. 101~102). 종교의 기능은 종족의 진보에 필수적인, 그러나 이성은 비난하는 사회적 행위에 대한 초자연적, 초합리적 승인을 부여함으로써 종족의 진보 조건을 보호하려 한다. 결국 키드에게 종교는 파괴적인 이기적 합리주의를 제압해 종의 진보를 가능하게 만들어 주는 진보적인 힘으로 부각된다. 진보가 종교적 힘, 즉 비합리적 힘에 입각한다는 점에서 키드의 이론은 비합리주의적 사회진화론으로 규정될 수 있다.[37]

키드의 이러한 논의에서 우리는 약간의 문제점을 지적할 수 있다. 먼저 키드의 이성 개념이 지나치게 편협하다는 점을 들 수 있다. 키드의 이성은 사실상 거의 이기심과 동의어에 불과하기 때문이다. 브리스틀L. M. Bristol의 말처럼 그것은 '즐거움과 고통을 저울에 달아 보고 자기 이익의 노선에 따라 행동을 선택할 수 있게 하는 차가운 계산 능력'일 뿐이며 그래서 '편협한 공리주의적 개념'이다.[38] 이성을 가진 개인의 이해와 사회유기체의 이해 사이에는 키드의 말처럼 종교 없이는 화해되기 어려운 대립이 진정으로 존재할까? 홉슨은 키드의 '원자론적 사회관'에서 그의 근본적인 오류를 발견했다[39]. 홉슨은 키드가 유기적 사회관을 수용해 사회유기체의 이해에 대한 개인적 이해의 종속을 주장했지만, 양자 사이의 돌이킬 수 없는 대립을 전제함으로써 결국 원자론적 사회관으로 복귀해 버린 것으로 보았다. 홉슨은 키드와는 달리 양자 사이에 그러한 필연적 대립이 존재하지 않는다고 보았다. 그는 어머니의 자녀에 대한 희생이 낮은 차원의 이익을 버리고 높은 차원의 이익을 얻는 사례가 된다면서 그러한 희생은 결국 진정한 이익에 대한 합리적 자아self의 적응이라고 보았다.

이제 끝으로 키드의 국가 간섭 지향적 사회진화론과 제국주의와의 관계를 살펴보자. 세멀은 19세기 말 영국의 사회진화론을 국내에서의 개인들 사이의 경쟁에 중점을 두고 국가들 사이의 경쟁을 비판적으로 보았던 '대내적 사회진화론Internal Social Darwinism'과 이와는 반대로 국가들 사이의 경쟁에 중점을 두고 국가 내부의 경쟁을 경시했던 '대외적 사회진화론External Social Darwinsim'으로 구분하고 스펜서를 전자에, 키드를 후자에 속하는 것으로 분류했다.[40] 키드가 대내적 사회진화론을 전적으로 거부한 것이 아니라 그것을 수정해 수용했지만, 세멀은 '대외적 사회진화론이 자유방임적 영국의 대내적 경쟁을 대체할 것'이라는 문구를 키드의 주장처럼 부각시킴으로써 마치 키드가 대외적 사회진화론에 중점을 둔 것 같은 강한 느낌을 주었다. 즉 키드는 소멸되거나 완화될 대내적 생존경쟁보다는 대외적 생존경쟁, 민족들 사이의 생존경쟁에 주목해 결국 제국주의를 정당화했다는 것이다. 과연 그러한가?

키드는 민족들 사이의 생존경쟁에서 우열을 가르는 결정적인 기준으로서 '사회적 능률social efficiency'이란 개념을 제시했다. 그것은 사실상 사회의 진보를 가져 오는 직접적인 요인이다. 그에 따르면 민족들 사이의 생존경쟁에서 승리하는 민족은 지적으로 더욱 발전된 민족이 아니라 사회적으로 보다 능률적인 민족이다. 그는 지적으로 우수한 프랑스인들보다 고도의 사회적 능률을 가진 튜턴족, 특히 앵글로색슨족이 세계를 주도하게 될 것이라고 보았다(pp. 282~288). 이러한 사회적 능률의 향상에 이바지하는 자질은 지성이 아니라 힘과 용기와 성실성, 정직성, 실용성, 존경심, 집중력, 의무에 대한 헌신, 자애심 등이다. 이 자질이 결여된 상태에서의 높은 지적 발전은 오히려 사회적 능률을 더욱 떨어뜨리는 경향을 보인다(pp. 289~290).

그렇다면 사회적 능률을 향상시키는 이 자질은 어떻게 확보되는가? 키드는 원시시대로부터 군사적 유형의 사회에 이르기까지 그러한 자질은 척박한 자연과의 투쟁과 다른 종족들과의 생존투쟁을 통해 얻어진 것으로 설명했다(p. 50, pp. 40~41). 그러나 근대 산업사회에서, 특히 그가 살고 있는 시대에서 사회적 능률을 향상시키는 자질의 확보에 대한 그의 설명은 스펜서의 경우처럼 한 사회 내부의 개인들 사이의 중단 없는 생존투쟁에 국한되어 있다. 즉 그는 사회적 능률의 향상 요인을 오직 개인 간의 생존투쟁에서 찾고 있는 것이다. 앞서 고찰한 것처럼 한편으로 국가의 개입에 의해 실현된 기회의 평등을 통해 개인적 경쟁을 보다 공정하게 만드는 정도만큼, 그리고 다른 한편으로 종교의 개입을 통해 이기적 합리주의를 제압해 개인의 이해를 사회유기체의 이해에 예속시키고 미래 세대를 위해 부담스러운 개인적 생존투쟁을 지속하게 하는 만큼, 사회적 능률은 고양되고 강화된다. 키드는 이렇게 고양된 사회적 능률을 가진 사회가 그렇지 못한 사회들과의 생존경쟁에서 압도적인 이점을 가지게 된다고 주장했다. 이는 개인들 사이의 생존경쟁을 방임하는 사회가 그렇지 않은 사회와의 생존경쟁에서 승리할 것이라는 스펜서의 주장과 사실상 동일하다. 즉 양자는 모두 개인적 생존투쟁을 그 사회 진보의 본질적인 요인으로 보았다. 이러한 점에서 볼 때 키드의 이론이 '내부경쟁을 외부경쟁으로 대체한 것'이라는 세멀의 주장은 오류가 된다. 즉 그것은 대외적 사회진화론이라기보다 여전히 내부경쟁에 중점을 둔 대내적 사회진화론에 가까운 것처럼 보인다.

다만 키드는 스펜서와는 달리 민족들 사이의 생존투쟁에 대해 보다 적극적인 수용의 자세를 취했다. 즉 자유무역을 주장하며 식민지를 팽창시키는 제국주의에 대해 비판적이었던 스펜서와는 달리 그는 제국주의에 부정적이지는 않았으며 앞서 잠시 언급한 것처럼 앵글로색슨주의를 주장했다. 그는 앵글로색슨족이 그 탁월한 사회적 능률로 인해 진화사다리의 꼭대기에 서서 새로운 지역을 장악하고 당분간 세계에서 우세를 유지하는 것을 당연하다고 생각했다. 그러나 그의 앵글로색슨주의는 그 시대의 다른 종족 예찬들처럼 인종주의적 유전학이 아니라 보다 융통성 있는 사회적 능률의 개념에 의거해, 어떤 종족의 성공을 필연성이 아닌 개연성의 문제로 봄으로써 보다 유연한 인종주의로 남았다. 그는 열강에 의한 열대 아프리카의 자원 개발에 동의했으나 원주민에 대한 군사적 정복에는 반대하고 그들의 권리 보장을 주장했다.[41] 키드는 제국주의와 인종주의를 지지했지만 제국주의시대라는 상황에서 상대적으로 매우 온건한 것이었다. 결국 키드는 스펜서처럼 대내적 생존투쟁을 진보의 근본적 동인으로 보면서도 제국주의와 전쟁 등의 대외적 투쟁을 거부하고 자유무역을 옹호했던 스펜서와는 달리 대외적 투쟁에 대해서도 긍정하는 자세를 보였다고 평가할 수 있다. 키드의 이론은 대내적 투쟁을 대외적 투쟁으로 대체한 것이 아니라 대내적 투쟁을 기본으로 한 다음 대외적 투쟁을 추가했던 것이다.

여기서 키드 이론의 주요 논점을 마지막으로 정리해 그 성격을 규정해 보자. 키드의 사회진화론은 스펜서처럼 사회주의에 반대하고 개인적 생존투쟁에 여전히 중점을 두었으며 사회유기체와 개인 간의 이해를 대립적으로 보았다는 점에서 '집단주의적 사회진화론'으로 규정될 수 없다. 반면에 그러한 생존투쟁에 대한 자유방임을 거부하고 국가 간섭을 적극 지지할 뿐만 아니라 집단적 투쟁도 적극 수용하고 있으며 개인 이해의 사회 이해에 대한 종속을 주장했다는 점에서 '개인주의적 사회진화론'으로 규정되기도 어렵다. 따라서 키드의 이론은 개인주의로부터 집단주의로 이행하는 과정의 어느 한 지점에 있는 사회진화론으로 볼 수 있을 것이다. 이는 당시 신자유주의자들처럼 '사회주의화된 자유주의적 자본주의체계system of socialized liberal capitalism'에 대한 키드의 선호를 반영하고 있는 것처럼 보인다.[42]

피어슨의 '집단주의적' 사회진화론

스펜서와 키드의 사회진화론은 일정한 정도의 국가 간섭에 대한 인정의 문제에서 차이를 보이지만, 양자는 모두 사회주의를 극력 반대하고 궁극적으로 '개인들 사이의 생존경쟁을 통한 사회의 진보'

를 주장함으로써 자본주의체계에 대한 한결같은 지지를 보였다. 그렇다면 사회주의는 이들의 말처럼 '진화의 법칙'에 본질적으로 대립하는 것일까? 이에 대한 부정적인 견해는 먼저 한 생물학자로부터 제기되었다. 다윈주의를 반대했던 독일의 생물학자 비어챠우 Rudolph Carl Virchow(1821~1902)는 '사회주의자의 머릿속에 이미 들어 있는 유전 이론theory of descent'에 대해 우려하면서 다윈주의의 사회주의와의 모종의 친화력을 암시하고 이를 통해 독일에서의 다윈주의의 전파를 막고자 했다.[43] 이에 대해 다윈주의를 적극 지지했던 헤켈Ernst Haeckel(1834~1919)은 "만약 어떤 일정한 정치적 경향이 이 영국 이론에 돌려진다면, 그 경향은 사회주의적일 가능성이 가장 적고 민주적인 것도 명백히 아니며 오직 귀족적일 뿐이다"라고 반박하며 그것과 사회주의의 연관성을 일축했다.[44] 다윈주의와 사회주의의 연관성을 주장한 비어챠우나 이를 부정한 헤켈 모두 사회주의를 비판적으로 보는 사람들이었기 때문에 사회주의자들에게는 사회주의적 관점에 입각한 새로운 사회진화론의 정립이 시급한 과업으로 부각되었다. 사회주의와 다윈주의의 연관성을 둘러싸고 비어챠우—헤켈 논쟁이 진행되고 있을 때, 독일에서 유학 중이었던 피어슨Karl Pearson(1857~1936)은 사회주의에 심취했으며 다윈주의에 대해서도 호감을 갖고 있었다. 이리하여 그에게 사회주의와 다윈주의를 결합하는 과업, 즉 '사회주의적 사회진화론'을 정립하는 과업이 맡겨졌으며 이는 완전한 의미에서의 '집단주의적' 사회진화론이 될 것이었다.

  피어슨의 사회진화론은 사회주의에 대한 기존의 진화론들의 비판에 대응하는 과정에서 수립되었다. 만약 평등을 지향하는 사회주의가 그 시대에 절대적인 진리로 확신되었던 진화 법칙과 대립된다는 스펜서와 헤켈, 키드 등의 진화론들이 옳다고 할 경우, "근대 사회주의운동은 완전히 무용한 일이 될 것"[45]이었다. 그렇기 때문에 이들의 이론을 논파하고 "사회주의가 근대 과학의 모든 가르침과 일치한다"[46]는 것을 증명하는 일은 그가 보기에 사회주의운동의 사활이 달린 중대한 문제였다.

피어슨의 사회주의 교의에서 이 글의 주제와 관련해 중요한 부분은 사회 및 그것의 인격화된 형태인 국가에 대한 숭배 관념이다. 그것이 도출되어지는 과정을 고찰하기 위해 피어슨의 말을 들어 보자.

> 사회주의는 다음과 같은 두 가지 인식으로부터 발생했다. 첫째, 인류의 유일한 목적이 현세에서의 행복이라는 인식과, 둘째, 진보 과정 및 집단에 대한 집단투쟁이 인류의 강력한 사회적 본능을 만들어 냈으며 개인의 기쁨은 직간접적으로 자신도 그 구성원이 되는 사회의 번영을 촉진하는 데 놓여 있다는 인식으로부터 발생했다.[47]

첫 번째의 인식은 내세를 내세우며 현세의 빈곤과 궁핍을 정당화해 왔던 '미신적' 종교로부터 인간의 해방을 의미한다. 이러한 점에서 사회주의는 인간의 행동을 위한 종교의 비합리적 동기를 합리적 동기로 대체한다. 두 번째의 인식은 인간이 사회적 본능을 가진 존재이며 따라서 사회의 복지를 위한 개인의 사회적 행위가 가능하다는 것을 의미한다. 이러한 점에서 개인주의는 인간의 이러한 사회성을 인식하지 못한 것이 된다. 피어슨은 "사회주의는 인간의 첫째 의무가 실증주의처럼 막연한 개념의 인류가 아니라 그가 소속된 인간들의 집단에 대한 것임을, 그리고 그러한 사회적 집단이 체현된 국가에 대한 인간의 숭배는 당연하다는 것을 가르친다"[48]는 주장으로 성큼 나아갔다. 그는 '사회적 본능'으로부터 비약해 '국가 숭배'의 당위성을 끌어냈다. 이리하여 국가는 사회주의자들의 도덕성이자, 그들 신념의 중심이 되었다. 피어슨은 사회주의를 그 당시 여타 정치, 사회적 운동들과는 다른 토대에 놓았던 것이 바로 '국가와 사회주의의 이러한 동일시'였다고 말했다. 국가에 대한 개인의 철저한 예속을 주장하는 피어슨의 이러한 논의에서 스펜서는 물론이고 키드와도 다른 극단적인 집단주의적 경향을 확인할 수 있다.

이러한 사회주의적인 토대에 입각해 피어슨은 스펜서와 키드의 사회주의 비판에 정면으로 도전했다. 이들의 비판은 한마디로 '개인들 사이의 생존투쟁에 의한 사회의 진보'가 절대적인 진화의 법칙이며, 따라서 이러한 생존투쟁을 중단시켜 개인들 사이의 자연적인 불평등을 인위적인 평등으로 대체하려 하는 사회주의는 자연의 질서에 대립되며, 실현 불가능하다는 것이다. 피어슨은 진화 개념이 근대 과학 사상의 가장 두드러진 특징임을 인정했지만, 그것이 지나치게 남용되고 오용되어 공허한 개념이 되어 버렸다고 개탄하면서 특히 사회주의운동에 대한 반대를 위해 사용된 진화 개념을 대표적인 오용 사례로 들었다.[49]

사회의 진보는 스펜서와 키드의 주장처럼 오직 '개인들 사이의 생존투쟁을 통해 이루어져 왔을까? 개인주의적 사회진화론에 대한 키드의 반격은 주로 생존투쟁의 단위 문제에 집중되었다.[50] 여기서 그는 진보의 원인이 되는 자연선택에 '한 집단 내에서의 개인들 사이의 생존투쟁', 즉 '집단 내부의 투쟁intra-group struggle'뿐만 아니라 '집단들 사이의 투쟁extra-group struggle'과 물리적 선택physical selection이라는 두 가지 요인들이 더 포함되어 있다는 점을 환기했다.[51]

구舊진화론자들은 생존투쟁의 여러 요인들을 간과했다. 그들은 지금은 거의 불합리하게 보이는 방식으로 개인에 대한 개인의 투쟁을 강조했다. 그들은 인간을 동물의 왕국에서 으뜸가는 위치에 오르게 했던 형질의 대부분이 부족에 대한 부족의, 종족에 대한 종족의 투쟁에서, 심지어 다른 생물 및 그의 물리적 환경에 대한 한 전체로서 인류의 투쟁에서 만들어졌다는 점을 인식하지 못한 것처럼 보인다. 구舊정치경제학자와 마찬가지로 그들은 모든 실질적인 진보가 공동체 내부에서의 전면적인 싸움에 의거했다고 생각했다.[52]

피어슨이 보기에 인류의 진보에 공헌했던 중대한 자연선택의 요인은 집단 내부의 투쟁이 아니라 나머지 두 요인들, 특히 집단들 사이의 투쟁이었다. 그는 개인들 사이의 투쟁이 역사상 단 한 번도 그러한 중대한 진보적 기능을 한 적이 없다고 생각했다.

그렇다면 사회주의는 자연선택의 세 요인들과 어떤 관계에 있을까? 피어슨은 '물리적 선택'의 활동을 억제할 수 있는 어떠한 힘도 사회주의에는 없으며 열등민족과 우등민족의 생존투쟁도 사회주의의 도래로 중단되지 않을 것이지만 나머지 한 요인, 즉 집단 내부의 투쟁만은 사회주의에 의해 영향을 받을 것이라고 주장했다.[53] 즉 그는 비판자들의 주장처럼 사회주의가 집단 내부의 생존투쟁을 '중단시키려는 것'은 아니지만 그것을 '완화하려 한다'는 점을 분명히 했다. 그러나 그는 개인들의 생존투쟁의 완화를 요구하는 근본적인 동인이 사회주의자들의 인위적인 노력이 아니라 집단들의 생존투쟁 자체의 필요성이라는 점을 강조했다.[54]

민족들 사이의 생존투쟁에서 어떤 민족이 적자로 선택되거나 도태될 것인가? 피어슨은 민족이 생존투쟁을 능률적으로 전개하기 위해서는 '하나의 동질적 전체'로 되어야 하며 그러기 위해서는 그 구성원들이 서로 공통된 이해를 가졌다는 감정을 상실할 만큼, 그리고 그들이 개인에 대한 개인의 투쟁의 압박만을 느끼게 할 만큼 커다란 계급적 차이들과 부의 차이들, 교육적 차이들이 존재하지 않아야 한다고 보았다. 그런 차이들이 존재할 경우 그들은 다른 민족과의 투쟁에 직면해 서로 협력할 수 없을 것이고 그 결과는 그 민족의 패배로 나타난다.[55] 따라서 민족들의 투쟁에서 승리하기 위해서는 먼저 그 내부의 그러한 차이들, 즉 구성원들 사이에서 일체감을 가질 수 없게 할 정도로 큰 불평등을 완화하는 일, 즉 사회주의가 필요해진다. 피어슨에게 진보의 보다 강력한 요인이었던 집단들 사이의 투쟁이 집단 내부 투쟁의 완화를 강력하게 요구했을 때, 사회주의는 이 요구에 적극적으로 부응했을 따름이었다.

우리는 지금 사회진보의 원동력으로서 개인들 사이의 생존투쟁을 강조하는 개인주의적 사회진화론과 집단들 사이의 생존투쟁을 강조하는 사회주의적 진화론이 정면으로 대립하는 한복판에 서 있다. 과연 어떤 이론이 더욱 타당한 것일까? 원래 수학도였던 피어슨은 수학적·통계학적 방법으로 정당한 이론을 가려낼 수 있다는 자신감을 피력했다. 피어슨이 고안했던 통계학적 방법은 '개인들 사이의 생존투쟁'에 의한 실제적인 도태 효과를 측정함으로써 진보에 대한 그러한 투쟁의 역할을 평가하려는 것이었다. 그는 스펜서와 키드, 헤켈 등의 주장이 어떤 의미를 가지려면 그것이 생존투쟁에서 패배한 자의 사멸을 의미해야 한다는 점을 분명히 한 뒤, 그들이 자신들의 주장을 뒷받침할 수 있는 결정적 증거가 될 생존투쟁에 의해 사멸된 자들에 대한 통계를 제시하지 않았다고 비판했다.[56] 그는 이들이 역사적으로 그 진보적 기능이 이미 충분히 입증된 집단들의 투쟁 대신 개인들의 투쟁을 새롭게 강조했기 때문에 이에 대한 입증 책임도 그들에게 있다고 주장했다. 그는 그들의 주장을 '입증되지 않은 진화론'이라 규정한 뒤, 남자 천 명의 세대별 사망 통계에 대한 분석을 통해 문명인의 경우 집단 내부의 생존경쟁으로 인한 사망자는 매우 적으며, 성공한 부유층보다 실패한 빈곤층의 재생산율이 훨씬 높은 경향을 확인했다.[57] 그는 현재의 문명 사회 어느 곳에서 인구의 대다수가 굶주리고 성년이 되기 전에 죽느냐고 반문하며 매 십 년마다 수백만 명씩이나 인구가 증가하는 사회에서 맬더스적 생존투쟁과 그에 따른 도태는 그들의 주장을 입증할 정도로 충분히 일어나지 않을 것이라고 주장했다. 피어슨은 앞으로 관련된 통계 자료를 충분히 수집해 정밀하게 분석하면, 개인주의적 사회진화론의 오류를 분명하게 밝힐 수 있다고 확신했다. 피어슨에게는 '현재 진행되고 있는 집단 내의 투쟁은 거의 생존을 위한 것이 아니라 다양한 정도의 안락과 사치를 위한 한가한 경쟁'으로 보였다.[58] 피어슨의 이러한 주장은 적어도 선진 산업국가들의 경우 타당한 것으로 보인다.

국가 숭배와 함께 집단들 사이의 투쟁을 통한 진보를 강조하는 피어슨의 사회주의적 사회진화론은 필연적으로 인종주의와 민족주의, 제국주의 및 전쟁에 대한 예찬으로 이어진다. 그는 당시의 집단들 사이의 투쟁이 이전에 비해 '상당히 단속적이고 훨씬 위장되었음'[59]을 지적했는데 이는 피어슨 역시 산업시대의 상대적 평화성을 인정하고 있음을 의미한다. 당시의 집단투쟁은 그가 말한 것처럼 대규모 전쟁 없이 주로 백인종과 유색인종 사이에서 경미한 형태로 진행되고 있었다. 그의 시대는 19세기 말 이른바 '제국주의의 시대'였던 것이다. 피어슨은 영내의 자원을 충분히 개발할 수 없는 열등인종, 즉 유색인종의 지역을 우등인종, 즉 백인종이 정복해 이용하는 것을 당연하게 생각했을 뿐만 아니라 두 인종의 공존이 퇴화를 가져 오므로 백인종은 유색인종을 그 지역에서 내쫓아야 한다고 주장했다.[60] 그는 열등인종과 우등인종 사이의 이러한 생존투쟁의 진행 과정은 격심한 고통을 의미하며 매우 가혹하게 보이지만 그러한 결점을 충분히 벌충해 주는 진보적 기능, 즉 인류 문명의 진보를 가져 온다는 점을 내세우며 제국주의적 침략을 정당화하고 미화했다.[61] 그는 열등인종에 대한 '낭만적인 동정'으로 이러한 생존투쟁을 중단할 경우 인류는 더 이상 진보할 수 없을 뿐만 아니라 열등한 혈통의 다산성을 막을 수 없게 되어 결국 종족들 사이의 생존투쟁을 대신해 물리적 선택이 더욱 가혹하게 작용할 것이라는 점을 강조했다.

식민지 각축은 백인종과 유색인종의 생존투쟁인 동시에 식민지 쟁탈을 위한 우등인종들 사이의 경쟁이다. 이 투쟁은 우등인종에게 자신의 사회적 능률을 고도로 유지할 수 있게 하는 한편 원료와 식량을 확보할 수 있게 하는 이중의 이익을 그들에게 안겨준다. 피어슨은 이집트로부터의 면화 수입이 중단될 때 랭커셔의 노동자들이 곤경에 처하게 될 것이라고 말해 제국주의가 그들의 생존과 직결됨을 강조하면서 이에 대한 그들의 관심과 지지를 촉구했다.[62] 그에게 제국주의는 과잉 인구의 배출구로서도 중요했다. 이처럼 그는 제국주의의 필요성을 다른 어떤 제국주의자들보다 과학적으로, 즉 생물학만이 아니라 경제, 사회학적으로도 강조했다. 피어슨은 백인종과 열등인종 사이의 생존투쟁이 끝날 때, 즉 열강의 식민지 분할이 완료될 때 문명된 사회들 사이에서 보다 첨예한 생존투쟁이 불가피해질 것이라고 예측했다[63]. 이리하여 제국주의와 인종주의는 과학, 즉 그의 진화 법칙에 의해 인류의 진보를 위한 필연으로 정당화되었다. 민족의 내부에서 평등을 지향했던 피어슨의 사회주의는 민족의 경계선을 넘어서면서 프롤레타리아 국제주의 대신 사회제국주의로 전환되었던 것이다.

이제 피어슨의 사회주의적 사회진화론의 핵심인 '집단적 생존투쟁을 능률적으로 수행하기 위한 개인적 투쟁의 억제'에서 야기되는 피할 수 없는 부작용을 고찰해 보자. 앞서 살펴보았듯이 사회주의에 대한 스펜서와 키드의 주된 비판은 그것이 진보의 원동력인 개인들 사이의 생존투쟁을 '중단하려'고 한다는 것이었다. 그러나 피어슨은 개인적 투쟁의 '중단'이라는 표현을 사용한 적은 한 번도 없다. 그는 그러한 투쟁의 '완화' 또는 '억제' 내지 '최소화'라는 표현을 즐겨 썼다. 개인적 투쟁의 중단과 그것의 억제, 완화, 최소화는 얼핏 유사한 말처럼 느껴지지만, 엄밀하게 말해 전자는 개인적 투쟁의 부재를, 후자는 그것의 존재를 나타내는 극단적인 차이를 보인다. 즉 피어슨은 후자의 표현을 사용함으로써 사실상 개인적 경쟁을 어느 정도 인정하고 있었다는 점에 유의해야 한다. 피어슨의 말을 들어보자.

> 사회주의자들은 문명사회에서 집단 내부의 투쟁이 최후까지 존속한다는 점을 부정한다. 반면에 다윈은 집단 내부의 투쟁이 적합한 사람을 적절한 위치에 두고 능률적인 사회적 사업의 극대치를 획득하는 수단으로서 큰 사회적 가치를 가질 수도 있다는 점을 받아들일 준비가 확실히 되어 있다. 다른 한편으로 다윈은 이러한 경쟁이 너무 큰 대가를 치르면서 수행될 수 있다고 우려한다. 즉 그 경쟁은 개인들에게 압도적인 이익을 제공함으로써 집단을 불안정하게 만들지도 모른다. 그 경쟁에서 제한된 범위 내에서 조금 더 나은 안락이 아니라 절대적 생존을 위한 투쟁으로 접근하는 순간 집단 내부의 투쟁은 파멸적으로 된다.[64]

여기서 피어슨은 격렬한 집단 내부의 투쟁에 대한 다윈의 우려에 공감을 나타내면서 자신의 사회주의가 허용하는 개인들 사이의 투쟁 정도를 드러낸다. 그것은 개인들 사이의 '생존을 위한 절대절명의 투쟁'이 아니라 '안락과 사치품을 위한 상대적으로 느슨한 경쟁'이다.

사회주의가 허용하는 '느슨한 개인적 경쟁'이 과연 그가 말하듯이 인재의 적재적소의 배치와 사회적 사업의 극대치를 이루어낼 수 있을까? 그는 심지어 사적 소유제의 폐지에 기초해 출생의 재정적 특권과 교육의 계급적 폐쇄성을 제거함으로써 "우리는 사실상 적자의 생존, 더 나아가 적자의 탁월한 대두에 대한 장애를 제거할 것[65]"이라고 주장한 바까지 있다. 우리는 그의 말에서 마치 사회주의가 '기회의 평등'을 제공해 개인적 투쟁을 활성화시킬 수 있다는 느낌을 강하게 받게 된다. 이는 키드의 주장과 그리 멀어 보이지 않는다.

그러나 생존투쟁이 아닌 안락을 위한 느슨한 경쟁으로부터 적자선택을 기대하는 것은 그의 지나친 과욕이 아닐까? 여기서 원론으로 돌아가 피어슨의 사회주의와 키드의 국가 간섭주의가 근본적으로 다르다는 점을 되새겨 볼 필요가 있다. 키드가 자본주의체계를 인정하되 지나친 불평등에 대해서는 어느 정도의 국가 간섭을 주장했던 반면에 피어슨은 자본주의체계 자체를 거부하고 토지와 자본에 대한 전면적인 사회화를 주장했다. 따라서 피어슨이 개인들 사이의 경쟁에 남겨 줄 수 있는 활동 공간은 키드에 비해 크게 제약될 수밖에 없었다. 그럼에도 불구하고 피어슨은 첨예한 선택 기능을 가진 개인적 생존투쟁을 억제해야 한다면서 안락과 사치품을 위한 경쟁이 그러한 기능을 가질 것이라고 기대하는 무리를 범하고 있다.[66] 그는 앞서 개인주의적 사회진화론을 비판할 때, 오직 '생존을 위한 개인적 투쟁만이 진화적 관점에서 의미를 가진다'라고 강조해 놓고서 이번에는 그 자신이 '무의미한' 한가한 경쟁을 강조하는 모순을 보였다.

'개인적 투쟁의 억제'가 적자를 선택할 수는 없다고 하더라도 부적합한 개인을 도태시킬 수는 있을까? 피어슨은 사회주의가 개인들 사이의 생존투쟁을 억제함으로써 개인적 투쟁이 부적합한 개인을 직접 도태할 수는 없지만, 그것이 '물리적 선택'의 작용 범위를 넓혀 줌으로써 부적자들을 도태시킬 수 있다고 생각했다. 즉 사회주의적 정책은 이제까지 부의 상속 등에 의해 '인위적으로 보호되어 왔던 부적자들을 물리적 선택 앞에 적나라하게 내세움으로써 그들의 생존과 재생산의 기회'를 대폭 줄일 수 있다는 것이다.[67] 그러나 이러한 물리적 선택에 의한 부적자의 도태는 매우 좁은 범위에서 이루어지는 것으로 보아야 한다. 물리적 선택에 새롭게 내던져진 부적자는 소수의 부유층 출신에 불과하기 때문이다. 뿐만 아니라 사회주의가 의료보험 등 의료 수혜 기회의 일반적인 확대를 의미한다고 할 때, 물리적인 선택의 효력은 크게 떨어질 수밖에 없다. 실제로 이러한 요인들이 의료 기술의 급속한 발전과 함께 이 시기의 사망률을 급속히 떨어뜨렸다. 피어슨은 이러한 문제들을 명시적으로 거론하지는 않았으나 내심 이를 매우 심각한 문제로 생각하고 있었던 것이 틀림없다. 개인적 생존투쟁의 억제를 주장했던 그로서는 부적자의 양산을 막을 수 없어 민족의 퇴보가 예견되는 이상, '개인적 생존투쟁에 의한 부적자의 도태'가 진정한 진화의 법칙과 대립되는 것이라고 더 이상 자신 있게 반박할 수 없기 때문이다.

이러한 난제로부터 그를 구출해 준 것은 우생학eugenics이었다. 그에게 '무의식적인 낭비의 조잡한 체계'를 대신하는 우생학의 가능성을 알려준 사람은 골턴Francis Galton(1822~1911)이었다. 그가 골턴으로부터 배운 것은 개인들 사이의 생존투쟁과 물리적 선택 대신에 좋은 혈통parantage을 '의식적으로' '사회적 행위에 의해' 번식시키는 한편 나쁜 혈통의 출산을 사전에 막는 예방적 선택의 가능성이었다.[68] 피어슨은 이러한 중대한 혈통의 문제를 아직도 국가의 문제가 아닌 가족 문제로 여기는 풍토를 개탄하고 이를 반사회적이라고 규정했다. 그는 열등한 혈통을 배제하고 우등한 혈통을 적극 번식시키는 과업이 우연이나 개인적 이기심, 변덕에 맡겨져서는 안 되며 국가가 직접 떠맡아야 한다고 주장했다.[69] 피어슨은 이러한 일이 사회주의 국가에서 보다 잘 이루어질 수 있을 것이라고 확신했다.

> 사회주의자들은 인류에게 사회 진화가 과거에는 거의 전적으로 집단들 사이의 선택과 자동적으로 작용하는 물리적 선택의 산물이었음을 인정한다. 그러나 혈통에 대한 점증하는 사회적 책임감이 적당한 간격을 두고 규제입법을 수반하면서, 미래에는 자연선택의 자동적 작용을 인간선택 human selection의 보다 급속한 과정으로 보완할 것이라고 믿는 경향도 있다. ……집단의 우월한, 열등하지 않은 구성원이 미래의 양친이어야 한다는 다윈의 경건한 바람은 개인주의적 국가보다 사회주의적 국가에서 훨씬 더 실현되기 쉽다.[70]

피어슨은 말년에 이를수록 우생학에 더욱 몰두했다. 그는 마침내 "미래 세대 종족의 자질을 개선하거나 손상하는 경향을 보이는 것에 대한 점증하는 지식, 즉 우생학적 지식이 사회 진보를 예견하고 부분적으로 그것을 통제할 수 있다고 믿는 사람은 사회주의자"라고 선언했다.[71] 이리하여 진정한 사회주의자의 과업은 '환경의 개선으로부터 종족의 개선으로' 전환되었다. 이제 그에게는 '우생학적 사회주의'가 진정한 사회주의였다. 그의 이러한 전환을 자세히 고찰할 필요는 없다. 여기서는 다만 우생학이 개인적 경쟁의 억제를 강조하는 피어슨의 사회주의적 사회진화론에서 필연적으로 제기되는 중대한 약점을 보완하는, 다시 말해 부적자의 번식을 막는 중대한 역할을 할 수 있었다는 점을 지적하는 것으로 충분하기 때문이다.

산업자본주의 사회를 보는 시각에 따라 달라지는 사회진화론들

이제까지의 논의를 토대로 스펜서와 키드, 피어슨의 주장을 요약해 보면 다음과 같다. 근대 산업사회에 대한 분석에서 스펜서는 한 사회 내부의 개인들 사이의 생존투쟁을 사회 진보의 원동력으로 보고 국가가 이를 방임해야 한다면서 사회들 사이의 생존투쟁, 즉 전쟁은 더 이상 필요하지 않다고 주장했다. 키드는 스펜서처럼 개인적 투쟁을 진보의 원동력으로 보았지만, 집단적 투쟁의 역할도 인정했으며 개인적 투쟁의 활성화를 위해 이에 대한 일정한 정도의 국가 간섭이 필요하다고 주장했다. 피어슨은 집단적 투쟁을 진보의 원동력으로 보았고 이를 효율적으로 수행하기 위해 개인적 투쟁이 제약되어야 한다고 주장했다.

이렇게 보았을 때, 스펜서의 이론은 국가주의와 제국주의를 거부하는 자유방임주의적·개인주의적 사회진화론으로, 그리고 이와는 정반대편에 서 있는 피어슨의 이론은 국가주의와 제국주의·인종주의를 주장하는 집단주의적 사회진화론으로 간단하게 규정될 수 있을 것이다. 그러나 키드의 이론은 상당히 복합적인데, 개인적 투쟁을 진보의 원동력으로 본다는 점에서 스펜서의 이론과 일치되지만 개인적 투쟁에 대한 국가 간섭과 진보의 보조적 요인으로 집단적 투쟁을 주장한다는 점에서는 피어슨의 이론에 근접한다. 다만 그는 개인적 생존투쟁의 불평등한 조건을 평등하게 만드는 정도의 국가 간섭, 즉 '국가사회주의'를 주장한 데 비해 피어슨은 전면적인 국가 간섭, 즉 사회주의를 주장했다. 그리고 키드가 집단적 투쟁, 즉 전쟁과 제국주의를 인정하는 정도였다면 피어슨은 그것들을 적극 지지했다. 이러한 점들을 종합해 보면 키드의 이론은 개인주의적이나 집단주의적 사회진화론으로 보기 어려우며, 양자의 절충적인 어떤 것, 즉 '준집단주의적' 내지 '국가 간섭 지향적' 사회진화론으로 규정될 수 있다.

 이들은 진보의 원동력으로서의 생존투쟁의 단위를 왜 이처럼 달리 설정했을까? 그것은 그들이 살고 있었던 산업자본주의 사회에 대한 인식이 각각 달랐기 때문이다. 즉 스펜서와 키드는 자본주의 사회를 긍정적으로 본 데 비해 피어슨은 이를 매우 비판적으로 보았다. 특히 스펜서는 빅토리아 시기The Victorian(1837~1901) 중엽의 태평성대를 반영해 당시의 많은 자유주의자들처럼 산업자본주의 사회의 평화성과 번영을 낙관했으므로 집단적 투쟁, 즉 전쟁을 거부하고 개인적 투쟁을 진보의 원동력으로 강조했다. 그는 개인들 사이의 생존을 위한 경쟁의 장을 방임한다면 사회의 진보가 저절로 이루어질 것이라고 믿었다. '보이지 않는 손'을 '보이지 않는 주먹'으로 대체했던 스펜서는 결국 '자유방임적 자본주의'를 선호했다. 이에 비해 소란스러운 19세기 말에 자신의 이론을 정립했던 키드는 당시 자본주의 사회의 개인적 생존경쟁의 조건이 불공정하다는 점을 인식했으므로 '기회의 평등'을 위한 국가 간섭을 주장하게 되었다. 그러나 그는 당시의 많은 신자유주의자들처럼 극단적인 국가 간섭, 즉 사회주의로 치닫지 않고 절충적인 어떤 지점에 머물렀다. 즉 그가 바람직하다고 생각했던 국가 간섭은 개인들 사이의 경쟁을 결코 중단하는 것이 아니라 그것을 더욱 활발하게 만드는 정도의 수준이었다. 즉 그는 당시 자본주의의 개혁을 주장했을 뿐, 그것의 폐지를 주장한 것은 아니었다. 이러한 의미에서 키드는 '사회주의화된 자본주의'를 선호했다고 할 수 있다. 피어슨은 스펜서와 키드와는 달리 자본주의 사회의 구성 원리 자체를 부정적으로 보았기 때문에 이를 사회주의 사회로 대체해야 한다고 주장했다. 따라서 그는 진보의 원동력을 개인적 생존투쟁과 일치시킬 수 없었으며 자연선택의 또 다른, 태곳적부터 강력했던 진보 요인이었던 집단적 투쟁을 '재개발'하게 되었던 것이다. 노동 계급에 의한 폭력혁명을 거부하고 프롤레타리아 국제주의 대신 민족들 사이의 투쟁을 강조했다는 점에서 피어슨의 사회주의는 사실상 사회제국주의였다.

    이러한 논의를 통해 결국 스펜서와 키드, 피어슨 이론들의 최대공약수를 사회진화론으로 규정할 수 있을 것이다. 그것의 핵심은 '인간도 동물처럼 생존투쟁을 통해 진보한다'는 명제이다. 그러나 이것은 사실상 대립되는 이념들에 대한 지지를 동시에 도출해 낼 수 있기 때문에 무의미할 뿐만 아니라 사회진화론 자체에 대한 혼란된 인식을 가중시키는 것처럼 보인다. 이러한 혼란을 피하기 위해서는 '하나의 사회진화론'이 아닌 '여러 사회진화론들'이 존재한다는 것을 명백히 인식해야 하며 생존투쟁의 단위를 분명히 함으로써 사회진화론의 앞에 그것의 의미를 제한하는, 즉 '개인주의적' 또는 '집단주의적'이라는 수식어를 붙일 필요가 있다.

서정훈

동아시아의 사회진화론 재고

중국과 한국의 '진화' 개념 형성

이 글은 《한국학연구》 17(인하대학교 한국학연구소, 2007)에 게재된 글을 부분적으로 수정한 것이다.

동아시아의 근대와 서양 사상

19세기 중엽 이래로 동아시아가 서양과 만나는 과정에서 사회진화론은 동아시아 지식인들이 체계적으로 이해하고자 했던 최초의 서양 사상이었다. 메이지 시기의 일본, 청 말기와 민국 초기의 중국, 개화기와 대한제국 시기의 한국에서 활약했던 일반적으로 계몽주의자로 불리는 사상가들의 지적 배경에는 사회진화론의 색채가 농후하게 나타난다. 따라서 동아시아가 서양의 사회진화론을 수용하는 과정은 일찍부터 많은 연구자들의 주목을 받았으며, 상당한 연구가 축적되어 왔다.

  종래의 연구는 각 지역의 개별 사상가들, 예컨대 일본의 가토 히로유키加藤弘之(1836~1916), 청 말기의 옌푸嚴復(1854~1921)와 량치차오梁啓超(1873~1929), 한국에서는 개화기 이후의 저작 혹은 근대적 매체에서 사회진화론의 흔적을 찾아내면서 사회진화론의 정치적 함의 등을 주로 분석해 왔다. 이러한 연구를 통해 동아시아 삼국에서 사회진화론이 수용되는 시기와 경로 등은 상당한 정도로 밝혀졌다. 일본에서는 1870년대부터 미국의 동물학자 모스Edward Sylvester Morse(1838~1925), 영국의 사상가 스펜서를 통해 생물학적 진화론과 사회진화론을 직접 수용했다. 1880년대에 들어와서는 가토 히로유키가 국가주의의 색채가 강한 독일의 사회진화론을 수용하기도 했다. 중국에서는 영국에 유학했던 옌푸가 헉슬리Thomas Henry Huxley(1825~1895)와 스펜서의 저작을 번역하고 소개하면서 영국의 사회진화론을 수용했다. 량치차오는 초기에는 캉유웨이康有爲(1858-1927)의 영향으로 춘추공양학春秋公羊學의 삼세설三世說을 역사의 점진적 진화로 해석했으며, 옌푸의 영향을 받아 서양에서 온 사회진화론을 학습했으며, 무술변법(1898)이 실패한 뒤에는 일본으로 망명해 메이지 시기의 사상적 풍토 속에서 가공된 사회진화론을 수용했다. 한편 한국에서는 1880년대부터 유길준, 박영효朴泳孝(1861~1939) 등 개화파 지식인을 통해 부분적으로 수용되기 시작해 1890년대에는 서재필徐載弼(1864~1951), 윤치호尹致昊(1865~1945) 등과 같이 미국에 유학했던 지식인들을 통해 전파되었다. 20세기 초에는 박은식朴殷植(1859~1925), 장지연張志淵(1864~1920), 신채호申采浩(1880~1936) 등을 비롯한 국내의 유교적 지식인들이 주로 중국의 저작을 통해 사회진화론을 학습하고 수용했다.

 동아시아 지역에서 사회진화론이 소개되기 시작한 시기는 19세기 후반 무렵이었다. 서양에서 다윈의 《종의 기원》이 발표된 이래 이를 둘러싼 찬반양론이 격화된 것은 1860년대였다. 'evolution'이라는 영어 어휘가 원래의 어원적 용법인 '전개'가 아니라 오늘날과 같은 진화의 의미로 영국의 브리태니커 백과사전에 실린 것도 1878년의 일이었다. 서양의 사회진화론을 대표하는 스펜서가 진화라는 개념을 바탕으로 만들어 낸 방대한 《종합철학체계A System of Synthetic Philosophy》(1862~1893)도 바로 이 시기에 완성되었다. 스펜서의 영향을 강하게 받은 카네기Andrew Carnegie(1835~1919)와 같은 철강회사 사장 혹은 예일대학의 교수 섬너William Graham Sumner(1840~1910) 등이 자유방임주의를 구가한 것도 바로 19세기 후반이었다. 바야흐로 세계는 사회진화론의 유령이 떠돌고 있었고, 그것이 동아시아의 지식 공간 속으로 흘러 들어왔다.

모스, 스펜서, 그리고 페놀로사Ernest Francisco Fenollosa(1853~1908)와 같은 서양의 지식인들이 일본에 직접 와서 진화론을 강의했으며, 곧이어 그들의 저작도 일본어로 번역되었다.[1] 유길준은 1881년 신사유람단의 일원인 어윤중魚允中(1848~1896)의 수행원으로 일본의 게이오의숙에서 공부했고, 2년 뒤에는 미국으로 유학해 모스를 스승으로 삼아 매사추세츠 주 베이필드 시에 있는 더머 아카데미Dummer Academy에서 공부했다. 유길준의 《서유견문西遊見聞》(1895)에는 서양의 생물학자로서 영국인 헉슬리와 미국인 모스, 철학[性理學]자로서 스펜서의 이름이 소개되어 있다.[2] 다윈의 저작과 진화론의 대중화에 공헌했던 헉슬리의 저작들도 20세기 초까지 동아시아에 소개되었다.[3]

지식인의 교류와 서적의 유통은 서구에서 동아시아로의 한 방향으로만 이루어지지 않았다. 가토 히로유키가 강권强權에 대해 이론적으로 풀이한 《강자의 권리의 경쟁》(1893)는 다음 해 베를린에서 독일어로도 간행되었다.[4] 이러한 지식 정보와 자료의 유통은 서구와 동아시아 사이에서만 진행된 것이 아니라 동아시아 지역 내부에서도 활발하게 전개되었다. 특히 청일전쟁 이후에는 일본에서 번역된 서양 사상 관련 저작이 대량으로 중국과 한국에 전해지고 다시 각 지역의 언어로 번역되었다. 그리고 한국에서는 을사늑약(1905)이 체결된 이후로 량치차오의 글이 대한제국 시기 지식인들에게 많은 영향을 미쳤다.[5] 20세기 전환기의 동아시아는 사상적으로도 세계사의 무대에 등장했으며, 이와 더불어 동아시아 지역 내부의 지적 연쇄는 더욱 활발해졌다.

종래의 연구는 일반적으로 서구의 사회진화론이 동아시아에 수용되는 방식, 즉 이해 혹은 오해의 양상을 분석하는 데 초점이 맞춰져 왔다. 따라서 서구의 사회진화론이라는 정형定型을 미리 설정해 두고, 동아시아에 수용된 사회진화론이 서구의 사회진화론과 어떻게 다른가 하는 점을 규명하면서 이를 동아시아의 특수성으로 간주하기도 한다. 또는 서양에서 사회진화론이 담당했던 제국주의적 성격에 착안해 동아시아 지식인이 사회진화론의 이러한 속성에 어느 정도 각성했는가 하는 점을 측정하기도 했다. 따라서 이에 대한 각성의 결여는 곧 제국주의에 대한 저항의 부족으로 파악되었다. 반대로 사회진화론에 제국주의적 속성이 포함되어 있음에도 불구하고, 한국과 중국에서는 이를 구국과 애국의 논리로 전환시켰다고 보기도 한다.

서양의 진화론은 19세기 서양의 풍토 속에서 배태된 과학사의 사건이며, 사회진화론은 사회 사상사의 사건이었다. 진화론의 시조로 알려진 다윈조차도 초기에는 'evolution'이라는 단어를 사용하지 않았으며, 《종의 기원》 초판에도 등장하지 않는다.[6] 생물학적 진화론에도 다윈, 라마르크Jean-Baptiste Lamarck(1744~1829), 키드의 진화론이 각각 다르듯이 사회진화론에도 헉슬리, 스펜서, 헤켈, 크로프트킨Пётр Алексéевич Кропóткин(1842~1921)의 주장은 결코 같지 않다. 즉 진화를 가능하게 만드는 요인은 생존경쟁인가 아니면 상호부조인가, 진화가 일어나는 단위는 개체의 차원인가 집단의 차원인가, 진화는 반드시 바람직한 방향으로 전개되는가, 즉 진화는 진보를 의미하는가, 진화의 과정은 필연적인가 아니면 인위적 요인이 개입할 수 있는가가 등의 문제를 둘러싸고 사회진화론은 실로 다양한 모습으로 전개되었다. 서양의 사회진화론은 이처럼 생물학적, 사회과학적 혹은 철학적 문제들을 안고 있는 주장들의 더미였다. 사회진화론은 하나의 고정된 이론이라기보다 오히려 이러한 문제들을 둘러싼 각종 학설의 각축장이라 할 수 있을 것이다.

동아시아의 사회진화론을 연구하기 위해서는 먼저 서양의 어떤 사회진화론이 동아시아에 수용되었는가 하는 사실의 확인과 경로를 점검하는 작업이 중요하다는 것은 말할 필요도 없을 것이다. 서구의 지식 자원 혹은 동아시아 각 지역 사이의 유통 경로를 점검하는 작업은 일차적으로 중요하다. 그리고 동아시아의 근대는 이러한 사실 규명을 넘어서는 작업을 요구한다. 즉 동아시아의 지식인이 서구에서 기원한 사회진화론을 통해 만들어 낸, 만들어 내고자 한 담론이 무엇이었는가 하는 점을 밝혀야 할 것이다.

동아시아 지역에서 사회진화론을 수용하던 당시에는 '사회'라는 개념도, '진화'라는 개념도 존재하지 않았다. 이러한 근대적 언어는 동아시아의 지적 풍토에서 생소한 것이었다. 동아시아의 지식인은 서양에서 전래된 지식을 토대로 새로운 세계를 모색하기 시작했다. 이러한 모색을 위한 사유의 과정이야말로 동아시아의 근대를 만든 초석이라고 할 수 있다. 따라서 이 글은 서구의 사회진화론의 정형을 설정한 채 그것을 기준으로 동아시아 사회진화론의 일탈과 왜곡, 혹은 아시아적 특수성을 발견하고자 하는 것이 아니다. 사회진화론이 서양에서도 다양한 문제를 담고 있는 담론이었다는 점을 전제로 하면서, 동아시아의 지식인이 이러한 서양의 사상을 토대로 사회, 진화 등 새로운 개념을 만들어 가고, 사회의 진화라는 관념을 통해 어떤 물음을 제기하고 있는가 하는 점에 주목해 보고자 한다. 먼저 이 글은 중국의 서로 다른 두 계열의 지식인이라 할 수 있는 옌푸와 량치차오가 사회진화론을 통해 만들어 낸 중국의 근대를 먼저 분석하고, 이를 토대로 한국의 사회진화론 연구의 새로운 방향을 모색해 보고자 한다.

옌푸와 '천연天演'

근대 중국 사회에 새롭게 등장한 어휘 중에서 중국인의 세계관에 근본적인 변화를 불러일으킨 것은 '천연'이라는 개념이었다. 이 개념을 중국에서 처음으로 제시한 사람은 청일전쟁(1894~1895) 직후 다원과 스펜서의 학설을 무기로 언론 활동에 등장했던 옌푸라는 인물이었다. 그는 다윈의 생물학적 진화론과 스펜서의 사회학을 소개하면서 이 개념을 처음으로 사용했다.

다윈[達爾文]은 영국에서 동식물학을 연구하는 자이다. ……《종의 기원[物種探原]》을 저술했다. 이 책이 간행된 이래 유럽과 미국의 두 대륙에서는 거의 집집마다 이 책을 갖게 되었고, 서양의 학술과 정교政敎가 일시에 크게 변했다. 다윈의 학문이 사람들의 이목을 일신하고 생각을 바꾸도록 한 것이 뉴턴의 천문산학보다 더 심하다고 말하는데 이는 결코 빈말이 아니다. ……이 책에서는 두 편의 내용이 매우 유명하며, 서양의 저술가들이 모두 말하고 원리를 연구하는 자들이 언급하고 있다. 한 편은 〈물경物競〉이요, 다른 한 편은 〈천택天擇〉이다. 물경은 생물이 스스로의 생존을 위해 싸우는 것이며, 천택은 환경에 적응한 자가 살아남는다는 것이다. 사람과 동물이 세상에 함께 살아가면서 천지자연의 이익을 먹고 살아간다. 그렇지만 서로 부딪히면서 사람과 동물은 각각 스스로의 생존을 위해 싸우게 된다. 처음에는 종種과 종이 싸우며, 나아가 집단[群]과 집단이 싸우게 된다. 약자는 언제나 강한 자의 먹이가 되고 어리석은 자는 지혜로운 자에게 부림을 당한다. 스스로 살아남아 종을 남기게 되는 것은 반드시 강인하고 지혜와 기교가 뛰어나, 당시의 천시·지리·인사에 가장 잘 적응한 자이다. ……이는 동식물에만 적용되는 것이 아니라 인간도 마찬가지이다. 인간도 본래 동물의 부류이다. 다윈은 생물을 총괄해 종지를 밝혀 이와 같이 논한 것이다. 명확한 논증으로 충분히 사람의 마음을 사로잡는 것이 있지만, 직접 그 책을 보지 않으면 믿을 수 없다. 이는 천연지학天演之學으로 생물의 도리를 말한 것이다.

스펜서[錫彭塞]는 영국 출신이며 다윈과 같은 시대를 살았다. 그의 저서는 다윈의 《종의 기원》보다 일찍 세상에 나왔지만, 천연지술天演之術을 종지로 삼아 인간의 정치와 교화를 크게 밝히면서 그 학문을 군학群學(사회학)이라고 불렀다. 마치 순자가 인간이 금수보다 귀한 까닭은 사회[群]를 형성할 수 있는 능력이 있기 때문이라고 말한 것과 같이 군학이라고 했다. 백성이 서로 돕고 분업하면서 크게는 형정刑政과 예악의 제도를 만들어 가는데 모두 사회를 만들 수 있는 본성으로 인해 살아가는 것이다. 또한 최근의 과학[格致] 이론을 이용해 수신제가치국평천하의 일을 드러내고 있는데, 정치하고 심오하며 박학다식하다. ……오대주에 있는 원시 야만에서부터 매우 개명된 나라에 이르기까지 종횡무진으로 추론해 가면서 거의 모든 것을 다루고 있다. 그리고 한 나라의 성쇠와 강약이 일어나는 이유, 민덕民德이 순후해서 통합되거나 각박해서 분산되는 까닭에 대해 특히 자세하게 다루고 있다.[7]

옌푸는 《종의 기원》 3장의 〈*struggle for existence*〉와 4장의 〈*natural selection*〉을 각각 '물경'과 '천택'으로 번역하면서, 다윈의 진화론을 '천연'의 학문으로 이해했다. 또한 그는 스펜서의 사회학이 '천연'이라는 과학적 이론에 의거해 국가의 성쇠와 통합의 문제를 다루고 있다고 설명했다. 그는 스펜서의 학설이 다윈과는 상관없이 독자적으로 형성된 것이라는 것을 밝히면서도 이 둘을 다같이 '천연가天演家'[8]로 규정했으며, 이들의 학술을 통틀어 '천연학天演學'[9]이라고 불렀다.

'천연'은 분명히 옌푸가 고심해서 만들어 낸 'evolution'의 번역이다. 옌푸의 설명에 따르면, '천연'이란 "영어의 이볼루션evolution[義和祿尙]이며, 스펜서가 처음으로 사용한 단어였다".[10] 즉 '천연'은 스펜서의 진화evolution 개념을 중국에 전달하기 위해 만들어진 용어이다. 스펜서의 사회진화론Social evolution theory은 다윈의 생물학적 진화론을 그대로 사회에 적용시킨 사회다원주의Social Darwinism는 아니었다. 스펜서는 다윈보다 먼저 진화evolution(처음에는 development로 표기)라는 개념을 구상하고, 이를 자연계와 인간 사회에 적용했다. 그는 생물의 발달뿐만 아니라, 사회·정부·공업·상업·언어·문학·과학·미술 등 전 영역에 걸쳐 간단한 것에서 복잡한 것으로, 동질의 것에서 이질의 것으로, 미분화에서 분화된 형태로 계속해서 변화해 가는 것으로 진화론을 설명했다.[11] 또한 그는 일종의 진화론적 형이상학이라고 할 수 있는 거대 이론의 틀 속에서 '최적자 생존survival of the fittest'이라는 유명한 말을 만들어냈다. 그런 의미에서 스펜서의 사회 이론은 다윈의 영향보다도 라마르크의 영향이 크다고 할 수 있으며, 이 점에서 그의 사회진화론은 사회라마르크주의Social Lamarckism의 일종이라 할 수 있다.[12]

옌푸는 스펜서의 'evolution'이라는 용어를 고전 한문에 의거해 '천연'으로 번역했으며, 메이지 시기 일본의 사상계로부터 이미 만들어져 있던 '진화進化'로 번역하지는 않았다. 그러나 옌푸가 '진화'라는 용어를 전혀 사용하지 않았던 것은 아니다. 옌푸가 《천연론》을 번역할 당시의 용어법에서 보면, '진화'는 보종진화保種進化[13], 보군진화保群進化[14], 합군진화合群進化[15], 선군진화善群進化[16] 등과 같이 인종 혹은 사회와 관련되어 사용되고 있다. 여기서 '진화'는 'evolution'의 의미라기보다는 인종의 교화 혹은 사회의 발전을 의미하는 것이라고 할 수 있다.《천연론》의 마지막 부분에 '진화'라는 편명이 사용되어 있는데, 이는 교화의 확대로 인한 문명의 진보improvement 혹은 사회의 발전development을 의미하고 있다. 그가 사용한 진화의 의미는 인종, 사회, 국가가 보다 넓은 의미를 지닌 천연으로 인해 바람직한 새로운 단계로 이행하는 것을 말한다.[17]

고전 한문의 틀에서 보자면, '천연'에서 '천天'자는 다양한 의미를 지니고 있다. 옌푸는 중국 고전 언어에서 나타나는 다의성을 염두에 두며 다음과 같이 정리했다.

> 중국에서 사용되어 온 '천'이라는 용어는 논리학에서 말하는 다의어에 해당하며, 매우 이해하기 어렵고 논쟁의 단서가 된다. 신의 섭리를 말할 때는 상제上帝를 말하며, 구체적 형태를 지닐 때는 푸른 하늘을 가리킨다. 누가 한 것도 아닌데 원인과 결과의 구체적 모습이 드러나고, 그러한 인과의 과정을 파악할 수 없을 때는 공교롭게도 그렇게 되어 가는 과정[適偶]이라고 한다. 서양 언어에서는 각각 다른 글자가 있지만 중국의 일상 언어에서는 모두 천이라고 부른다. ······ 천연이라고 할 때의 '천'자는 세 번째의 의미이다. 이는 절대로 서로 통할 수 없는 것이며, 혼동하지 말아야 한다.[18]

'천연'이라는 번역 용어에서도 알 수 있듯이,《천연론》의 번역은 헉슬리의 영어 원문을 직역한 것이 아니었다. 여기에는 스펜서를 통해 학습한 옌푸의 선행 지식이 작용하고 있었다. 또한 중국의 고문에서 비롯된 전통의 무게도 육중하게 실려 있었다. 고전 한문의 틀에서 보자면, '천연'에서 '연演'자는 연출演出 혹은 연역演繹으로 사용되고 있으며, 드러남 혹은 전개, 흐름 등의 의미를 지니고 있다. 따라서 천연은 글자 그대로는 자연 세계와 인간 사회를 포함한 전우주의 변화를 의미할 뿐이다. 옌푸가 천연을 통해 말하고자 하는 바는 세계는 부단히 변화하고 있다는 것이다. 그 변화는 생존을 위한 끊임없는 경쟁, 그리고 이러한 경쟁으로 인해 나타나는 자연적 결과일 따름이다. 그리고 그는 생존경쟁과 자연선택을 통해 이루어지는 변화가 결국 이상적인 방향으로 전개될 것이라고 보았다.

옌푸는 스펜서의 사회진화론을 소개하면서, 진화론 그 자체보다도 진화론 속에 내재되어 있는 서구적 가치관의 문제를 중국의 사상계에 제기하고자 했다. 그가 천연이란 개념을 통해 본, 혹은 보고자 한 서양의 가치는 세계가 "끊임없이 앞으로 나아간다"고 보는 진보의 관념이었으며, 과거가 아니라 "미래를 향해 나아가는" 진보 의식이었다.[19] 따라서 그는 진화론의 수용을 통해 서구의 단선적 진보의 관념을 읽어내고 있으며, 이와 대비시켜 중국의 복고적 역사관 혹은 순환론적 역사관을 비판하고자 한 것이다.

중국 사회에서 주도적인 역사관은 과거 요순시대를 이상적인 시대로 간주해 요순의 정치를 회복하고자 하는 복고주의적 사관, 혹은 《맹자孟子》에 기술된 일치일란一治一亂의 순환론적 사고였다고 할 수 있다. 옌푸가 다윈과 스펜서의 진화론을 중국에 소개한 까닭은 학문적인 측면에서 진화론의 소개에 목적을 두었다기보다는, 서구에서 근대적 세계관을 형성하는 데 중요한 역할을 담당한 진보의 관념을 중국에 소개하기 위함이었다고 할 수 있다. 서구 열강의 위협 속에서 중국의 부강을 위한 방법을 모색하며 그는 서양의 거대한 부강을 만들어 낸 "서구 문명의 파우스트적·프로메테우스적 특성"[20]에 주목한 것이었다. 이것은 강력한 힘power 혹은 에너지를 무한히 발산해 가는 동적인 세계관에 의거한 진보 관념이었다.

이러한 단선적 진보 관념이 세계를 변화의 관점에서 다루는 점에서 중국의 전통적 사유 방식에 큰 충격을 준 것은 분명하다.[21] 전근대 중국 사회의 중요한 사고방식 중 하나인 "하늘은 변하지 않고 인간 사회의 도리 또한 변할 수 없다[天不變, 道亦不變,《한서》〈동중서전〉]"라는 한대 동중서董仲舒(기원전 179~104년경)의 주장은 송대 이후 주자학적 사회 속에서 윤리 질서의 기본 강령으로 기능했다. 그렇지만 천과 도를 연계시킨 이 주장은 자연 세계의 법칙성으로부터 인간 사회가 가진 윤리 규범의 정당성과 보편성을 확보하기 위한 것이었으며, 결코 자연 세계의 변화를 무시하지는 않았다. 오히려《주역》을 비롯한 유교 경전에서 볼 수 있듯이, 중국의 전통적 사고방식은 자연 세계의 변화를 인정하고 그 속에 잠재하는 어떤 원리를 찾고자 하는 것이었다. 낮과 밤 혹은 계절의 운행 속에 나타나는 변화를 음양과 오행을 통한 순환적 원리로 해석했을 따름이었다. 그러나 옌푸는 자연 세계의 변화 원리에 대해 전통적 사고방식과는 다르게, 어떤 힘과 에너지에 의해 진화라는 사다리의 정점을 향해 달려가는 단선적, 직선적인 변화로 이해하고자 했다.

주자학적 천리天理의 세계는 음양과 오행의 조화를 이상으로 삼는다. 옌푸가 소개한 천연의 세계 또한 어떤 조화로운 미래를 상정하고 있지만, 거기에 이르는 방식은 물경과 천택, 즉 생존경쟁과 자연선택이었다. 이 점에서 볼 때, 진화론에 대한 옌푸의 이해는 매우 낙관적이다. 이는 《천연론》에 대한 〈옌푸의 해설〉에서도 자주 등장하듯이, 옌푸의 사상 형성 과정에 결정적 영향을 끼친 스펜서의 낙관주의의 영향을 받았기 때문이라고 할 수 있다. 옌푸의 이해에 따르면, "스펜서는 사회를 천연의 자연에 맡겨 두면, 반드시 날로 선으로 나아가며 악으로 나아가지 않고, 이상적인 시대가 언젠가는 올 것이다"[22]라고 말했다. 그러나 헉슬리의 로마니즈 강연은 바로 스펜서의 낙관주의에 대한 비판이었다. 헉슬리는 진화의 원리를 인정하지만, 생존경쟁과 자연선택이라는 진화의 원리만으로는 스펜서처럼 인간 사회의 장래를 낙관하기 어렵다고 보았다. 헉슬리는 진화의 원리가 이상향을 실현할 수 있다고 기대하지 않았다. 그래서 인간 사회에는 진화의 원리만이 아니라 윤리적 과정이 필요하다고 강변했으며, 그것이 곧 〈진화와 윤리〉라는 로마니즈 강연의 주제였다. 이 점에서 볼 때, 옌푸는 헉슬리의 원전을 번역하면서도 헉슬리의 관점을 따르지 않고 오히려 스펜서의 관점에서 헉슬리를 비판한 것이다. 결국 《천연론》은 서양의 사상을 번역하고 소개하는 데 그치지 않고, 서구의 진화론이 잉태한 문제점을 중국의 사상계에 던진 시도라고 할 수 있다.

량치차오와 '진화進化'

서양의 사회진화론을 중국에 체계적으로 소개한 이는 옌푸이지만, 그것을 대중화하는 데 있어서 절대적인 역할을 담당한 사람은 량치차오였다. 옌푸의 경력을 살펴보면 북양수사학당 총판(1890), 북경 동문관의 러시아어관 총판(1896), 경사대학당 편역국 총판(1902), 복단공학 교장(1905) 등 주로 교육 활동에 종사했던 데 반해, 량치차오는 《시무보時務報》 주필(1896), 무술변법戊戌變法(1898) 주도, 《청의보淸議報》 주필(1898), 《신민총보新民叢報》 주필(1902) 등 중국의 정치 개혁에 적극적으로 참여했기 때문이다. 동성파桐城派 고문의 문체로 서양 사상을 번역한 옌푸와는 달리, 량치차오는 '신민체新民體'라고 불리는 알기 쉬운 문체를 사용해 대중의 호응을 받았다. 량치차오는 서양사상의 수용과 전달에 힘썼을 뿐만 아니라, 서양사상을 토대로 중국의 정치를 분석하며, 중국의 철학·역사·문학을 새롭게 서술하고 정립하고자 했다. 이러한 그의 이론과 실천을 뒷받침하는 기본적인 서양사상이 바로 사회진화론이었다.

옌푸는 서양 사회진화론의 기본 개념을 천연, 물경, 천택과 같은 고대 한어漢語로 소개했다. 한편 량치차오는 초기에는 캉유웨이의 영향 아래《춘추》금문경학의 삼세진화설三世進化說을 신봉했다. 변법운동의 주역을 담당했던 시기에는 인류의 역사가 거란세據亂世, 승평세昇平世, 태평세太平世라는 세 단계를 거치면서 대동大同의 사회를 향해 진보한다고 생각한 소박한 진보주의자였다. 또한 그는 옌푸의 《천연론》이 정식으로 간행되기 이전에 이미 초고를 읽었고, "천하에서 나를 이해하고 가르치는 자는 부모님과 스승 이외에 옌푸만한 선생이 없다"[23]라고 할 정도로 옌푸의 '천연'적 세계관에도 동조했다.[24] 무술변법의 실패로 일본에 망명한 이후 량치차오는 '진화', '생존경쟁', '적자생존', '우승열패'라는 일본에서 제조된 한자어로 사회진화론을 받아들이고 이해했다. 이처럼 량치차오를 비롯한 정치적 망명객, 혹은 청일전쟁 이후 일본으로 떠나기 시작한 중국인 유학생 등을 통해 중국 사회에서 '진화'는 '천연'을 대체하게 되었으며, '천연'은 결국 근대 중국 사회에서 도태되었다.

　량치차오는 1898년 10월 21일 일본 도쿄에 도착한 이후 일본에서 간행된 서양 서적의 번역서나 일본인의 저술을 열심히 학습했다. 또한 고대 철학에서부터 19세기 사상에 이르기까지 서양의 철학과 사상을 공부했다. 그리고 이러한 지식을 토대로 홉스, 스피노자, 루소, 아리스토텔레스, 키드, 베이컨, 데카르트, 다윈, 몽테스키외, 벤담, 칸트, 블룬칠리Johannes Caspar Bluntschli(1808~1881) 등 서양 사상가의 학설을 《청의보》와 《신민총보》에 연이어 소개했다.[25] 독일의 정치학자 블룬칠리의 학설을 소개하는 량치차오의 글은 1903년에 발표되었지만, 블룬칠리의 글은 이미 《청의보》에 1899년 4월부터 역자 미상으로 번역 게재되기 시작했다.[26] 1900년 5월에서 6월에 걸쳐서는 일본의 사회학자 아리가 나가오有賀長雄(1860~1921)의 《사회진화론社會進化論》이 연재되었다. 량치차오는 일본 망명 초기부터 키드를 비롯한 서양의 사회진화론과 블룬칠리의 국가유기체설에 대한 정보를 얻었던 것이다.

　최근의 연구에 의하면[27], 《청의보》에 연재된 《국가론國家論》은 블문칠리가 1874년에 간행한 《교양인을 위한 독일 국가학Deutsche Staatslehre für Gebildete》를 부분적으로 번역한 것으로, 주로 일본의 번역을 그대로 따랐다고 한다. 이 저작에 대한 일본의 번역은 당시 최소한 두 종류가 있었다. 하나는 하이델베르크대학에 유학해 블룬칠리에게 직접 사사한 히라타 도스케平田東助(1849~1925)가 히라쓰카 데이지로平塚定二郎와 함께 번역한 《국가론國家論》[28]이며, 또 하나는 그것을 다시 아즈마 헤이지吾妻兵治가 고대 한어로 번역한 《블룬칠리 국가학伯侖知理國家學》[29]이다. 그리고 《청의보》에 실린 《국가론》은 가토 히로유키加藤弘之(1836-1916)가 번역한 《국법범론國法汎論》(1872)을 저본으로 한 것으로 알려져 있었지만, 실제로는 아즈마 헤이지의 한역본을 저본으로 한 것이다.

량치차오는 일본에서 개인의 이익보다는 사회 유기체 자체의 생존을 강조하는 영국의 사회 사상가 키드의 《사회진화론Social Evolution》(1894, 량치차오의 번역은 인군진화론人群進化論)을 학습하며 다윈과 스펜서의 진화론을 비판했다. 그는 "진화의 의미는 미래를 만들어 내는 데 의미가 있으며, 과거와 현재는 하나의 과도적인 방편 법문에 불과하다. 근세의 정치학자와 사회학자의 주장은 사람마다 다르지만, 모두 현재를 중시하고 미래에 주의를 기울이지 않으니 매우 개탄스럽다"[30]는 키드의 말을 인용했다. 그가 말하는 근세 학자들의 주장에는 다윈의 진화론, 스펜서의 사회진화론, 루소의 사회계약론, 아담 스미스, 맬서스, 리카도 등의 고전적 자유주의, 벤담의 공리주의, 밀의 자유주의, 마르크스의 사회주의, 니체의 개인주의 등 서양의 거의 모든 사상이 망라되었다. 그리고 그는 점차로 블룬칠리의 국가주의 학설에 물들어 갔다. 《신민총보》에 발표한 〈정치학 대가 블룬칠리의 학설〉[31]에서 그는 "오늘날 중국에서 가장 부족하고 가장 먼저 힘써야 할 일은 유기적 통일과 강력한 질서이며, 자유와 평등은 그 다음이다"라고 하면서, 이전에 한때 공명했던 루소의 이론을 회의하기 시작했다. 그는 루소의 학설이 블룬칠리의 학설과 상반된다고 하면서, 시급히 국민의 통합을 이루어야 하는 중국의 현실에서는 루소의 자유평등과 공화국의 주장은 적합하지 않다고 본 것이다.

1903년 2월 20일 량치차오는 일본을 떠나 거의 10개월 동안 미국을 다녀왔는데, 블룬칠리의 학설이 《신민총보》에 게재된 때가 공교롭게도 미국 여행 시기와 맞물린다. 일반적으로 량치차오의 사상이 블룬칠리로부터의 영향과 미국 여행을 계기로 급격히 보수화되었다고 지적된다. 그러나 량치차오가 블룬칠리에 대한 일본의 번역과 저술을 접한 시기는 훨씬 전이었다. 도쿄 제국대학의 총장까지 역임한 가토 히로유키는 1870년 메이지 천황에게 직접 강연을 할 수 있는 진강進講의 자격으로 루소의 천부인권설과 블룬칠리의 국가주의 학설을 강의했지만, 1879년에는 시바세이쇼지芝靑松寺에서 진화론을 근거로 천부인권을 부정하는 강의를 했다. 1881년 그는 이전에 간행했던 천부인권론을 기반으로 하는 자신의 저서에 대해 발행 중단을 요청했고, 1883년에는 독일의 사회진화론자의 학설에 기대어 천부인권을 체계적으로 비판한 《인권신설人權新說》을 간행했다. 그는 야노 후미오矢野文雄, 우에키 에모리植木枝盛 등 자유민권론자들로부터 많은 비판을 받았으며, 1893년 자신의 주장을 보다 구체적으로 정리해 《강자의 권리의 경쟁强者の權利の競爭》을 출판했다. 《인권신론》은 가토 히로유키가 직접 책 뒤표지에 "우승열패는 천리이다[優勝劣敗是天理矣]"라는 문구를 써서 넣었을 정도로, "우승열패의 실리實理"를 강조하는 데 그 특징이 있다. 《강자의 권리의 경쟁》은 강한 자의 권리, 즉 강권이 곧 자유라는 주장을 전개하고 있다. 일본에 망명한 이후 량치차오는 일본의 문헌을 통해, '천연'의 세계에서 한 걸음 더 나아가 '진화', '우승열패', '생존경쟁'이라는 근대 일본어를 활용하면서 자신의 사상을 전개해 나갔다.

량치차오가 일본에 망명한 뒤 얼마 지나지 않아 그의 글 속에 나타나는 특징 중의 하나는 "생존상경의 공례[生存相競之公例]"와 "우승열패의 공리[優勝劣敗之公理]"이다.[32] 여기에서 '공례'와 '공리'는 량치차오의 문맥에서는 거의 같은 의미로 사용되었으며, 이 세계를 지배하는 원리라는 의미였다. '우승열패'가 가토 히로유키가 빈번히 사용한 주요 개념이라는 점을 감안하면, 이 글에서 가토 히로유키의 영향을 읽을 수도 있을 것이다. 이후로 량치차오는 "옌푸가 '물경', '천택', '적자생존'으로 번역했으나, 일본인은 '생존경쟁', '우승열패'로 번역하고 있다. 지금부터는 이 둘을 병용하고자 한다"[33]라고 하면서 중국의 번역과 일본의 번역을 함께 사용했다. 옌푸는 《천연론》에서 서양의 진화론에 대해서 "자연의 운행[天運]은 변하지만 그 가운데 변하지 않는 것이 있다. 변하지 않은 것은 무엇인가? 천연이라는 것이다. 천연은 체體이고, 물경과 천택은 용用이다"[34]라고 설명했다. 옌푸의 관점에서 물경과 천택은 천연과 체용의 관계로 설명되었다. 천연은 생존경쟁과 자연선택을 법칙으로 하는 세계의 원리였다. 한편 량치차오는 진화의 메커니즘에서 우승열패와 적자생존을 '공리'로 높이 평가했다. 량치차오는 "무릇 진화는 천지의 공례公例이다"[35]라고 주창한 바 있지만, 진화라는 세계의 법칙보다도 우수한 자가 이기고 열등한 자가 패한다는, 적자만이 살아남을 수 있다는 현실 세계에서의 힘의 법칙을 더 강조하고자 했다. 그는 옌푸가 고심 끝에 만들어 낸 번역을 이미 학습했지만 일본에서 번역된 서양 서적을 통해 일본형으로 가공된 사회진화론을 흡수했으며, 이를 통해 근대 중국에 또 다른 사회진화론을 선전했다.

대한제국 시기의 '천연'과 '진화'

한국에서 사회진화론은 대체로 1880년대 유길준을 비롯한 초기 개화파 지식인들에 의해 부분적으로 수용되기 시작한 것으로 알려져 있다. 개화파 지식인들에 의해 소개된 진보 혹은 발전의 관념은 사회진화론이라기보다는 기본적으로 서구 자유주의에서 전제하고 있는 개인의 주체 의식과 서구 계몽주의에 바탕을 둔 진보적 역사관과 관련된 것이었다.[36] 유길준이 소개한 개인 혹은 국가의 경쟁은 생물학적 진화론을 사회에 적용한 사회진화론, 혹은 사회를 생물과 같은 유기체로 간주하는 사회유기체론에 근거한 개념이라고 보기는 어렵다. 아마도 그는 자유주의의 견지에서 '경쟁'이라는 개념을 한국에 소개한 초기의 인물일 것이다. 유길준은 일본 유학에서 돌아와 집필한 〈경쟁론〉(1883)에서 '경쟁'과 '진보'의 관계를 다음과 같이 설명했다.

> 대체로 인생 만사가 경쟁에 의거하지 아니하는 일이 없으니, 크게는 천하와 국가의 일에서부터 작게는 일신일가의 일에 이르기까지 모두 경쟁으로 말미암아 비로소 진보할 수 있는 것이다. 만일 인생에 경쟁이 없으면 무엇으로써 인생의 지덕智德과 행복을 증진할 수 있으며, 국가가 경쟁하지 않으면 무엇으로써 국가의 위광과 부강을 증진할 수 있을까?"[37]

경쟁을 언급하고 있는 이 글은 유길준이 사회진화론을 수용한 근거로 자주 인용되는 부분이다. 여기에서 경쟁은 진보의 개념과 쌍을 이루어 사용되는 특징을 지니고 있다. 진보progress는 앞으로 실현될 미래에 이상적인 상태 혹은 완성된 형태를 상정하고, 인간 지성의 진보가 사회를 그러한 이상적 상태로 나아가게 한다는 것을 의미한다. 유길준이 언급한 경쟁과 진보는 이러한 진보주의적 문명관의 틀 속에서 설명되어야 할 것이다. 그가 〈개화의 등급〉[38]에서 제시하고 있는 야만에서 반개화, 개화로 전개되는 역사관은 바로 이러한 진보주의적 문명관에 의거한 일종의 사회발전론이라고 할 수 있다. 그가 말하는 경쟁은 진화론에서 사용되는 경쟁struggle for existence과는 달리, 문명개화의 실현을 위한 수단이다. 진화론에서 경쟁의 결과 살아남는 최적자가 반드시 가장 선한 것을 의미하는 것은 아니다. 오히려 진화론은 과학이라는 외투를 빌려 가치와 관련된 물음에서 벗어나고자 한 것이다.

개화기 지식인들은 분명 한국 사회에 '경쟁'과 '진보'라는 새로운 개념을 소개했다. 이러한 개념들은 인간 사회의 조화와 합심을 강조하고, 인류의 이상적 모습을 요순시대에 비유하면서 인의와 도덕이 실현된 이상향을 추구해 왔던 동아시아의 유교적 지식인들에게는 결코 친화적일 수 없었다. 유길준은 훗날 〈인간 세상의 경쟁과 면려[人世의 競勵]〉라는 글에서 경쟁이란 용어를 삼가고 대신 '경려競勵'를 사용했다. 그는 "경려라는 것은 쟁론하고 힐난하는 어지러운 싸움이 아니며, 선善으로 나아가는 면려를 가리킨다"라는 설명을 보태고 있다."[39] 또한 "사람이 다른 사람에게 손해를 끼치지 않고 각자 자신의 부귀와 영달의 뜻으로 서로 면려하는 정신을 일으켜 서로 다투는 기질을 고취해 앞을 다투고 뒤를 싫어하지만 그 폐단이 생기지 않는 것은 세계 공동의 이익을 추구하고 서로 돕는 대도大道를 준수하기 때문이다"라고 하면서, 경려가 이기적 경쟁이 아니라 공동의 이익과 대도를 실현하기 위한 선의의 경쟁이라는 점을 분명하게 밝혔다.

조선의 유교적 지식인에게 진화론적 혹은 자유주의적 의미의 경쟁은 쉽게 받아들여지기 어려운 낯선 개념이었다. 마찬가지로 복고주의적 사관, 혹은 순환론적 사고에 익숙했던 그들이 계몽주의의 진보를 수용하기 위해서는 그것을 정당화하는 절차가 필요했다. 그러나 종래의 연구에 따르면, "서구의 놀라운 기술적 진보에 깊이 감명을 받은 조선의 진보적 인사들은 매우 쉽고 간단히 진보에 대한 믿음을 내면화했다"[40]고 한다. 또한 "한국 사회에 사회진화론이 수용되고 점차 확산되면서 어느 누구도 생존경쟁의 논리를 부정한 지식인은 없었다"[41]고 한다. 물론 유길준 혹은 윤치호, 서재필 등과 같이 서양 사회를 직접 견문할 기회를 가졌던 개화기의 일부 사상가들은 19세기 말 미국 사회에 유행했던 사회진화론 혹은 진보의 관념을 쉽게 받아들일 수 있었을 것이다.

그렇지만 한국 사회에 진보 혹은 사회의 진화라는 관념이 정착하기 위해서는 진보 혹은 진화의 타당성을 논증할 시간이 필요했다. 전통 사상의 영향이 강한 나라일수록 외래의 사상을 흡수하고 이해하기 위한 논리가 강하게 요구되는 것이다. 1880년대부터 일종의 사회진화론 혹은 진보의 관념이 단편적으로 한국에 소개되었지만, 사회진화론을 토대로 하는 논의가 한국 사회에서 본격화된 것은 20세기에 들어선 이후였다. 1908년 8월 13일자 《대한매일신보》의 〈진보와 강쇠〉라는 제목의 논설에서는 "이왕에 전국 인심을 관할하던 강쇠케 하는 말이 국민의 뇌수에 오래 박혔으니 혹 이런 완고한 의론이 오늘날까지도 그 나머지가 있어 해롭게 할까 염려하야 이 의론을 일으키노라"라고 하면서, 한국인에게 남아 있는 복고적 관념의 잔재를 염려하고 있다. 다음 달인 9월 27일자에서도 〈진보합시다, 동포여〉라는 강한 어조의 논설이 실려 있는 것을 보면, 진보의 관념이 한국 사회에 쉽게 수용되고 정착된 것은 아니라고 할 수 있을 것이다.

진보 관념을 주축으로 하는 서구의 계몽 사상은 18세기의 산물이며, 진화론은 19세기의 서양 사상이다. 다윈이 제기한 진화론은 진화가 곧 진보라는 믿음을 확보하는 것은 아니었다. 그러나 다윈을 제외한 19세 서양의 진화론자들은 대체로 진화를 진보로 해석하고자 했다. 19세기의 서양은 다윈의 의도와는 달리 진화론자들에 의해 진보의 관념이 철저하게 구현된 시대라고 할 수 있다. 마찬가지로 개화기의 지식인들이 진보의 관념을 한국 사회에 소개했지만, 진화의 이론은 한국 사회에 진보의 관념이 구현되는 과정에서 중요한 역할을 담당했다. 진보의 관념은 다윈의 진화론을 통해 이해되었고, 반대로 다윈은 진보의 이론가로 이해되었다. 1909년 8월 11일자 《대한매일신보》에 게재된 〈경쟁의 진보〉에서는 다음과 같이 말하고 있다.

> 이것이 뉘 공이요, 가로되 다윈 씨의 공이니라. 다윈 씨는 무슨 술법으로 이 공을 이루었나뇨, 가로되 그 저술한 《인류경쟁론》으로써 이루었나니라. 다윈 씨가 나기 전에는 동서양 큰 선비들이 모두 퇴보를 주장해 인류의 역사에 결단해 말하기를 지금 사람이 옛 사람만 못하다 하며, 지금 세상이 옛 세상만 못하다 해 사람마다 오직 옛 사람이 마련한 규모를 지키며 사람마다 오직 옛 사람의 유전한 뜻을 준행해 옛 사람보다 낫게 하기는 힘쓰지 아니하고 오직 옛사람의 노예 되기만 구하더니, 다윈 씨가 나기에 미쳐서는 세계의 진리를 살피며 역사의 공변된 전례를 미루어 인류는 원래 진보하는 것이요 퇴보하는 것이 아님을 발명한지라.
> ……세계는 곧 날마다 진보되고 날마다 변하는 것이요 날마다 퇴보하는 것이 아니니 다만 날마다 진보하고 날마다 변함은 또 무엇을 인해 되는 것이오. 다윈 씨가 이 문제에 대해 해석한 말이 있으니, 곧 경쟁 두 글자로 결단해 가로되 인류와 물류가 시시에 서로 경쟁하며 곳곳에 서로 경장해, 경쟁이 더욱 심할수록 용렬한 자가 패하며 약한 자가 멸하고 오직 더 우승한 자와 강한 자만 머물러서 세계에서 살게 하는 고로 경쟁이 쉬지 아니하고 진화가 그치지 아니하나니.

20세기 초 대한제국 시기에 알려진 다윈은 퇴보가 아니라 진보를 주장한 서양 사상가였다. 다윈의 저서는 인류를 포함한 세계가 경쟁을 통해 진보한다는 주장을 담은 책으로 받아들여졌다. 이 논설은 다원의 학설을 원용해 경쟁을 통한 인간과 세계의 진보를 주장한 것이다. 여기에서 진보 혹은 진화는 동일한 의미로 사용되었다.

초기 개화파들이 소개하기 시작한 진보의 관념은 20세기 초에 다윈의 학설을 통해 사회적으로 확산되어 갔다. 을사늑약을 거치면서 한국 사회에서는 다윈, 진화, 생존경쟁, 적자생존과 같은 단어들이 대대적으로 유행하기 시작했다. "생존경쟁은 천연이요 우승열패는 공례라"[42]라는 표현이 지식인들 사이에 회자되기 시작했다. "무릇 우승열패는 곧 천연계의 공리라. 열자·우매한 자·고립한 자·약자는 참패하고 절멸해 우자·단합하는 자·강자에게 승리를 양보하지 않을 수 없으니, 이는 천택과 자연도태의 결과이다"[43]와 같은 글에서 나타난 것처럼 '천연', '천택'과 같은 어휘도 눈에 띄게 보이기 시작했다. "물경 천택의 공례에 따른다"[44]와 같이 언뜻 보기에 옌푸의 글을 연상시키는 문구도 등장했다. 그동안 한국 사회에서 거의 사용되지 않았던 낯설고 생소한 용어가 급격하게 증가한 것이다. 즉 천연, 공례와 같이 중국을 경유해 들어온 한자어, 그리고 생존경쟁과 우승열패와 같은 근대 일본어가 함께 사용되고 있다. 그 까닭은 량치차오가 일본에 망명하고 있던 동안 중국어와 근대 일본어의 혼용을 시도했고, 당시 한국 사회가 그의 저작을 통해 진화 사상을 수용했기 때문이다.

중국에서 사회진화론을 체계적으로 소개했던 옌푸의 《천연론》이 1906년 6월 8일자 황성신문의 서적 광고에 나와 있는 것을 보면, 한국에 들어왔을 것으로 추정되지만 이를 구체적으로 확인할 수 있는 자료는 지금까지 보고되어 있지 않다. 중국에 망명해 있던 김택영金

澤榮(1850~1927)은 1909년 봄 상하이에 있던 옌푸를 직접 만나 시를 주고받았지만, 옌푸나 그의 저서에 대한 구체적인 평론은 남아 있지 않다. 종래의 연구에서 지적된 것과 같이, 대한제국 시기 한국의 지식인들에게 《천연론》보다는 오히려 량치차오의 영향이 크다고 할 수 있을 것이다.[45] 량치차오를 경유해서 한국에 소개된 사회진화론은 서적의 유통으로 볼 때는 중국으로부터의 수용이라고 할 수 있다. 그래서 량치차오의 영향을 받은 1900년 초의 자강운동이 중국적 모형이라고 파악되기도 한다. 동아시아의 근대에서 중국 모형과 일본 모형을 상정해 다음과 같은 단순한 결론이 제기되기도 한다. "동일한 서구화의 문맥에서 두 갈래 길이 갈라섰으니 그 하나는 근대 일본의 메이지유신형 근대화론, 즉 개화론이며, 또 하나는 항일적 입장에서 청말의 변법자강론을 수용한 국권주의적 근대국가화론이다. 이 양자의 근본적 차이는 전자가 탈아론적이요 따라서 탈전통적이요 주권의식이 거세된 것인 데 대해, 후자는 중화주의적 민족주의가 잔존한 변법론에 의한 전통의 재긍정에 입각한 주체성 있는 〈자강론〉이었다."[46] 그러나 이러한 분석은 량치차오의 사유가 메이지 사상계의 토대 속에서 형성되었다는 점을 간과하고 있다. 량치차오는 물론 중국의 변법운동을 주도한 인물이었지만, 망명 후 그의 사상은 항일이라기보다는 메이지 학풍에 친화적이었다. 천연과 진화의 혼합된 세계, 그리고 우승열패와 적자생존의 현실을 강조하는 그의 세계관은 힘의 숭배를 거부하기 어려운 논리를 안고 있었다.

사회진화론의 동아시아적 의미

20세기 초 한국의 사회진화론이 형성되는 과정에 주된 역할을 한 사람은 일본 망명 이전보다는 망명 이후의 량치차오였다. 일본은 량치차오가 서양을 학습하기 위한 사상적 무대였다. 물론 그는 메이지 시기의 사상계에 함몰되지는 않았다. 그는 일본의 사회진화론과는 다른, 영국에서 돌아온 옌푸와도 다른 사회진화론을 형성했다. 20세기 이후 한국의 지식인은 일본에서 활동하고 있던 량치차오라는 필터를 통해 사회진화론을 수용했다. 량치차오가 일본이라는 필터를 통해 서양을 학습했다고 한다면, 20세기 초 한국의 지식인은 일본의 사상적 경험을 지닌 량치차오라는 필터를 통해 서양을 학습했다. 서양에서 기원한 어떤 사상이 한국에 전달되는 경로는 이처럼 중첩된 과정을 겪었다. 당시 한국에 전래된 사회진화론은 근대 일본의 특징만도, 중국의 특징만도 아닌, 이들 양자의 특징이 스며 있는 근대 사상이었다. 따라서 한국의 사회진화론 연구에서는 이러한 사상적 기원의 문제가 분석되어야 한다. 나아가 여기서 보다 더 중요한 부분은 그러한 사상의 유래보다는, 당시 한국의 지식인들이 량치차오라는 필터를 통해 보았던, 혹은 보고자 의도했던 것이 무엇이었는가 하는 점에 주목하는 것이다.

예를 들어 《태극학보》(제5호, 1906년 12월 24일)에 실린 이진하李珍河의 〈인생의 대 죄악은 자유를 방기함에 있음〉은 량치차오의 〈자유를 방기하는 죄放棄自由之罪〉(《청의보》30책, 1899년 10월 15일)를 바탕으로 집필된 것이다. 량치차오는 이 글에서 '자유권自由權'이라는 개념을 설정하고, 개개인의 자유의 한계를 각자의 권력의 균형에서 찾고자 했다. 자유는 자신의 권력, 즉 힘이었다. 그래서 그는 "자유를 방기하는 자가 없으면, 타인의 자유를 침해하는 자도 없다"라고 하면서 자유의 균형이 무너지는 근본 원인을 자유를 방기하는 자에게 돌리고 있다. 남의 자유를 침해하는 것보다 자신의 자유를 방기하는 것이 더 심각한 문제라는 것이다. 량치차오가 우승열패와 생존경쟁이라는 일본어를 구사하면서 내린 자유의 정의는 자신을 지키는 권력이자 힘이었다. 진화론에 의거한 량치차오의 자유는 루소의 천부인권으로서의 자유와는 다른 것이었다.

이진하는 량치차오의 논지에 대체로 수긍하고 있다. 그러나 그는 량치차오의 원문에서는 사용되지 않았던 '천부天賦'라는 용어를 사용하면서 오히려 천부의 자유를 주장하고자 했다.

> 천부의 자유를 타인에게 양도하고 달게 남의 노예가 되어 머리 숙여 명령에 복종하는 것은 스스로 멸망을 재촉하는 것이니라. …… 오호라 자유는 인생의 생명이라. 만일 자유를 잃지 아니하면 죽은 자도 산 것이오 자유를 방기하면 산 자도 오히려 죽은 것이거늘, 우리 이천만 동포가 이 큰 문제를 등한시하고 간과하니 머리가 아프고 마음이 아프고 피가 아프다. 큰 소리로 말하노니 국민이 비록 이천만이라 하나 실은 한 사람도 없다 하노라.

량치차오의 글은 진화론적 자유주의의 전형이라고 할 수 있으며, 자유는 일종의 획득된 권리였다. 그렇지만 이진하의 해설은 진화론적 자유라기보다는 천부인권론의 자유에 가까운 입장을 드러내고 있고, 이천만 동포가 자유에 눈을 뜰 것을 요구하고 있다. 이 글을 쓸 당시 량치차오는 진화론적 색채가 강한 자유론을 제기하면서도, 천부인권론적 자유 사이에 가로놓인 균열을 심각하게 인식하고 있지 않았다. 대한제국 시기 한국의 지식인들 또한 량치차오의 글을 그대로 소개하기보다는 그 속에서 한국 사회에 전달할 것을 발견하고자 했다. 당시 문헌에 나타난 량치차오의 인용 혹은 번역은 한국의 근대를 위해 가공되었던 지적 자원이었다. 한국의 사회진화론을 보다 심층적으로 다루기 위해서는 지적 자원의 이동 과정과 그 의미에 대한 분석이 병행되어야 할 것이다. 이를 위해 량치차오를 비롯한 같은 시기의 중국과 일본의 관련 문헌과 한국의 문헌을 면밀하게 대조하고, 그들 사이의 상호 관계와 의미의 전달 과정 등이 분석되어야 한다.

20세기를 거치면서 한국 사회에서 유행했던 사회진화론은 자유의 문제와 연관되어 논의되기 시작했다. 당시 한국의 사회진화론은 사회의 진화 혹은 진보라는 문제에 그치지 않고, 사회와 관련된 철학적 논의의 범위를 확장시켜 주는 역할을 담당한 것이다. 서구의 정치 사상에 대한 지식이 증가함에 따라 사회진화론을 둘러싼 논의도 심화되어 갔다. 예를 들어 안창호安昌浩(1878~1938)가 평양에서 대성학교를 설립할 때 함께 일했던 장응진張膺震(1890~1950)이 발표한 〈진화학상 생존경쟁의 법칙〉[47]은 다윈이 《종의 기원》에서 인용했던 맬서스의 인구론과 유사한 논의를 전개하고 있다. 이 글에서 장응진은 기하급수적인 인구 증가와 관련시켜 생존경쟁과 자연도태의 필연성을 주장하고 있다. 그리고 열자와 약자에 대한 인위적 보호의 폐단을 지적한다. 나아가 "어떤 학자가 인류의 상태를 완전히 자연도태에 일임해 진화의 열매에 도달하고자 하는 것은 일견 다소의 진리가 있는 듯하나, 금일의 정도에 처한 우리들의 입으로는 말할 수 없는 것이로다"라고 낙관적 진화론에 의문을 제기하고 있다. 또한 생존경쟁의 단위가 개체인가 단체인가 하는 진화론 그리고 사회진화론상의 중요한 문제를 제시하면서, 인간이 단체 생활을 주로 하고 있다는 점을 들어 인간 사회는 단체를 단위로 진화가 이루어진다고 했다. 그리고 "자연도태에 일임해 부적자로 종적을 멸케 하고 적자로 하여금 생존번식하게 함이 득책일 듯하나 우리들 인류는 다른 동물과 달라 고상한 정신이 있다. 만일 이렇게 인도를 유린하고 인권을 멸시하며 박애의 정신을 실추하면 초목금수와 어떤 차이가 있을까"라는 문제를 제기하면서, 인간 사회에 자연도태의 법칙이 적용되는 것에 대해 인도와 인권의 관점에서 비판적으로 사유하는 관점을 제시하고 있다. 한국의 사회진화론은 서양 사상과의 단순 비교를 벗어나 먼저 동아시아 속에서, 그리고 각 지역 속에서 심층적으로 분석될 때 비로소 동아시아의 근대를 풍성하게 만들어 간 지적 자원으로서 의미를 부여받을 수 있을 것이다.

양일모

근대 일본에서의 진화론과 국법학의 관련성

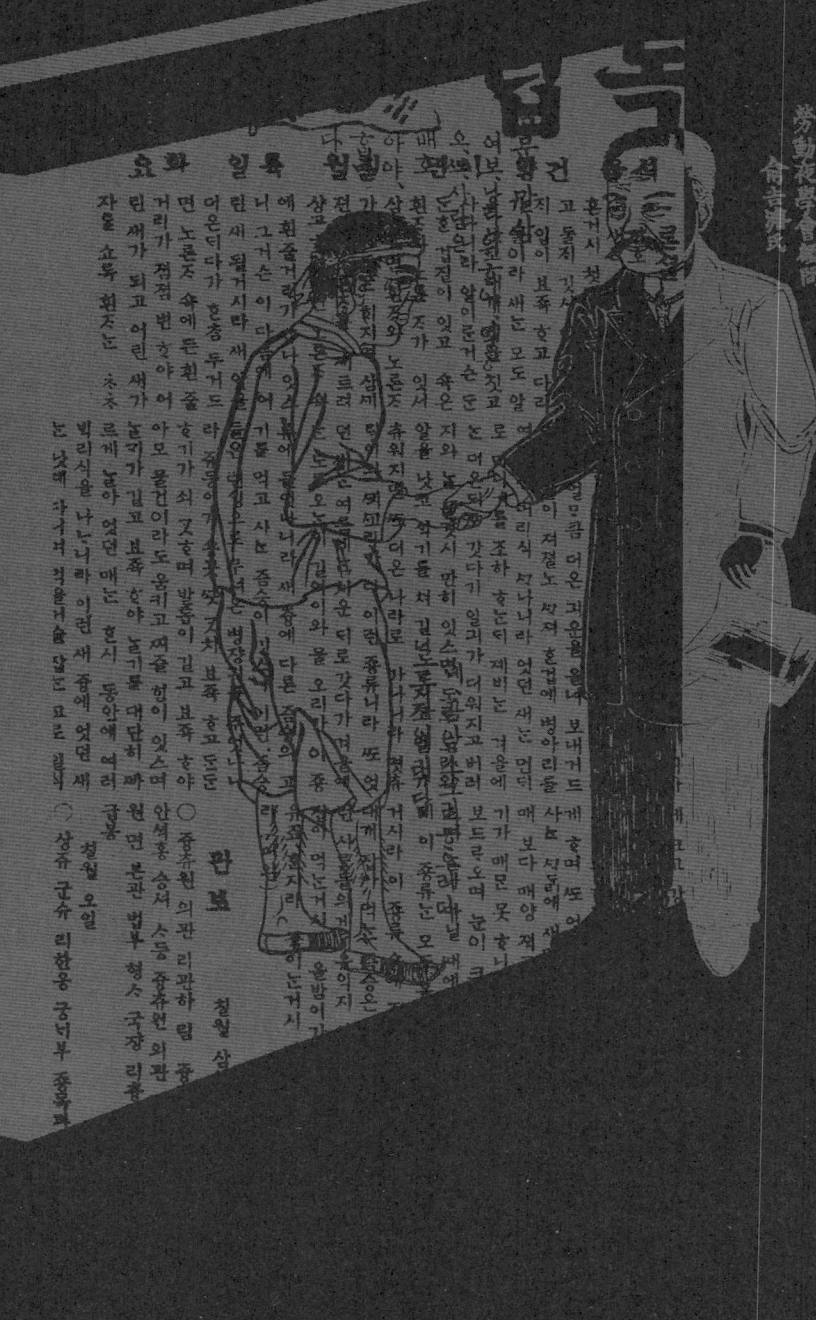

일본의 헌법 사상 속의 진화론과 독일식 국가 관념

사회과학 분야에서 진화론은 19세기 말부터 20세기 초에 걸친 시기를 풍미해 새로운 세계관으로서 전 세계에 확산되었으며, 놀라울 정도로 빠르게 도태된 사상이다. 오늘날에는 사상사에서조차 그 존재감을 잃어가고 있다.[1] 또한 '진화'를 언급하는 사람들 가운데에서도 다양한 시각이 존재하고, 그것이 다양한 이데올로기와 결부되어 전개되므로 이에 대해 논할 때에는 진화론의 정의를 확정하는 것조차 쉽지 않다. 그러나 진화론은 동아시아에서의 근대 국가 형성을 연구할 때 맞닥뜨릴 수밖에 없는 중요한 의미를 가진 사상이다. 한국의 애국계몽기에 사회진화론이 끼친 사상적 영향을 분석한 삿사 미쓰아키佐々充昭의 말을 빌리자면 "당시 동아시아 세계에 서구로부터 유입된 '사회진화론'은 기타 개별적인 학술지식과는 달리, 열강들에 의해 전개된 제국주의적 상황에 대한 명확한 설명 원리로서 그리고 치열한 경쟁 사회에서 생존하기 위해 기존의 유교적 세계에서 근대적 사회로 패러다임의 변화를 촉구하는 근본적 '세계관'으로서의 역할을 수행했다".[2] 일본의 헌법 사상과 관련해서 말하자면, 가토 히로유키加藤弘之를 비롯해 아리가 나가오有賀長雄, 호즈미 야쓰카穗積八束 등은 모두 진화론의 영향을 강하게 받고 일본의 초기 헌법학을 형성했다. 그리고 그들의 이론은 1900년대 한국에 처음으로 국법학·헌법학이 소개되었을 때 참고가 되었다.

이 글에서는 일본 국내뿐 아니라 한국에까지 사상적 영향을 끼친 일본의 헌법 사상 안에서 진화론과 독일식 국가 관념이 어떻게 결부되었는가, 그리고 그 문제를 앞에서 언급한 "유교적 세계에서 근대적 사회로 패러다임의 변환"이라는 관점에서 어떻게 위치시킬 수 있는가를 검토한다.

일본의 헌법 사상과 진화론

가토 히로유키

가토 히로유키의 진화론 및 국가관에 대해서는 우수한 연구 성과들이 이미 상당히 축적되어 있으므로[3] 이 글에서 깊게 들어가지는 않겠지만, 근대 일본에서 진화론과 독일식 국가관이 결부되었던 상황을 사유하기 위한 전제로서 가토 히로유키의 사상에 대해 확인할 필요는 있다.

가토는 천부인권론의 폐기를 선언한 《인권신설人權新說》 앞머리에서 다음과 같이 느낀 바를 설명했다. 그는 실증적 진화론을 큰 기회로 삼아 종래의 망상주의적 학문에서 벗어나야 하며 천부인권은 "학자의 망상"이라고 단정 짓는다.[4] 천부인권에 대한 비판의 근거로는 "실존한다는 증거가 없다"[5]는 것과 우승열패의 진화법칙에 따르면 생득적 자유·평등은 있을 수 없다는 것을 제시했다. 이 점에서는 스펜서가 긍정하는 자유·평등 관념도 비판의 대상이 되고 있다.[6] 진화론을 바탕으로 위로부터의 개혁을 추진하려던 가토는 우승열패가 한편으로는 급진적인 힘에 의한 민주주의 구축마저 용인할지도 모른다는 위험을 고려하고 있었다. 그는 점진주의를 취지로 하면서 "인지人知가 발달하지 않고 도덕이 명명하지 않은 상태에서는 우승열패가 반드시 정의에 부합하는 것은 아니다"라고 말한다.[7] 우승열패라고 해도 "선량하고 옳은" 것과 "사악한" 것이 있다고 하면서 체력·정신력의 우승열패가 반드시 "심술心術·덕의德義"의 문제인 정사선악正邪善惡과 일치하지는 않는다는 것이다.[8] 이렇게 해서 가토는 민권론자들이 과격으로 내닫지 않고 "영구히 황실의 우익일 것", 점진주의적 개혁에 기초해 입헌군주제를 유지할 것을 기원하며 글을 마무리하고 있다.[9] 가토의 사상은 점진주의라는 점에서는 스펜서를 답습하고 있지만 개인이 아닌 국가 간 전쟁에 초점을 맞추고 있다는 점에서 스펜서와 큰 차이를 보인다.[10] 또한 이 점진주의는 진화론이 애초에 "만세일계"의 천황제와 정합성을 가지지 않는다는 점에서[11] 일종의 예방선의 의미를 갖는다고 할 수 있다.

  이후의《강자의 권리의 경쟁》에서도 점진주의가 관철되어 통치자와 피치자 간의 폭력에 의거하지 않는 "평화친목"이 오늘날의 진보한 국가 상태라고 보고 있다.¹² 같은 책의 〈서론序論〉에서 가토는 헬발트Friedrich Hellwald(1842~1892)를 비롯해 굼플로비치Ludwig Gumplowicz(1838~1909), 예링Rudolf von Jhering(1818~1892), 셰플레Albert E.F. Schäffle(1831~1903), 스펜서 등의 학설을 참고했다고 언급했다.¹³ 스펜서가 포함되기는 했지만 여기에서 열거하고 있는 이름은 대부분 독일 학자들의 것이다. 독일학의 권위였던 가토의 위치를 생각하면 당연할지도 모르겠다. 그런데 흥미로운 점은 책에서 블룬칠리가 비판의 대상이 되어 있다는 점이다. 블룬칠리의 주장은 권리와 권력을 기본적으로 구별하는 것으로 "거칠고 포악한 권력"밖에 보지 않는, 가토의 표현을 옮기자면 "몹시 웃기는 주장"이라고 서술되어 있다.¹⁴ 가토에 의하면 권력은 설령 처음에는 거칠고 포악한 것일지라도 차츰 신민이 이를 받아들임에 따라 공정한 권력 즉 정당한 권리가 된다.¹⁵

가토는 천부인권론을 버리기 이전에 국법학자 블룬칠리의 *Allgemeines Staatsrecht*를 교재로 천황에게 강의했으며 이를 《국법범론國法汎論》이라는 제목으로 출판했다. 블룬칠리는 자유주의적 국법학자였으나 국가유기체론자이며 점진주의적 입헌주의자이기도 했다. 가토가 블룬칠리의 영향을 강하게 받았음은 지금까지 많은 연구에서 논의되었다. 그들 연구 안에서는 '전향' 이전의 가토가 인권론과 관련해서 분명하게 블룬칠리의 자유권론이나 저항권론으로부터도 영향을 받았다고 되어 있다.¹⁶ 그런데 *Allgemeines Staatsrecht*에서 가토가 번역한 부분은 후반부의 자유권이 아니라 전반부의 국가 개념 및 통치권에 관한 내용이었다. 물론 이것만 가지고 가토의 자유권에 대한 관심 정도를 측정할 수는 없겠지만, 블룬칠리를 통해서 가토가 얻고자 했던 것을 어느 정도 엿볼 수 있지 않을까.[17] 스위스, 독일에서 활약한 블룬칠리의 위치를 생각하면 역사법학에서는 게르마니스텐의 계보에 속하며 독일법을 중시했고 독일 국민국가 형성 안에서 민족이나 법 관념을 재구성하려고 했다는 특징이 있다. 즉 내셔널리즘시대의 국가통일이 블룬칠리의 사고에 강하게 반영되어 있었다. 나카무라 유지로中村雄二郎는 전향 이전의 가토의 이론이 "어느 정도까지 '천부인권설'에 있었다고 할 수 있을까?"라고 하면서[18] 가토의 관심은 초기의 《서양 각국의 성쇠 강약 일람표西洋各國盛衰强弱一覽表》에서 볼 수 있듯이 오직 "국가적 강성의 제도적 비밀"을 해명하는 데 있었다고 평가한다.[19] '오직'이라고까지 할 수 있을지 어떨지는 검토의 여지가 있다고 하더라도 그 제도론적 리얼리즘이 점진주의로서 '전향' 전후의 사상에 관철되어 있었다는 점은 주목할 필요가 있다. 그 문맥에서야말로 블룬칠리의 통일국가를 위한 국법학이 가토에게 중요한 의의를 가졌을 것이라고 생각된다.

한편, 진화법칙에 대해서 《인권신설》에서는

동식물이 유전·변화라는 두 가지 작용에 의해서 각각 우열의 등차를 만들고 저마다 생명을 보존하며 성장하기 위해서 경쟁해 우등한 것은 항상 민첩하게 열등한 것을 쓰러뜨리고(아무 생각이 없다고 할지라도) 자기 혼자 생존해 혼자만 자손을 남길 수 있음은 영세불변의 자연규율이며 만물법 law of nature[우주 만물을 제어하는 불변불역의 영원한 자연대법. 만물의 생멸소장·중산분합·은현출몰 등 일체의 현상 모두가 이 대법에서 나왔으며, 우리 심성의 작용 및 사회의 생존에 이르기까지 이 대법의 제어를 받지 않는 것이 없다] 중 하나의 대법칙이라고 할 수 있다. 그러므로 나는 이를 우승열패의 법칙이라고 부르고자 한다.[20]

라고 하며, 인간 상호 간에도 이 법칙이 타당하다는 것에 대해서는

의심의 여지없이 인류가 그러한 유전과 변화에 의해서 체질·심성에 우열의 등차를 만든다고 한다면 그들 사이에 생존경쟁이 생기는 것은 만물법의 법칙에서 실로 부득이하다고 할 것이다. 따라서 이 경쟁에서 우등자가 항상 민첩하게 열등자를 제어하는 것 즉 자연도태의 작용이 있는 것 또한 결코 피할 수 없는 일이며 이것이 이른바 우승열패이다. 이렇게 보면 만물법 가운데 하나의 대법칙인 우승열패의 작용은 특히 동식물세계에만 존재하는 것이 아니라 우리 인류 세계에도 필연적으로 생기는 것임을 예지해야 한다.[21]

라고 서술하면서 천부인권론자는 "실제 원리와 모순되는" "망상"이라고 한다.[22] 이 "대법칙"은 나아가 국가 간, 인종 간에도 해당되는 것으로서 전개된다.[23] 이러한 논리는 그가 만년에 집필한 《자연과 윤리自然と倫理》까지 관철되는데 이 책에서 그는 다른 학설들을 논박하면서 "우주의 자연적인 진정한 본체로부터 생기는 범백凡百의 현상이 절대 자연적, 절대 인과적, 절대 기계적으로 일어남은 애초에 무엇에 의해 그러한가 하니 실은 유일한 자연법, 즉 인과법Das einzige Natur und Kausalgesetz에 지배되기 때문이다"[24]라고 설명한다. 이 자

연법은 "시종 일정불변하고 한 치의 변화도 없지만 이것의 지배를 받아 일어나는 모든 현상은 시시각각 무상신속하게 진화도 하고 변화도 한다. 그 진화와 변화는 완전히 자연적, 인과적, 기계적이니 불가사의하고 신비로운 신이 절대이성과 절대의사로써 지배하는 자유자진自由自盡과는 전혀 다른 것이다"라고 보았다.[25] 여기에서는 자연계, 인간계의 구별 없이 타당하며 도덕 세계도 포함하는 자연법이 불변의 법칙으로 파악되어 "어떤 목적도 없이 인과와 인과의 연쇄만으로 움직이는"[26] 것으로 이해되고 있다. 또한 인간을 포함해 유기체는 "완전히 선조의 유전Vererbung과 외계 사방의 천만 무량한 상황의 영향에 순응해 변화하는, 이른바 응화Anpassung와의 융화 작용에 의해서 개체가 되는"[27] 것으로 "우리 인간에게만 특수한 초자연력이 더해져 굳이 자연력이 허락하지 않는 자유의사라는 것을 허용한다는 주장이 어떻게 받아들여질 수 있는가"[28]라고 하면서 인간 의사의 자유에 대한 부정적인 견해를 드러냈다.

"자연법"은 가토의 논의에서 구체적으로는 유기체가 "자기의 생존을 수행하기 위한 자연력"으로서 가지는 "유일적 자기적 근본 동향Der einzige egoistishce Grundtrieb"에 의한 생존경쟁―도태―진화의 과정에 작용하는 것으로서 나타난다.[29] 그의 설명에 따르면 종의 보존을 포함하는 이타利他는 본래 이기적 근본 동향을 기초로 삼아 진화의 과정에서 나타나는 것이며, 처음부터 이기심과 이타심이 병존했던 것은 아니다.[30] 이러한 그의 논의에는 스펜서 등의 사회진화론과 마찬가지로 공리주의적인 성격이 내재되어 있다.[31]

한편으로 도덕의 문제에 대해서 가토는 공리주의의 입장에서 "도덕법률의 유일한 궁극적인 목적"은 "국가적 사회의 안녕·행복"[32]이라고 언급한다. 그러나 이것이 개인의 안녕·행복과는 다른 차원이라는 것에 주의할 필요가 있다. 유기체설을 취하는 가토의 이론에서는 개인의 존재 목적이 자신을 구성하는 세포(=제1단계의 유기체)를 위해서가 아니듯이, "제3단계의 유기체인 국가적 사회"와 "제2단계의 유기체"인 개인의 관계에서 국가적 사회의 목적이 개인의 안녕·행복을 위한다는 것은 성립될 수 없기 때문이다. 그 결과 사회의 행복은 개인의 행복을 기초로 한 최대 다수의 최대 행복과는 다르게 여겨지며, 국가적 사회의 행복이 개인의 행복보다 우선시된다.[33]

인간계가 자연계의 일부인 이상 "도덕법"은 자연법(여기서는 인간을 포함한 유기체의 자연법칙을 가리킨다)의 밖에 있는 것은 아니다.[34] 다만 "도덕법"이 개인의 행동을 직접 규정하는 "자연법"에 비해 실효성이 약하다는 점은 가토도 인정한다.[35] 그 점에서 종교나 도덕이 효과적으로 기능할 수 있음을 언급한다. 그렇다고는 하지만 여기에서도 그는 초월적 관념이나 국가적 사회 속에 다른 사회의 병존을 인정하는 생각에는 비판적이다.[36] "실제 원리"를 중시하는 가토는 초월적 존재를 전제로 "인성人性"이나 "국성國性"에 "반하는"[37] 기독교나 선악을 천지자연에 깃든 것으로 보는 불교[38]에는 부정적이었다. 그러나 유교에 대해서는 "인성에 적합한 도덕을 세우고 특히 충효를 덕의 지극으로 삼으며 또한 대의명분을 국가 신민의 지덕至德으로 내세웠다"[39]고 평가한다. 불변적 가치에 기초한 도덕이 아니라 사람의 경향, 유기체의 진화 과정에 합치한다는 것이 가토의 유교 인식이었다. 우승열패론에 기초한 국가 강화에 유교적 충효 도덕을 포함시키면서 입헌군주제의 유지를 주창하는 가토의 주장의 기반에는 이와 같은 유교관이 있다. 그에게 있어 유교는 어디까지나 '초자연적 도덕'이 아닌 '자연적 도덕'으로 이해되었던 것이다.[40]

국가에 관한 지금까지의 서술은 진화론의 문맥에서 이루어진 것이지만 가토는 이른바 '전향' 이전, 즉 천부인권설을 취하고 있던 무렵부터 이미 블룬칠리의 저서를 번역하고 있었으며 그의 국가관은 독일 국가유기체설에 따른 것이었다고 지적되고 있다.[41]

그러나 이와 같이 국법학적 관점에서 이루어진 국가에 관한 서술 안에서 그의 유기체론은 법인설에 근접하고 있다.[42] 이와 같은 경향은 만년의 저작인 《자연과 윤리》에도 나타난다. 이 책에서 그는 제2단계의 유기체는 "스스로 모여서 협동생존해야 하는 고유성을 가진다"고 하면서 그 "고유성에 의해서 서로 모여서 국가를 조성"한다고 서술하고[43] 이 국가로 조성된 제3단계 유기체는 사유 중추로서의 주권과 보조기관들을 가진다고 제시하고 있다.[44] 주권자와 기관이라는 설명은 그대로 법인설에 적용 가능한 부분이다. 가토는 분명하게 미노베 다쓰키치美濃部達吉와 이치무라 미쓰에市村光惠의 법인설을 비판하며 국가는 "인위적"인 것이 아니라 "자연적"인 것이라고 했다.[45] 그러나 이 비판은 가토 자신이 법인설을 논의한 이를 가리켜 "법학자니까 국가를 법률로 정해진 법인으로 보는 것이겠지만"이라고 타협적으로 표현하고 있는 것처럼 법학적 고찰에 대한 충분한 비판이라고 할 수는 없으며 "민주국"을 "법인"으로 인정하기도 했다.[46] 나아가 《인권신설》에서 가토는 국가와 국가가 되기 이전의 사회를 구별하는 기준을 권력을 기초로 권리가 인정되는 상태라고 설명하고 있다.⁴⁷ 이는 천부인권적 권리 사상을 부정하는 움직임인 동시에,⁴⁸ 사실상의 지배와 법적 국가 및 국민의 관계를 구별해 법인설적 국가 이해로 이어지는 성격도 보여 준다.

아리가 나가오

가토보다 후세대인 아리가 나가오는 이에나가 사부로家永三朗가 "아카데미즘 헌법학"의 범주로 평가하고 있으며⁴⁹ 기관설의 입장을 표명한 점에서도⁵⁰ 가토와는 다른 입장의 학자이다. 그는 페놀로사 밑에서 진화론을 공부했으며 가토 이상으로, 어쩌면 당대 일본의 학자 중에서 가장 체계적으로 진화론을 논한 인물이었다.⁵¹ 그는 도쿄전문학교(현 와세다대학) 교수로서 국법학을 강의했고, 원로원, 추밀원, 내각의 서기관, 이토 히로부미伊藤博文(1841~1909), 야마가타 아리토모山形有朋(1838~1922), 오야마 이와오大山巖(1842~1916) 등의 비서관, 고문, 중화민국정부 헌법고문 등도 거쳤으며⁵² '박람강기博覽强記'로 알려져 있고 국법학, 국가학 분야뿐 아니라 외교사, 교육학, 문학에 이르기까지 폭넓게 업적을 남겼다.

아리가는 원래 도쿄대학 문학부 철학과에서 공부했으며, 그때 페놀로사의 강의도 접했다. 그는 학술활동 초기에 진화론에 의거한 '사회학社會學' 3부작으로 유명한 《사회진화론社會進化論》, 《종교진화론宗敎進化論》, 《족제진화론族制進化論》을 발표했다.⁵³ 이후 그는 사비를 들여 유럽으로 유학을 가서 프로이센 및 오스트리아에서 공부한 후에 전공을 헌법학 분야로 전환해 《국가학國家學》, 《국법학國法學》, 《제국헌법편帝國憲法編》 등의 저서를 펴냈다. 그러나 이 저서들에서도 초기의 진화론적 기반은 이어지고 있다. 1889년의 강의록 《제국헌법편》의 머리말 〈헌법총론〉을 보면 그 내용의 대부분이 《사회진화론》에서 일본사회의 진화에 대해 서술한 부분과 유사하다. 또한 《국가학》에서도 "국가의 기원"에 대해 "국가의 기원은 사회에 있다"고 하면서 스펜서에 의거한 굼플로비치의 논의를 소개하고 "즉 정복으로 인해 우선 사회가 발생함은 이미 《사회진화론》에서 충분히 증명한 바와 같으며 이 사회가 발전·진화하는 사이에 또한 국가라고 하는 관계를 생성하게 된다"[54]고 설명한다.

《사회진화론》 중에서 〈범례〉에 따르면 같은 책 제1부 및 제2부 사회의 발생과 발달에 관한 서술은 "스펜서 씨의 입론에 의"한 것인데 제3부 국가의 성쇠에 관한 부분은 "저자 단독의 연구로 수립한 견해"였다.[55] 아리가의 독자적인 부분이라고 하는 제3부 〈국가성쇠편〉에서는 사회가 일정한 "체형 및 체제를 구비"한 때에 "국가"라고 불리게 된다고 하면서 "국가가 되는 변동의 원리"를 "지론"으로 설명하고 있다.[56]

《사회진화론》 제2부 〈사회발달편〉에서 아리가는 "우승열패의 원리"에 기초해 "생존경쟁"의 "자연도태의 원리" 안에서 "생명을 보존"하고 "성질을 자손에게 유전"하기 위해 사람들이 차츰 모여서 협력하게 되고 나아가 그중에서 "지도자"가 나타나 다른 자들을 통솔함으로써 사회가 형성된다고 설명하면서[57] 스펜서의 이론에 따라 사회를 유기체로 이해했다. 이어서 〈국가성쇠편〉에서는 유기체로서의 사회가 국가로서의 체형과 체제를 구비한 후에 군주 전제→전쟁 요란擾亂→교권 일통의 세상→혁명 요란→법률 일통의 세상→논의 요란→도리 일통의 세상으로 진화하는 과정을 설명한다. 아리가는 일본 및 서양 국가들의 현재 상태는 "법률 일통의 세상"에서 "논의 요란"으로 가는 이행기라고 파악했다. 그에 따르면 "법률 일통의 세상"도 이전 시대의 전제나 교권의 압정은 벗어났지만 "아직까지 자기 사상의 압제를 벗어나지 않은" 상태이다. 거기에서는 각자가 자기 사상을 주장해 논의가 격해지고 또한 법률이 "사람의 재산을 보호한" 결과 "빈부의 불균등"도 생긴다.[58] 그러나 사람이 자기 사상의 정·부정을 의심하게 되었을 때 인류는 "비로소 진정한 자유의 관건을 얻"고 서로 도리에 따라 다툼 없이 살게 된다고 하면서 이것이 "도리 일통의 세상"이며 "완전 사회"라고 그는 생각하고 있는 것 같다.[59] 이 "도리"의 내용이 무엇인지는 분명하지 않다. 아리가는 여기에서 "도리로써 도리를 규탄하는 학문", "도리와 사상의 관계를 상세하게 하는 학문"으로서 철학[60]이 중요한 역할을 한다고 말하고 있을 뿐이다. 다만, 도리 일통의 세상까지 이르는 사회 진화에 대해 "사회 진화의 원리는 단 하나이며 동서 간에 다르지 않다"고 하며[61] 진화의 법칙 자체는 보편적인 것이라고 생각했다.

그는 《사회진화론》에서는 스펜서에 의거해서 사회가 성숙한 것이 국가라고 이해한 데 반해, 이후 《국가학》에서는 국가와 사회의 구별은 "긴요"하다고 생각하게 되었다.[62] 《국가학》의 〈머리말〉에서는 "특히 블룬칠리 및 슈타인에 의거하는 바가 많으며"라고 서술하고 있는데,[63] 국가와 사회의 구별에 관해서 아리가가 특히 의거한 것은 슈타인Lorenz von Stein(1815~1890)의 이론이다. 아리가의 설명에 따르면 개인이 자신의 "부귀"를 증식시키려고 해도 그 힘은 유한하며 외계의 사물은 무한하다. 그러므로 다른 개인과 "협합"해 혼자서는 할 수 없는 일을 하기 위해 "나라 안의 각 개인이 타인과 협합해 각자의 생활을 발전"시키고자 하는 기관이 국가이다.[64] 아리가는 각 개인의 생활을 한층 발전시키기 위해서는 국가라는 "기관을 강성하게 하는" 것이 제1의 수단이며 "국가를 이루는 개개인의 부귀를 증식시키는" 것이 제2의 수단이라고 서술하는 동시에, "전부의 인민을 부유하게 하는 경우에" 국가의 부강이 이루어진다고 말한다.[65] 한편 사회는 자기의 생활을 위해서 타인을 부리고 또는 타인을 위해서 자기가 일하는 형태로 형성되는 "상하의 차등"을 발생시키는 관계[66]이다. 즉 국가는 "동등한 관계"로 구성되는 데 비해서 사회는 "동등하지 않음을 기본으로 하는"[67] 관계이다. 이는 각 개인에게 똑같이 타당한 법에 기초해 권리·의무 관계로서 국가와 개인들 간의 관계가 고려되는 데 반해 사회와 개인들의 관계는 역사상의 관계라는 형태로도 설명된다.[68] 게다가 이 문맥에서 국가는 "법인"으로 설명되어 국가에서는 다른 국가에 대한 권리·의무를 가짐으로써 "국토"의 경계가 확정되는 데 비해서, 사회에는 "국토"라는 한계가 없으므로 개인이 실력만 있으면 이미 다른 사회에 귀속되어 있는지 여부와 상관없이 새롭게 다른 사회에 들어가는 것이 가능하다.[69]

《국가학》은 스펜서적인 사회진화론에서 독일 국가학으로 옮겨가는 아리가의 학문적 변천을 보여 주며 사회진화론의 연장선상에 독일 이론이 수용되었음을 말해주고 있다. 국가는 "법인"이라고 간주되는데 "유기체가 아니라 법인이다"가 아니라 법인을 유기체의 하위 구분으로 파악했다.[70] 《국가학》에서도 국가는 "사회 안에서 나오는 것"으로 사회는 "스펜서 씨 이후는 확정된 이론"인 "정복"에 기원이 있으며, 국가는 혈족사회시대→등족사회시대→공민사회시대로 변화한다고 서술되어 있다.[71] 유기체설에 입각할 것인지 법인설에 입각할 것인지의 차이에도 불구하고, 진화론으로 사회의 발전을 파악한 다음 사회와 국가를 구분하고 법적 권리 관계의 관점에서 국가를 논하는 점에서 볼 때 아리가와 가토의 논리는 유사하다.

메이지 일본의 상황에 대해서 아리가는 《국가학》에서 "공민사회시대"에 "공민사회의 원리를 참작해 헌법을 수립하기에 이르렀다"고 이해했다. 슈타인의 이론에 의거해서 "공민사회"에서는 "공민의 자유"가 중시된 점이 그 이전의 상태와는 다르다고 설명하는 한편, "헌법이라는 것은 순연한 도리에 의해서 정해지는 것이 아니라 사회 및 국가 변동의 역사에 의해서 정해지는 것이다"라고도 서술하고 있다.[72] 이후에 그는 《국법학》을 출판했다. 그 안에서는 《사회학》 3편과 《국법학》에서 "사회·국가의 정세를 분석"했는데 "일본 국민은 반드시 그 나름의 특이한 변천에 의한 특이한 정세가 있으며 이를 규명하지 않으면 일본의 국법을 설명할 수 없다"라고 집필 이유를 서술하고 있다.[73] 《국법학》 〈제1편 일본 국법 연혁〉은 〈제1장 일본국가의 기초〉 〈제1절 건국 사정〉을 "우리 일본은 이자나기노미코토伊弉諾尊와 이자나미노미코토伊弉冊尊가 시초에 열어주신 곳이다"라는 문장으로 시작해[74], 앞에 서술한 사회 진화의 흐름에 따라 혈족국가→등족국가 1: 문교국가→등족국가 2: 무력국가→등족국가 3: 도쿠가와 막부의 국가→메이지유신→공민국가로 일본 국가의 진화를 설명한다. 그리고 〈제2편 천황〉에서는 일본 천황의 주권자로서의 지위는 국가 이론이나 헌법 조문에 의해서 생긴 것이 아니라 "일본 국민의 역사적 사실에 근거한 것이다"라고 한 뒤,[75] "공민국가의 편제는 제국헌법에 이르러 크게 이루어졌다. 따라서 이하 몇몇 설에서 헌법 성문에 기초해 천황의 국법상의 위치를 설명한다"라고 헌법론을 서술하기에 이른다.

이렇게 일본에 대해 아리가가 "역사적 사실에서 한" 기술은 가토 이상으로 보수적이며 오히려 호즈미 야쓰카穗積八束에 가깝다고 할 수 있다. 다만 가토가 진화론적인 관점에서 법인설 비판을 전개한 데 반해 아리가는 진화론적 논점과 법학적 논점을 구별하면서 헌법학상으로는 법인설을 전개한 차이점이 있다.

진화론과 국가 인격

이상은 가토와 아리가의 진화론과 국가관의 관계에 관한 매우 거친 데생에 불과한데, 이런 경향이 두 사람에게만 보이는 것은 아니다. 천황기관설天皇機關說을 비판한 호즈미 야쓰카에게도 이와 같은 경향이 보인다. 그의 저서인《헌법제요憲法提要》제1편 제1장〈국가〉의 혈통 단체에 관한 부분에서 호즈미는 혈통 단체가 점차 확대되어 오늘날까지 존속하는 것은 "능히 사회진화의 법칙에 맞으며 적자잔존의 요건을 갖추었음을 증명하는 것이다"[76]라고 하면서 진화론을 자신의 가족국가관에 접합시키고 있다. 호즈미의 설명에 따르면 세계가 "일국일가"를 이루는 것을 상상할 수 없는 것은 아니며 이상적이다,

그러나 "지금의 사회진화 정도에서는 여전히 아직도 민족적 결합을 입국의 본위로 삼는 것이 생존경쟁에 적합하다고 하는 대세가 있을 뿐이다"[77]. 또한 민족 관념에 대해서도 "원래 인류는 절대적 구별이 없다. ……나라를 같이해 오래되면 다른 종의 민족이 섞여서 동화되고, 나라를 달리해 오래되면 같은 종의 민족이 갈라져 다른 민족을 이룬다"고 하는 한편, 그럼에도 불구하고 민족적인 국가 조직이 중시됨은 오로지 "작금의 정세" 즉 "작금의 세계적 생존경쟁"에서는 여전히 "민족적 국가 조직의 성벽에 의거하지 않을 수 없"기 때문이라고 설명되어 있다.[78]

한편 호즈미는 국가를 하나의 인격으로 파악해 국가는 법적으로 보면 법인이라는 관점이나 국가주권설도 부정하지 않았다.[79] 호즈미가 도쿄대학에서 공부할 때 친숙했던 것은 오스틴파의 분석 법학이었으며[80] 독일유학 중에는 라반트Paul Laband에게 사사를 받았다. 독특한 국민도덕관이 뒷받침된 천황주권설로 인해 매우 이데올로기적이라고 평가되는 호즈미의 이론은 한편으로는 독일 법실증주의 국법학의 체계를 유지하려는 것이었다. 주권론이나 기관론, 그리고 그 안에 국가와 군주를 함께 위치시키는 것에 호즈미가 구애되지 않을 수 없었던 것이 그 증거라고 할 수 있는 측면이 있었다.[81]

일본 학자의 이론이 독일적 국법학에 경도된 배경에는 메이지 14년(1881) 정변 이후 메이지 정부 정책의 영향을 생각할 수 있다. 그러나 위에서 언급한 3인이 원래라면 진화론과 결부되었을 유기체론보다도 법인설에 가까운 국가 개념을 전개하고 법실증주의적 경향을 보이고 있는 점은 주목할 만하다.

일본에 있어서의 유기체론, 법인설에 대해서는 이시다 다케시石田雄가 "메이지 전반기에는 우선 ……자연법적·계약설을 부정하는 측면에 비중이 실려 있었으며, 서구국가 이론을 받아들이면서 메이지 헌법에 규정된 입헌제를 정당화하거나 그것을 군주권의 우위에서 해석하는 이론으로서의 역할을 했다. 그러나 20세기에 들어서는 법학이론으로서 국가법인설의 전개와 더불어 오히려 절대적 국가관에 반대하는 측면이 강하게 나타났다"고 서술하고 있다.[82] 이에 따르면 결국 전반의 이론은 가토나 호즈미로, 후자의 20세기 국가법인설은 미노베로 대표된다고 할 것이다. 그러나 "자연법적·계약설"과의 관계라는 점에서 그들의 국가관은 유사한 측면이 있다. 즉 그들이 생각하는 국가 인격이 인공적으로 형성된 것과는 달랐다는 점이다.

호즈미 야쓰카

호즈미 야쓰카는 유기체도 법인도 아닌 "인격"으로 국가를 설명한다. 그가 집필한 《국민교육 헌법대의》(1896)를 보면 국가에는 "단체 공동의 생명과 목적"이 있으며 "자존 목적은 국가의 인격이다"라고 나온다.[83] 같은 해 도쿄법학원(현재 주오中央대학)의 강의록(국회도서관 소장)에는 보다 상세한 설명이 나와 있다.

> 또 한 가지 오해가 있다. 즉 국가는 법인이라는 설명이다. 민법상의 관념으로는 국가를 권리·의무의 주체로 간주하고 국가는 법인이라고 설명하는 것은 민법이론을 보조하는 하나의 형용으로서 무방하며 이론을 명료하게 하기 위한 편의적 설명이다. 그런데 이를 오인해 공법상의 본래의

성질이 하나의 사회단체, 모두 법률에 의해 또는 계약에 의해 성립하는 단체라고 결론짓는 것은 커다란 오류이다. 서구에서도 19세기 초 프랑스인이 이러한 낭설로 크게 민심을 혼란시킨 적이 있었다. 이른바 국가는 민약에 의해서 성립한다고 하며 각 개인이 천부인권을 포기하고 약속에 의해서 국가를 조성하려고 한 것은 모두 국가를 민법상의 사회단체와 동일하게 간주한 오류에 근거한 설이다. 국가는 법률 위에 존재하며 법인이라는 관념은 법률 밑에 발생한다는 것을 잊어서는 안 된다.[84]

이 설명에 따르면 국가를 "법인"이라고 부르지 않는 까닭은 국가는 계약에 의해서 생기는 민법상의 법인과는 다르며, 법인이란 법률을 전제로 생기는 것으로 국가는 법률보다 위에 있기 때문이다. 이러한 강의록에서 국가에 대한 설명은 시간이 지남에 따라 서서히 변화한다.

강의록 1899년도 판에서는 "국가는 사회단체"이며 "분자가 분화해 하나의 생존체를 이루며 분자 각각의 생명과 목적 외에 단체로서의 생명과 목적"이 있다고 하면서[85] "국가가 단체라고 하는 의미는 독립적인 생존 목적을 가진다는 의미로 귀착된다. 독립적인 생존 목적을 가지는 것을 법리상 인격이라고 칭한다"[86]라고 한다. 또한 법인설은 게르버Carl Friedrich von Gerber나 라반트들의 학설로 소개되어 여기서 "법인"이란 "권리의 주체"를 의미하는 데 불과하며 그런 의미에서 "법인"이란 "인격"과 같으며 굳이 "법인"이라고 할 필요 없이 "인격"이라고 부르는 편이 정확하다고 설명한다.[87]

1907년도 판에서는 "공법상 국國이나 가家라는 관념을 설명할 때에는 함부로 이를 법인이라고만 단언하면 그 진상을 오해할 우려가 있습니다"라면서 로마법상에서 발달한 법인 관념이 "현재의 많은 사람이 결합해 하나의 단체를 이루는 관념"인 것과는 달리, 국國이란 "현재 살아 있는 조합 단체"만이 아니라 "과거, 현재, 장래에 걸친 사람의 단결"을 의미하며 "가家라는 관념은 선조와 나와 선조의 자손을 과거와 장래에 걸친 하나의 단체로 보고 이를 결부한 관념이다"라고 하면서 "현재적으로 한정되어 있는" 사법상의 법인 개념과의 차이점을 역사적 계속성에서 찾고 있다.[88]

또한 1908년도 판에서는 인간이든 사회적 단체든 "인격이나 권리나 의무라고 하면 모두 법이 만든 것이다. 단지 법인의 인격만을 법의 의제라고 하는 것은 매우 부당한 해석이다"라고 하면서 민법학상의 법인 실재설과 법인 의제설 논쟁을 "무의미한 토의"라고 단정하며 다음과 같이 말한다.

> 인간의 자주적 생존은 실재하고 있다. 그런데 그 실재는 소와 말이 생존한다는 것과 같은 의미로 실재한다. 사실 법률적 인격이 실재하는 것은 아니다. 법이 인격을 부여하는 실질적인 기초가 되는 인간 자주의 생명이 실재한다는 것이리라. 또한 법인체에 대해서도 단체가 사회적으로 자주 생존 목적을 가지며 세간에서도 이를 거래의 상대로 인정한다고 하는 사회적 사실은 실재하고 있는 것이다. 이른바 실재는 인간에 대해서도 인간이 아닌 것에 대해서도 마찬가지이다. 인격이 실재하지 않고 자주 목적이 실재하는 것이리라. 법이 이 실재하는 자주 생존을 인정하고 보호할 때에 인격이 되는 것이다.[89]

여기서는 법인도 자연인도 인격이라는 개념을 사용한다는 점에서 동일한 법적 의의가 있다는 식의 인상을 주고 있다. 이 설명은 호즈미의 저서인 《헌법제요》에도 이어져 "나는 특히 이것을 법인이라고 부르지 않고 단순히 인격이라고 부른다. 이치는 같을지라도 정신에서 혹은 다른 바가 있기 때문이다. 국가에 인격이 존재하는 것은 사람에게 인격이 있는 것과 그 이치가 같다고도 할 수 있다. 그렇지 않고 사람은 자연인격을 가지며 국가는 법인격을 가지는 구별이 있다는 뜻이 된다면 이는 내가 말하는 바와 정반대가 된다"[90]라고 설명한다.

이러한 호즈미의 설명에는 세 가지 요소가 있다. 첫째, 국가는 민법상 법인과는 다르다. 둘째, 국가는 하나의 생명과 목적을 가지며 과거에서 현재, 미래로 이어지는 단체이다. 셋째, 자연인과 법인 모두 법적으로 보면 같은 "인격"이다. 이중에서 둘째에 제시된 국가에 대한 정의는 첫째에서 든 민법상의 법인과의 상이점을 구체적으로 설명한 것이라고 할 수 있는데 국가가 생명과 목적을 갖고 영속한다는 이해는 유기체설에 가깝다. 한편으로 셋째 요소는 법인과 자연인은 법적으로 보면 상이하지 않다고 했을 뿐 법인설을 완전히 부정하는 것은 아니다. 이와 같은 서술은 법학적 국가론을 수용해 권리 주체로서의 법인적인 측면을 인정하면서도, 법적인 관점을 벗어나면 계약설적인 국가의 성립을 부정하고 오히려 가家에 가까운 단체로서 소여所與된 국가의 존재를 중시하며 호즈미의 독특한 가족국가적인 국가관으로 이어지는 요소를 내포하고 있는 것처럼 보인다.

미노베 다쓰키치

그렇다면 미노베 다쓰키치의 경우는 어떨까. 《일본국법학日本國法學》에서 미노베는 〈국가의 법률상 관념〉이라는 절을 통해 "국가 객체설", "통치 관계설"에 이어 "국가 인격설"을 들면서 "국가가 영속적 통일적 단체로서 갖는 성질은 단지 국가를 하나의 인격자로 삼아 통치권의 주체로 파악하는 해석에 의해서만 설명할 수 있다. 이는 오늘날 가장 널리 퍼진 학설로 유일하게 정당한 것이다"[91]라고 밝힌다. 여기서 그는 "인격"이란 "권리능력이라고 하는 것과 같으며 즉 권리의무의 주체가 될 수 있는 능력을 말한다", "일반적으로 이를 법인이라고 해 왔다"고 하며 인격설을 법인설과 같은 의미로 설명하고 있다.[92] 이러한 미노베의 설명은 호즈미 1908년도 강의록의 설명에 가깝다.[93]

한편 같은 책에서 그는 〈국가의 법률상 관념〉에 들어가기 앞서 옐리네크의 국가양면설國家兩面說에 따라 "사회현상으로서의 국가의 성질"에 관해 설명하는데,[94] "국가는 일정한 지역을 기초로 하는 다수 인류로부터 이루어지며 자기 고유의 통치권을 가지는 단체이다"[95]라고 정의한 뒤에 "국민 즉 국가라고 하는 설", "군주 즉 국가라고 하는 설", "국가는 통치 상태라고 하는 설"과 함께 "국가유기체설"을 비판하고 있다.[96] 그러나 그의 유기체설에 대한 비판점은 유기체 개념이 명료하지 못하며, 굳이 유기체 개념을 사용하지 않더라도 국가는 단체라는 것으로 충분히 설명이 가능한데 굳이 명료하지 못해 오해를 사기 쉬운 개념을 사용할 필요는 없다고 하는 점에 있었다. 즉 그는 근본적으로 국가유기체설을 부정하지는 않았다.[97]

미노베가 "오늘날에도 매우 유력한 대표자가 있다"[98]라고 하는 유기체설의 특징으로 들 수 있는 것은 "국가가 인류의 기계적 집합이 아니다"라는 것과 "그 전부로써 단일체를 이룬다"는 것, "그 전부로서의 생존과 그 분자인 각 개체의 생존이 서로 밀접한 관계를 가진다"는 것이다. 이 특징은 이후의 《일본헌법》(1922)에서는 조금 더 상세해져서 (1) 국가는 인류의 천성에 근거한 자연의 산물이며 인위의 산물이 아니다, (2) 국가는 다수의 인류로 성립되며 그 전체로 단일한 생활체를 구성한다, 이를 조직하는 각 개인과는 다른 실재의 생명을 가지며 스스로의 목적을 가진다, (3) 국가는 단일한 의사력을 가지며 이에 의해서 그 생명을 보존하고 그 목적을 수행한다고 되어 있다.[99]

이 《일본헌법》에서는 국가를 설명할 때 자연과학상의 개념인 유기체 개념을 사용할 필요는 없으며 또한 자연적 유기체와 사회적 유기체의 의사 조직, 그 발달 법칙에는 큰 차이가 있으므로 유기체설은 국가의 본질을 설명하는 데 적당하지 않고 "통치단체설"로 충분하다고 되어 있다. 그러나 여기서 주목되는 것은 미노베가 "이들 사상은 모두 매우 정당하며 이를 비난할 이유는 없다. 이런 의미에서 유기체는 정당한 학설이다"[100]라고 하며 "사회적 유기체"의 존재를 인정하고 있는 점, 유기체설이 취하는 "실재의 생명"이라는 인식을 부정하지 않는 점이다.[101] 이와 관련해서는 다음과 같은 글을 참고한다.

> 국가가 단일체라는 진정한 근거는 이들의 외부적 근거보다도 국민 간에 있는 정신상의 연결에서 구해야 한다. 상세히 말하자면 시간을 함께하며

생존하는 전 국민 사이에만 목적을 공동으로 하는 단일체라는 자각이 있다. 뿐만 아니라 시간을 달리 하는 자와의 사이에서도 현재의 국민은 멀리 부계 조상으로부터 그 생명을 받았고 또한 후대 자손에게 그 생명을 전하니, 그 사이에는 한결같이 정신상의 연결이 있으며 일체라는 자각이 있다. 이러한 단일체라는 자각은 원래 나라에 따라 강약이 있으나(일본 국민이 그 국체의 미를 자랑스러워하는 것은 단체적 자각 외에도 특히 공고한 것을 긍지로 여기기 때문이다), 어떤 국가도 단일체라는 자각이 전혀 없는 국가는 없다.[102]

이렇게 과거, 현재, 미래로 계속되는 독자적 생명으로 이어진 단일체라는 서술은 호즈미의 서술과 매우 유사하며 유기체설적인 성격을 가진 것이었다.

자연법적·계약론적 국가관에 대한 재고

호즈미 야쓰카와 미노베 다쓰키치의 국가관은 기본적으로는 19세기 독일 법실증주의 영향 아래의 법학적 국가론에 기초한 것이라고 할 수 있다. 그중에서 호즈미는 사법과 공법의 상이함을 들면서 계약에 의하지도 법률에 의하지도 않는 소여된 국가의 존재를 중시하는 한편 법적으로 보면 국가는 유기체가 아니라는 견해를 표명하며 "국가는 유기체라는 등의 설이 있지만 그것은 국가학상의 해석으로 법리상의 해석이 아니다"[103]라고 하여 법적으로 국가의 인격을 파악하려고 했다. 미노베는 인격을 "권리의무의 주체"라고 하면서도 호즈미가 중시한 "하나의 생명을 가지는 존재"라는 논점을 "법률상의 국가 관념"이 아니라 "사회현상"으로서의 국가 안에서 찾고 있다. 이들의 서술은 "법학적" 틀을 중시하면서 그 틀을 벗기면 유기체론을 부정하지 않는다는 점에서 매우 유사하다.

앞에서 언급했듯이 가토 히로유키는 《자연과 윤리》에서 이치무라 미츠에나 미노베 다쓰키치의 국가법인설 및 그에 기초하는 군주기관론을 비판하고 있다. 그 논거로는 "자연적인 국가를 논하는 데 인위적인 법인의 이론을 바탕으로 전개하고 있으므로 그 논의가 매우 논리적이지 않다"는 점과, "국가를 자연적인 일대 유기체라고 한다면 군주는 사유 중추가 아니면 안 되"며 "사유 중추가 일신체一身體의 주체로 기타 각종 기관을 지배하고 생존을 영위한다고 한다면 국가의 군주와 그 각종 기관과의 관계도 완전히 그와 같지 않으면 안 되"므로 "사유 중추도 최고기관이라는 것은 가능하지만, 다른 각종 기관과는 주와 속의 구별이 확실하게 있으므로 오히려 한 신체의 주체로 하는 편이 매우 적당"하며 "군주를 국가의 주체로 함은 자연법에 완벽하게 부합하는 것"[104]이라는 점을 제시했다. 가토는 그로부터 일 년 후 《자연과 윤리》의 〈증보편〉으로 《국가의 통치권國家の統治權》을 저술하고 한층 더 군주기관설을 비판했다.[105] 그러나 여기서도 법인설 비판은 국가를 인위로 보고 자연적 존재로 보지 않는 점에 초점이 맞춰져 있으며, 바로 그 점에서 "법인의 논리에 의거해 국가를 설명하려고 하는 것을 보면 마치 민약론을 믿고 있다고 인정하는 것과 다름없다. 법인이라는 것은 전술한 바와 같이 완전히 인위에 의해서 생기는 것이므로 반드시 먼저 우리의 계약이 없다면 생길 도리는 없기 때문이다"[106]라고 밝힌다. 이 점에서 가토의 법인설 비판

은 초기의 호즈미의 강의록과 같은 논거에 입각한 것이었다. 그러나 앞에서 본 것처럼 미노베의 국가관이 가토가 비판하는 것 같은 것이었는지는 의심스럽다.

이시다 다케시는 국가유기체설에 대해 "메이지 전반기에는 우선 ……자연법적·계약설을 부정하는 측면에 비중을 두어졌으며, 서구 국가 이론을 받아들이면서 메이지헌법에 규정된 입헌제를 정당화하거나 군주권의 우위에서 해석하는 이론의 역할을 했으나, 20세기에 들어서는 법학 이론으로서 국가법인설의 전개와 더불어 절대적 국가관에 반대하는 측면이 강하게 나타났다"라는 설명 직전에 다음과 같이 말했다. 그는 프로이스를 인용하면서 독일에서 국가유기체설이 "한편으로는 절대적·신학적 국가론에 대한, 다른 한편으로는 자연적·계약론적 국가관에 대한 근대적 국가 사상인데 국가유기체설이 갖는 이러한 양면성은 천황이 절대 전제군주도 되지 못하고 한편으로는 국민주권 내지 자연법적 계약설을 부정할 필요가 있었던 일본의 정치 상황에서도 어떤 의미에서는 적합성을 갖고 있었다고 할 수 있다."[107] 미노베의 국가관에는 확실히 유기체설이 "법학이론"의 법인설로 대체됨으로써 "절대적 국가관에 반대한다"는 도식이 나타나 있다고 할 수 있다. 또한 미노베의 앞 세대에서 유기체든 법인이든 국가를 인격으로 파악한 학설의 위치를 생각하면, 이는 천부인권론·계약설을 부정하는 것으로서의 역할을 했다고 할 수 있겠다. 그러나 앞에서 설명한 바와 같이 자유민권의 천부인권론·계약설 논자에 대한 진화론의 영향을 볼 때, 애초에 일본에 "자연법적·계약론적 국가관"이라는 것이 어느 정도 존재했는지는 의문의 여지가 있다.

진화론의 자연과학적 성격에 의해 이른바 근대 자연법론이 도태되어 버렸다, 또는 적어도 자연이 진화론적으로 파악되었기 때문에 서양의 근대 자연법론이 파고들 여지가 좁아진 상황이었다고 할 수 있지 않을까. 나아가 진화론과 유기체론의 결합은 국가를 소여된 것으로 파악하게 하여 계약설이 파고들 여지까지 좁혔다고 할 수 있지 않을까. 애초에 진화론이 일본의 근대 사상을 석권한 가운데 진화론을 기반으로 하는 국가관에 대치할 수 있을 정도로 강한 "자연법적·계약론적 국가관"이라는 것이 존재할 수 있었는가 하는 문제가 있다.

진화론과 도덕적 국가관

진화론이 서양의 근대 자연법과 계약설의 침투를 저지했다고 했지만 진화론적 토대는 '자연'으로 볼 것인가 '인위'로 볼 것인가를 제외하면 계약설에 가까운 요소를 내포하고 있다. 앞에 나온 가토의 논의에 보이듯이 "삶을 편안하게 한다"라는 자기 보존의 목적은 진화의 원동력이다. 진화론이 말하는 국가 형성 및 발전은 계약설이 말하는 인위의 계약도 자연의 필연 안으로 받아들여 설명하고 있는 것에 불과하다고 볼 수도 있다. 그렇다면 진화론적으로 볼 것인가 계약설적으로 볼 것인가는 국가를 볼 때 전체를 기점으로 볼 것인가 개인을 기점으로 볼 것인가와 같은 시점의 차이에 불과하다고도 할 수 있을지도 모르겠다. 다만 이를 국가 전체의 시점에서 전체를 지배하는 자연법칙으로 볼 때 그것은 국가가 나아가야 할 방향성에 관한 도덕 논의와 결부되기 쉽다는 문제를 갖고 있다.

가토 히로유키의 도덕론에 대해서는 앞에서 언급했다. 그는 유기체가 "자기 생존을 다하기 위한 자연력"으로서 가지는 "유일적 자기적 근본 동향Der einzige egoistische Grundtrieb"에 의해 생존경쟁―도태―진화의 과정에 작용하는 것으로서 나타나는 것을 "자연법"이라고 불렀다.[108] 이는 자연법칙이라고 불러도 무방한 보편적인 것으로 파악되었는데 그는 한편으로 자연법과는 다른 도덕법에 대해서도 언급한다. 사회 내에서의 생존경쟁 및 다른 사회와의 생존경쟁은 "도덕법률"을 진화시킨다.[109] 그의 말에 따르면 "도덕법률에서 유일하고 궁극적인 목적"은 "국가적 사회의 안녕·행복"이다.[110] 가토는 이에 도움이 되는 것으로 유교를 들며 "국가 생존을 위해 매우 유해"한 "기독교의 논리"에 비해[111] "유교의 도덕은 대체로 우리 인간의 고유성과 국가의 고유성에 적합한 것이라고 나는 믿는다"라고 한다.[112]

호즈미 야쓰카의 논리에서도 이와 유사한 구성을 찾을 수 있다. 그는 인류 진화가 아직 인류 통일의 이상에는 미치지 못한다고 보았으며, 국가조직에 초점을 맞춘 저서인 1897년 《국민교육애국심國民教育愛國心》에서 〈생존경쟁〉의 장을 마련해 그 머리말에 생존경쟁에서 적자생존이 "생물 진화의 원리이며 또한 인생의 천칙이다"라고 서술하고 있다. 여기에서 "개인 독립의 힘"은 "합중 단결의 힘"에는 미치지 못한다고 하며[113] 사회 결합의 강도가 중시된다. 그리고 또한 개인의 생존경쟁에서도 "능히 사회에 동화해 그 보호를 받는 자는 그 생을 완수한다"[114]고 하면서 "공동의 마음", "봉공의 정신"이 사회 자체의 생존뿐 아니라 개인의 생존에도 불가결하다는 논리로 이어지고 있다. 이때 도덕은 "생존을 경쟁하는 무기"[115]이며 "우리 고유의 국민도덕은 사회 생존 원칙에 적합하고 조상숭배라는 천고의 신앙에 의해서 이미 견고하며 생존경쟁의 격렬함을 더함에 조우해 드디어 그 작용을 깨닫는다. 가국家國에 봉공함은 선조의 유훈이며 자손을 보전하는 바이다. 사람과 사회와의 존속 완성은 여기에 있음이 마침내 분명하다"[116]라고 충효의 도덕이 경쟁에 이기기 위한 요건임을 설파한다. 여기서는 "사회진화"를 언급하면서도 주제는 "진화"도 "진보"도 아닌 "경쟁"이다. 또한 개인의 경쟁에도 눈을 돌리고 있는 점은 스펜서 등의 시점에 가까운 것 같지만 개인의 생존은 사회로의 동화 즉 조상숭배의 국민도덕을 지켜야 비로소 가능하다는 이론은 그의 독특한 천황제 이데올로기로 수렴된다.

충효라는 일본적 도덕까지 언급하지 않지만 아리가 나가오도 "도리"라는 표현으로 생존경쟁 안에서 자기 주장을 초월한 어떤 윤리관이 진화한 사회를 지탱한다고 말하고 있다. 앞에서 말했듯이 그는 유기체로서의 사회가 국가로서의 체형과 체제를 구비한 후에 군주전제→전국 요란擾亂→교권 일통의 세상→혁명 요란→법률 일통의 세상→논의 요란→도리 일통의 세상으로 진화하는 과정을 설명한다. 아리가는 일본 및 서양국들의 현재 상태를 "법률 일통의 세상"에서 "논의 요란"으로 가는 이행기로 이해했다. 그에 의하면 "법률 일통의 세상"도 이전 시대의 사람에 의한 압제와 마찬가지로 압제가 있는 상태 즉 "자기 사상의 압제를 벗어나지 않은" 상태이다. 아리가는 이 상태로부터 "논의 요란"를 거쳐 "완전사회"로서의 "도리 일통의 세상"[117]에 이르는 데에는 "도리로 도리를 규탄하는 학문", "도리와 사상의 관계를 상세히 하는 학문"으로서의 철학[118]이 중요한 역할을 한다고 생각했다.

  아리가는 철학의 내용까지는 언급하지 않았지만 개인이 아닌 소여된 국가에 시점을 둘 때 거기에서의 도덕이나 철학은 구체적인 개인의 자유의 문제로부터는 멀어질 가능성을 내포하고 있다.

마치며─일본에서의 법실증주의적 국법학 수용의 의의

일본에서 도입 초기에는 자유민권운동에도 영향을 주었던 진화론은 자유민권운동의 쇠퇴와 더불어 개인의 자유라는 문제로부터 멀어져 국가의 발전에 관한 논의로 편입되는 경향이 강해졌다. 헌법학 분야에서는 앞에 소개된 독일 국법학의 흐름을 받아들인 논자들이 주요 진화론자가 되었다. 이런 배경에는 당시 일본의 정치 상황, 프로이센을 모델로 하는 헌법 성립, 독일학의 기초를 마련한 가토가 진화론자가 된 것 등 여러 요인이 있었다고 생각한다. 그러나 이러한 진화론과 독일 국법학의 결부는 결과적으로 진화론적 언설을 배제하는 것이 되었다. 일본의 헌법학이 주로 도입한 것이 법실증주의적 국법학이었기 때문이다. 그 결과 '법학적 국가론'이 중시되었다. 그리고 그 법학적 국가론에서는 "진화" "유기체" 등의 법외적 개념은 사용되지 않게 되었다. 호즈미 야쓰카나 미노베 다쓰키치에 대해서 서술한 것처럼 "인격"은 어디까지나 법학적 고찰 안에서 파악되어 헌법학 분야에서도 권리 주체로서의 국가 이상의 것을 고찰할 필요가 없어진 것이다. 진화론적 언설을 표명한 것은 호즈미와 아리가 세대까지로 미노베나 우에스기 신키치上杉愼吉 세대에서는 보이지 않게 되었다.

기묘하게도 호즈미 자신이 말한 것처럼 본래라면 "계약" 개념은 법학적 국가관으로서의 "법인" 이해에 보다 잘 부합하는 성격을 가졌을 터이다. 그럼에도 불구하고 법인설이 계약설과 결부할 가능성은 이미 배제되었다. 여기서 법인으로서의 국가는 인위적으로 생긴 것이 아니라 자연적인 인격이라는 것이 전제가 되었기 때문이다. 입헌주의적 헌법학의 기수 미노베조차도 "공동 생활은 인생의 천연적 요구이다. 국가 단체는 이러한 천연적 요구에 의해 그 자연적 발달에 따라 발생한 것으로 계약은 필요하지 않다"[119]라고 했다.

한편으로 진화론적 언설은 보이지 않지만 자연적 인격으로서의 국가는 '진화론적인 자연' 이해 안에서 생긴 논의를 수반하게 되었다. 이것이 역사주의나 민족주의를 통해서 충효의 국민도덕, 나아가 천황제 이데올로기와 쉽게 결부되기 쉬운 성격을 가졌다는 것은 앞서 설명했다. 머리말에서 동아시아의 문맥에서 진화론에 대해 '유교세계에서 근대적 사회로의 패러다임 변환'이라고 언급했다. 그러나 법실증주의적 국법학을 수용하면서 패러다임이 변환된 이후에도 일본의 헌법학은 특유한 국가관의 그림자를 끌면서 전개되었다. 이는 다르게 생각하면 '유교세계에 의한 근대 국가관의 패러다임 변환'[120]이라는 측면도 함께 가진다. 그리고 동아시아에서 '근대 국가' 형성을 한발 앞서 선도했던 일본의 이러한 사상 전개는 이웃 국가들에도 영향을 미쳤다.

고쿠분 노리코, 이예안 옮김

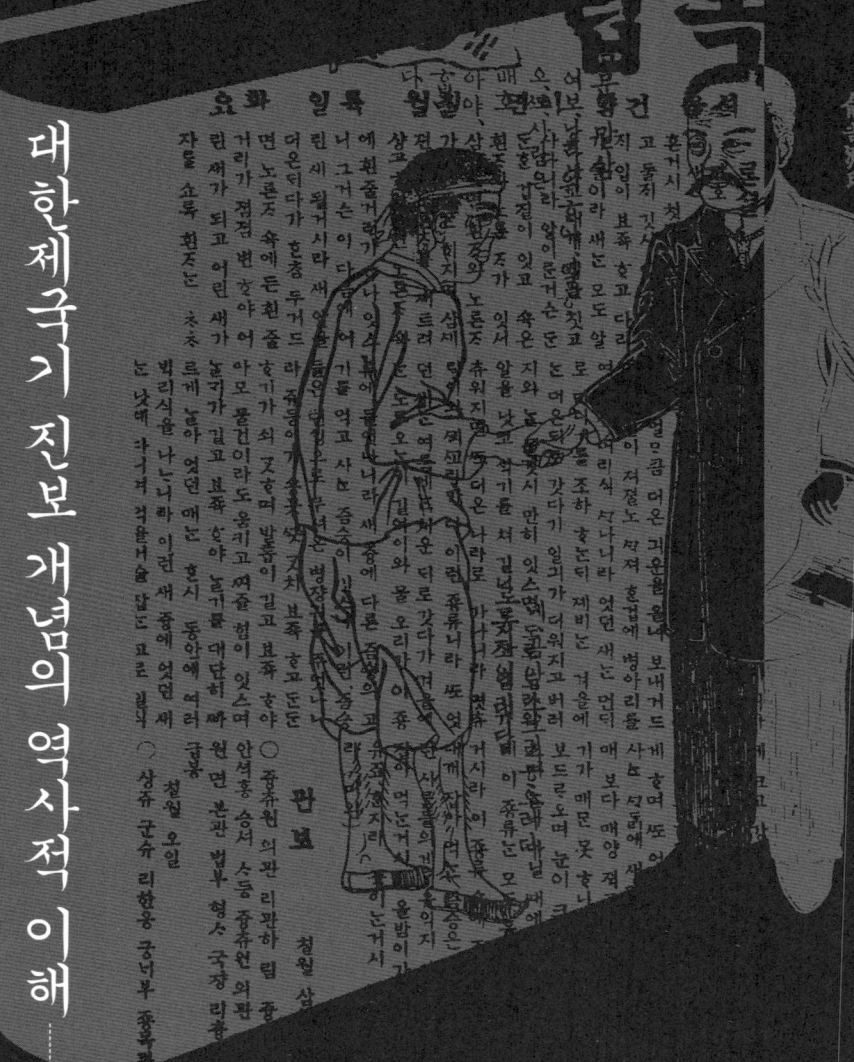

대한제국기 진보 개념의 역사적 이해

언론 매체의
용례 분석을 중심으로

연구의 목표와 방법

과거의 언어를 독해하는 역사가는 그 누구도 현재의 언어로부터 자유로울 수 없다. 역사가가 과거의 언어를 조형해 역사적 사실을 재구성할 때 그는 의식적으로 또는 무의식적으로 현재의 언어가 부과하는 의미체계에서 인식론적인 영향을 받는다. 이를테면 오늘날 한국 사회에서 정치세력 또는 사회세력의 이념적 지향성을 변별하는 준거의 하나로 사용되는 진보 개념의 경우 진보 개념 그 자체가 서양 근대 계몽주의 사조의 특정한 역사관과 연결되어 있는 것임에도 불구하고 대개의 역사가는 한국의 전근대 정치세력 또는 사회세력에 대해서도 그것이 진보적인지 아닌지를 변별하는 사고방식에 익숙한 편이다. 고려 후기 권문세족과 신진사대부, 조선 전기 훈구파와 사림파, 조선 후기 서인과 남인 등 시대별로 형성된 상이한 집단의 역사적 이해에 적용되는 이러한 친근한 사고방식은 다름 아니라 보수 대 진보의 구도로 갈라 어느 집단이 보수에 속하고 어느 집단이 진보에 속하는가를 가려내는 방식이다.

이처럼 진보 개념이 과거의 역사적 사실을 이해할 때 역사가에 의해 친근하게 이용되고 있지만 정작 진보 개념 그 자체에 대한 역사의미론적인 성찰은 드문 편이다. 많은 경우 역사적 개념은 역사적인 의미체계로서 접근되기보다 초역사적인 관념체계로서 접근되기 쉬웠고, 이와 같은 환경에서 진보 개념 역시 시대 속에서 의미를 형성하는 개념으로 인식되기보다는 처음부터 시대를 초월해 본질적이고 영속적이며 불변하는 관념에 의해 의미가 고정된 개념으로 인식될 수밖에 없었다. 이것은 역사학에서 사상사 분야가 대개 철학사적인 관심으로 역사상의 관념체계를 탐구하는 데에 익숙해 있는 현실과도 일정 정도 연계되어 있는 것이기도 하다. 관념과 관념의 원근법으로 설명되는 사상사의 시야에서 관념으로 본질화되기 이전의 역사적 개념이라는 지층은 포착되기 어려운 일이었다.

진보 개념의 역사적 이해를 가로막는 또 다른 난관으로는 정치사적 또는 사회운동사적 연구 관심이 있다. 진보 개념은 그 자체로 개념적인 중립 지대에서 추상적으로 항존하고 있었던 것이 아니며 진보를 의식하는 역사적 주체에 의해 다양한 공간에서 실천적으로 운동하고 있었다. 현실적으로 역사적 주체가 담지한 진보의식은 그 주체가 정지한 상태에서 정태적으로 분석될 수 있는 것이 아니라 그 주체가 운동하는 상태에서 동태적으로 포착될 수밖에 없다. 개념이 의식으로 전화하고 의식이 실천으로 전화하는 역동적인 역사 공간에서 개념의 운동과 주체의 운동은 사실상 분리되어 있지 않기에 주체에 대한 이해가 개념에 대한 이해를 대체하는 현상이 곧잘 일어날 수 있다. 역사적 주체의 정치적 실천 또는 사회운동적 실천은 역사적 주체가 담지한 진보의식 속에서 약동하는 개념의 운동을 이해하는 중요한 현장이지만 개념의 현장 그 자체가 곧 개념의 역사적 의미와 등치될 수는 없는 법이다. 진보의 역사적 개념은 초역사적인 관념으로서의 진보와 역사적인 실천으로서의 진보 어느 한 방향으로 환원됨이 없이 개념과 관념 사이의 긴장 관계, 개념과 실천 사이의 긴장 관계를 유지하면서 끊임없이 역사적 주체가 생성하는 의미 체계로 보아야 하는 것이다.

한국사에서 진보 개념의 역사적 중요성이 부각되는 시기는 대한제국기이다. 진보는 대한제국기의 지식인들이 제국의 역사적 현실을 인식하는 개념적 도구였고 그러한 현실을 변혁하려는 실천적 의식이었다. 진보는 현실의 인식과 변혁의 실천을 매개하는 중요한 개념이었다. 진보는 신문과 잡지의 대중 매체가 출현하면서 형성된 공론장에서 쏟아지는 담론 질서 속에서 활발하게 운동하고 있었고, 제국의 역사적 국면에 따라 또한 그 국면에서 활동하는 다양한 역사적 주체에 의해 끊임없이 변주되고 있었다. 그것은 한국 사회의 문명적 전환을 추구하는 계몽운동의 정치적, 사회적 실천 과정에서 생산되고 유통된 개념어인바, 외적으로 근대 서양에서 전파되어 유입된 의미론적 질서, 그리고 내적으로 조선에 유전되고 변용된 관념적 지형과 이중적으로 관계하고 있는 것이었다. 이러한 내외적인 배경 하에 대한제국 사회의 역사적인 맥락에 따라 담론적으로 전개된 개념이 곧 진보였던 것이다.

이 글은 근대전환기 한국 사회에서 형성된 진보 개념의 역사적 이해를 목표로 한다. 연구의 초점을 진보 개념의 형성과 추이에 두었다. 진보 개념의 형성과 관련해서는 진보 개념을 함축하는 다양한 어휘들의 출현에 주목했다. 이는 진보 개념의 사전적 이해를 높이려는 기초적인 작업이다. 개념사 연구의 주된 관심사가 특정 개념어에 관한 역사의미론적 성찰에 있다고 할 때, 이와 같은 성찰의 토대는 일차적으로 사전학적 지식의 구축에서 마련될 수밖에 없고, 따라서 진보의 개념사를 연구하기 위해 필요한 기초적인 도구로서 진보 개념을 함축하는 다양한 어휘들을 발견하고 그것의 사전학적 지식을 탐구하는 것이 요망된다고 판단했기 때문이다. 이런 견지에서 〈진보 개념의 원의와 근대적 변화〉 장에서는 진보의 전통적인 어의에 비추어 대한제국기에 달라진 진보의 의미를 살펴보고 그것이 구체적으로 어떤 어휘들에 의해 의미가 발현되고 있었는지 검토하고자 한다.

아울러 진보 개념의 추이와 관련해서는 진보 개념의 전개 과정에서 시기적으로 세 가지 중요한 국면들을 관찰했다. 진보 개념의 맥락적 이해를 높이려는 기초적인 작업이다. 대한제국기의 진보 개념은 당대에 창간된 주요 신문들이 진보를 추구하고 있고 당대에 결성된 주요 사회단체들이 진보를 표방하고 있음에서 볼 수 있듯이 한국 사회의 역사적 변화를 둘러싼 이념적 지형과 관계하는 중요한 개념이었다. 문제는 그러한 진보 개념이 대한제국의 역사적 전개 과정과 더불어 운동함에 따라 역사적 국면마다 상이한 운동 양상을 띠고 있었다는 점이다. 따라서 진보의 개념사를 연구하기 위한 필수적인 작업으로 이와 같은 국면별 개념 운동의 양상을 추적하는 것이 절실하게 요청된다. 이런 견지에서 〈진보 개념의 단계별 전개 과정〉 장에서는 진보의 개념 운동 양상이 대한제국의 역사적 현실 위에서 크게 초기, 중기, 후기로 구별될 수 있다고 보고 각각의 시기에 나타나는 운동 양상을 크게 진보의 이념, 진보의 부활과 변화, 진보의 확산 등으로 집약해 설명하고자 한다. 이상의 시론적인 작업을 통해 근대전환기 진보의 개념사에 대한 기초적인 이해를 얻는 데 작은 보탬이 될 수 있기를 희망한다.[1]

진보 개념의 원의와 근대적 변화

진보의 전통적인 어의

진보라는 단어는 오래되었다. 진보라는 단어의 본뜻은 글자 그대로 발걸음을 앞으로 한다는 것이었다. 이로부터 추상적인 의미가 파생되어 '사물이 좋은 방향으로 나아간다', '점차 개선발달한다'는 뜻을 지니게 되었다. 주희朱熹(1130~1200)가 학자에게 함양涵養과 치지致知를 강조했던 구절, 곧 "함양은 모름지기 경敬이다. 학문의 전진은 치지에 있다. 이 두 개의 말이 사실 배우는 자가 입신立身하고 진보進步하는 요령이다"에서 진보의 그러한 의미를 볼 수 있다.[2] 진보의 이와 같은 두 번째 의미는 '사람과 사물이 앞으로 발전한다, 원래보다 좋다'는 뜻으로 풀이되기도 한다. 《주자어류朱子語類》에 있는 구절, 곧 "학문을 하려면 모름지기 먼저 하나의 길을 찾아야 한다. 그런 후에야 진보할 수 있고 독서할 수 있다. 그렇지 않으면 책은 그대

로 책이고 사람은 그대로 사람이 된다"에서 진보의 그러한 의미를 볼 수 있다.³

　진보의 추상적인 의미로 공히 주희의 학문관이 지적되고 있는 것은 소홀히 넘길 수 없는 현상이다. 동아시아 세계에서 진보 관념의 연변에 그만큼 주자학의 영향이 컸다는 뜻이 되기 때문이다. 주희는 《사서집주四書集註》에서 직접적으로 진보라는 단어를 사용하지는 않았지만 학문적인 진보 관념을 강하게 피력했다. 공자가 《논어論語》에서 15세의 '지우학志于學'부터 70세의 '종심소욕불유구從心所欲不踰矩'까지 자신의 삶의 변화를 단계별로 언급했을 때 《논어집주》에서는 이를 공자 스스로 진덕進德의 차례를 밝힌 것으로 이해하고 후학들이 반드시 단계별로 섭렵해서 진보하는 것으로 보았다.⁴ 학문적인 진보가 단순한 앎의 변화가 아니라 삶의 변화를 뜻하는 것이었기에 덕德의 진보가 중시된 것이다.

　주자학의 영향으로 조선시대 학인들은 학문의 영역에서 곧잘 진보를 언급했다. 특히 '진보처進步處'라는 말이 애용되었다. 가령 조선 중기 학자 장현광張顯光(1554~1637)은 독서의 비결을 들려주면서 이런 말을 한 적이 있다. "독서는 모름지기 마음을 비우고 천천히 연구해 글뜻을 환히 깨치고, 성인이 입언한 취지를 한 글자 한 글자 검토하되 천착하고 부회해서 본뜻을 파괴하지 말아야 저절로 진보처가 있을 것이다."⁵ 조선 후기 학자 오희상吳熙常(1763~1833)도 학문의 진보에 관해 다음과 같이 말한 적이 있다. "성인의 말은 정결하고 정미해서 그 지두地頭에 따라 살아 있는 맥락을 보아야 한다. 지리하게 얼키설키 주석에 빠져 있는 저들은 도리어 본래의 종지를 어둡게만

한다. 학자는 모름지기 고명高明한 곳에서 마음을 노닐어야 비로소 진보처가 있을 것이다."[6] 때로 진보는 학문의 영역을 넘어 현실 상황을 가리키는 데 쓰이기도 했다. 선조대 동서 분당을 즈음해 이이李珥(1536~1584)는 박순朴淳(1523~1589)에게 이렇게 말한 적이 있다. "시사時事에 진보처가 없습니다. 화를 면하는 것으로 족합니다. 조정이 화합하지 못하니 깊이 염려됩니다. 연소한 사류士類의 의구심이 너무 심하니 모름지기 안정시켜야 됩니다."[7]

이렇게 볼 때 전통적인 진보 개념은 주자학이 발달하면서 학문의 진보를 중심으로 그 추상적 개념이 강화되었고, 그 외연이 정치에 미쳤다고 할 수 있다. 즉, 인간 주체의 도덕적, 학문적 변화를 중심으로 하면서도 드물지만 현실 상황의 개선까지 포함하는 것, 진보 개념은 이러한 지형 위에 기초하고 있었다고 생각된다.

문명진보 개념의 출현

조선시대에 주자학에 입각한 전통적인 진보 개념은 근대 전환기에 들어와 새로운 변화가 일어난다. 조선을 둘러싼 세계질서가 중국 중심에서 서양 중심으로 변화하면서 서양 근대 문명을 수용하기 위한 사상적인 분투가 시작되었다. 기예, 법제, 학술, 그리고 문명 전반에 걸쳐 조선과 서양의 격차를 줄이려는 노력이었다. 이에 따라 서양 근대 문명을 목적지로 설정해 조선을 변화시키려는 제반 관념이 진보 개념에 포섭되어 진보에 관한 새로운 어휘들이 나타났다.

진보는 무엇보다 문명을 향한 진보로 설정되었기에 '문명진보'라는 새로운 어휘가 출현할 수 있었다. 《매일신문每日新聞》의 발행 목적은 자체 광고에서 표현하고 있듯 국민을 위해 천신만란을 무릅쓰고 그 근본을 발휘해 아무쪼록 개명의 주의를 널리 발고해 '문명진보'를 기어코 권면하자는 주의였다.[8] 《독립신문獨立新聞》 역시 '대한 인민들은 어서 바삐 문명개화해 학교와 신문과 연설장을 방방곡곡이 배설하고 전국 인민을 교육해 사람마다 능히 외교 내치에 제일 긴한 의무를 알도록' 하자고 문명개화에 관한 소견을 피력했을 때 그것은 사실상 문명진보와 일치하는 것이었다.[9]

문명진보는 약칭해 '진명進明'이라 불렀다. 1904년 11월 설립된 진명회進明會는 그 취지서에서 전국 동포들과 함께 문명文明에 병진幷進할 목적으로 회명을 진명으로 정했다고 밝혔다.[10] 문명진보의 약칭으로 진명을 사용한 것이다. '진명'이 문명진보를 의미하고 있었기 때문에 진명을 표방한 책자인 《진명휘론進明彙論》에서 세계 인류의 종족, 지세, 기후, 정치, 법률, 종교, 문학, 무비, 농상공업 등에 관한 지식을 논술한 것은 자연스런 일이다. 이러한 지식이야말로 진명에 보탬이 된다고 본 것이다.[11]

문명진보와 유사한 맥락에서 '개명진보開明進步'라는 새로운 어휘가 출현할 수 있었다. 1898년 종래 《대한황성신문大韓皇城新聞》에서 체제를 일신해 새롭게 일간지로 거듭난 《황성신문皇城新聞》은 논설의 집필 방향을 '개명진보'에 기여하는 것으로 천명했다.[12] 개명이란 글자 그대로 '심개안명心開眼明'에서 유래하는 것으로 서양 근대 문명의 세례를 받아 지적으로 계몽되는 것을 의미했는데, 사실상 문명진보와 혼용되고 있었다. 《황성신문》은 1909년 국내의 '개명진보'를 논하면서 으뜸이 관서 지방, 둘째가 관북 지방, 셋째가 교남 지방이

라고 평가한 적이 있었다.[13]

　개명진보는 약칭해 곧잘 '개진開進'이라고 불렸다. 《황성신문》은 1898년 광무 정권의 신문지법에 대해 한국이 지식이 천박하고 견문이 고루해서 신문사들이 전적으로 '개진'에 뜻을 두고 있기 때문에 서법西法보다 더 엄격한 신문 통제는 곤란하다고 주장했다.[14] 개진은 개명진보의 의미로 사용되고 있었지만, 개진이 빈번히 사용되면서 개진과 진보 사이에 사실상 차이가 없는 경우도 있었다. 《황성신문》은 1910년 현시대 '문명개진文明開進'의 사업을 말하면서 신학문가를 중시하고 구학문가를 무시하는 풍조가 잘못된 것이라 비판한 적이 있었다.[15]

　개진은 정치세력, 사회세력을 표상하는 이름으로 활용되었다. 1901년 《황성신문》 광고면에 실린 《청국무술정변기淸國戊戌政變記》의 광고 내용을 보면 이 책 상편이 '개진당開進黨' 캉유웨이가 광서제를 보도하다가 축출된 사적이라고 했다.[16] 1905년 설립된 '동아개진교육회東亞開進敎育會'는 1906년 정부에 보낸 장서에서 자신의 설립의 취지가 '개명진보, 교육사민開明進步, 敎育斯民'이라고 밝혔다.[17] 이를 통해 동아개진교육회의 회명에 쓰인 '개진'은 일반 인민의 '개명진보'를 이르는 것임을 분명히 알 수 있다.[18]

　진보는 그것이 수반하는 방법에 따라 '개량진보改良進步', '개혁진보改革進步' 등의 새로운 어휘를 포함할 수 있었다. '개량진보'는 '개명진보'와 달리 대한제국 후기에 출현하는 양상이 특징적이다. 《황성신문》은 현시대 사회는 구시대 사회를 '개량진보'할 기회라고 단언하면서 구시대 사회의 부패한 병근을 제거하지 못하면 신시대 사회의 건전한 원기를 양성하지 못할 것이라고 주장했다.[19] '개혁진보'는 드물게 쓰인 어휘이다. 《황성신문》은 1899년 '청국 개혁파 수령' 캉유웨이가 영국 런던에 도착한 정황을 알리면서 그가 자국의 '개혁진보'를 발달시키려는 생각을 견지하고 있음을 전했다.[20]

'개량진보' 또는 '개혁진보'의 약칭으로 '개진改進'이라는 어휘가 출현했는지는 분명하지 않지만 개진이 '보수保守'의 대립 개념으로 설정되어 있었음은 주목할 만한 현상이다. 《황성신문》은 1907년 보수와 개진을 자세히 논하면서 쌍방의 문제점을 모두 지적한 뒤 강토, 국가, 국수는 보수하고 사회, 정치, 학술은 개진해 보수와 개진의 장점을 겸비할 것을 주장했다.[21] 영국에 '진보당進化黨'과 '보수당保守黨'의 상반된 정당이 있고 일본에 '개진당改進黨'과 '자유당自由黨'의 상반된 정당이 있다는 설명처럼 개진은 정치 세력을 표상하는 명칭으로 사용되었다.[22]

대한제국기에 확장된 진보 개념의 새로운 어휘로 주목해야 할 것은 '진화進化'이다. 진화는 다윈의 생물진화론과 스펜서의 사회진화론에 연결되는 학리적인 성격이 짙은 개념이었고 개념상으로도 진보와는 구별된다. 그러나 진화라는 신조어에 익숙하지 못한 일반 대중들에게 진화는 사실상 진보로 환원되어 이해되었다. 가령 《대한매일신보大韓每日申報》 국한문판과 국문판 신문 기사를 비교하면 이 사실을 알 수 있다. 1907년 국한문판 신문 논설 〈韓國之進化程度〉는 국문판 신문 논설에서 〈한국의 진보홀 정도〉로 번역되어 실렸다.[23] 1908년 국한문판 신문 논설 〈進化와 降衰〉는 국문판 신문 논설에서 〈진보와 강쇠〉로 번역되어 실렸다.[24] 1909년 국한문판 신문 논설 〈競

爭進化論의 大槪〉는 국문판 논설에서 〈경징의 진보〉로 번역되어 실렸다.[25] '진화進化'를 모두 '진보'로 바꾼 것이다. 제목만 그런 것이 아니라 본문에서도 마찬가지였다.[26]

이 점은 진화를 논하는 서적 광고에서도 발견된다. 문명 진보의 역사적 모범으로 특별히 주목되는 서양 근대사를 대상으로 삼아 서양 문명의 진보를 논한 책으로 이채우李採雨가 역술한 《19세기구주문명진화론十九世紀歐洲文明進化論》이 있었다. 《황성신문》에 게재된 이 책의 광고문은 이 책이 18세기에서 20세기까지 구미 각국에서 문명 진보하고 물질 진보한 유래와 원인을 상술한 것이라고 했다.[27] 책의 제명은 '진화'였으나 신문 독자를 위한 광고 문안에서 진화는 보이지 않고 '진보'가 사용되고 있는 현실은 그만큼 일반 대중을 향한 친근감에 있어 진화와 진보 사이에 상당한 격차가 있었음을 의미하는 것이라고 하겠다.

그런데 《대한매일신보》 국문판에서 진화를 진보로 풀이하고 《황성신문》 광고문에서 진화를 진보로 서술한 이유에 대해 이를 전적으로 진화 개념의 진보 환원론으로 간주하는 것은 온당하지 못할 듯하다. 진화와 진보의 개념적 차별성에도 불구하고 진화를 진보로 번역한 것이 아니라 진화와 진보의 개념적 친근성 때문에 진화를 진보로 번역한 것이 아니었을까? 대한제국 초기 《독립신문》에서는 키드를 소개하며 진화의 개념으로 진보를 설명한 적이 있었다. 즉 진보의 원천은 경쟁에 있으며, 국가에서 경쟁적으로 선한 법제를 창출하고 개인도 경쟁적으로 학문을 수련해야 진보가 실현된다는 주장이다.[28] 국가의 간섭이 배제된 자유방임의 환경에서 개인의 경쟁을 추구한 스펜서의 사회진화론과 달리, 국가의 간섭으로 개인의 기회 균등을 실현하고 이를 통해 개인 경쟁의 사회적 효율성을 증진하고자 했던 키드의 사회진화론[29]을 《독립신문》에서 소개한 것은 그 자체로 별도의 연구 대상이다. 또한 진보라는 어휘가 대한제국 초기부터 사회진화 개념을 내포할 수 있었다는 사실에서 대한제국 후기 진화가 진보로 번역될 수 있었던 개념적 환경을 읽을 수 있다.

인류 문명을 통찰하는 새로운 학설로 진화가 소개되었음과는 별도로 수사적인 양상에서 진화와 진보는 사실상 혼용되고 있었다. 1906년 《황성신문》에서 한국 인민의 참상을 개탄하며 '문명진화文明進化'를 창도해야 한다고 말했을 때,[30] '문명진화'는 '문명진보'나 '문명개진'과 차이가 없었다.

지금까지 살펴본 '문명진보文明進步', '진명進明', '개명진보開明進步', '개진開進', '개량진보改良進步', '개진改進', '진화進化' 등의 새로운 어휘들은 모두 대한제국기 진보 개념의 새로운 변화를 예시한다. 대한제국기의 진보는 전통적인 진보 개념에 문명이라고 하는 목적이 부과되어 문명을 향한 진보라는 새로운 개념을 형성했고, 이와 관련된 다양한 어휘가 출현했다.

진보 개념의 단계별 전개 과정

초기─진보의 이념

대한제국기에 들어와 진보는 문명을 향한 진보라는 의미에서 문명진보라는 새로운 개념을 함축하게 되었다. 이와 같은 진보 개념의 변화는 자연적으로 발생한 것이 아니라 대한제국의 새로운 사회적인 가치로서 진보를 추구했던 사회세력의 의지적인 노력에 의해 달성된 것이었다. 대한제국 초기 사회 여론을 주도했던 여러 신문들은 공통적으로 한결같이 진보를 표방했다. 《독립신문》은 창간 논설에서 조선의 신민이 《독립신문》을 통해 소견과 지혜가 진보할 것을 기대했고,[31] 《독립신문》의 목적이 인민의 이목을 개명하고자 하는 데 있음을 밝혔다.[32] 《뎨국신문帝國新聞》은 창간 목적이 신문을 널리 전파해 국가 개명에 기여하기 위해서라고 했고,[33] 《뎨국신문》의 제일의 목적은 '우리나라에서 행하는 법률과 풍속을 고쳐 개명에 나아가기'라고 했다.[34] 《ᄆᆡ일신문》은 창간 논설에서 국가 문명 진보에 큰 기초를 세우겠다는 포부를 드러냈고,[35] 대한제국 신민이 문명국의 정교와 풍속을 한결같이 본받아 개명의 기초를 세워야 함을 주장하면서 《ᄆᆡ일신문》의 목적이 여기에 있음을 명시했다.[36] 진보, 개명진보, 문명진보가 모두 언급되고 있음을 볼 수 있다.

《황성신문》 또한 진보를 추구했다. 대한제국 초기 여타 신문들처럼 개명진보를 표방한 것이다.[37] 《황성신문》은 진보를 인간의 고유한 본성이자 문명의 전개 과정으로 보았다. 진보란 이를테면 프랭클린이 풍쟁風箏을 만들어 전기를 발명한 후 전기선電氣線과 전어기傳語機가 나와 만 리 소식을 일순간에 통하는 것과 같이 인간의 본성에 내재한 허령지각虛靈知覺을 사용해 끊임없이 이루어지는 혁구도신革舊圖新, 기구종신棄舊從新으로 제시되었다. 국가의 진보도 이와 같은 관점에서 설명되었다. 구규舊規에 인순한 나라는 쇠퇴하지 않음이 없고 신식新式을 실시하는 나라는 부강하지 않음이 없다는 것은 만국사萬國史의 필연이었다. 대한제국 초기 국가 진보의 문제점은 갑오개혁 이후 누차 도신圖新과 유신維新을 천명하는 조칙이 나와 진보의 의지는 표출되었으나 장기간 축적된 민간의 유습과 정부 관료의 의지박약으로 신식新式이 집행되지 않아 사실상 개명진보의 실효가 나타나지 않는다는 사실이었다.[38]

《황성신문》에서 국가의 진보에 대해 구규를 버리고 신식을 따르는 것이라고 집약했을 때, 그 신식이란 서양 근대 문명에서 발원하는 서법西法을 가리켰다. 서법은 인민을 학대하는 포학의 법률이 아니라 민심을 체찰하는 공평의 법률인바, 일본은 사사건건 서법을 준행해 마침내 만국공회에 참여할 수 있었던 반면, 청국은 구법을 고치지 않고 명국의 가혹한 법제를 습용해 망국의 위험에 처한 것으로 설명되었다. 한국의 법제는 기본적으로 청국의 법제를 모방해 인민을 학대하는 포학의 법률이었고, 비록 신식이 반포되었으나 조변석개하는 무상한 상황에서 '외신내구外新內舊'를 면하지 못하고 있었다.[39] 대한제국 법제의 외신내구 현상은 달리 말하면 유명무실한 신식과 무명유실한 구식의 공존을 의미하는 것이었고,[40] 그렇기에 갑오개혁 이후 신식의 효과가 없다고 판단한 《황성신문》은 정부에서는 지금이라도 구식을 행하든가 신식을 확장하든가 이것도 아니고 저것도 아니고 세월만 허비하지 말라고 충고했다.[41]

《황성신문》에서 지적한 대한제국 초기 '외신내구'의 상황은 타이의 중흥을 논한 《독립신문》의 인식과 일치하는 것이었다. 《독립신문》은 타이가 영국과 프랑스의 사이에서 국운이 위태로웠는데, 국왕의 결단으로 영국인 고문관을 초빙해 재정을 맡겨 국정을 개혁하고 영어에 능통한 인재들로 정부를 구성해 국가 중흥이 전망된다고 보았다.[42] 아울러 일본, 이집트, 한국, 타이의 국가 개혁을 서로 비교했는데, 일본은 서양의 법제를 수용해 본국의 구법을 완전히 고쳐 부강함을 이루었고, 이집트는 일본에는 못 미치지만 서양 각국의 선정을 본받아 나라를 잘 다스리는 반면, 한국은 사사건건 구습에만 젖어 외모로는 서양 각국의 법률을 취할 듯하지만 하나도 실시하지 못하고 있으니 한국은 타이를 본받아 속히 진보해야 한다는 것이었다.[43] 《독립신문》의 이 논설은 1899년 8월 대한국국제大韓國國制가 반포되기 직전에 나온 것이지만 그 직후에 나온 《황성신문》의 논설에서도 여전히 '외신내구'의 타파가 논의되고 있다. 한국이 각국과 통상한 이래 외양으로 신법을 조금 모방한 것은 시세의 형편상 법고法古와 수상守常이 불가했기 때문임을 논하고, 한국이 다시 지금 신법新法으로 일변해 태서의 부강국이 되어야 하는지 고제古制를 지켜 본래의 빈약국이 되어야 하는지 물었다.[44]

이처럼 대한제국 초기 진보의 중심에는 제국의 유신維新을 배경으로 서법을 완전히 수용해 국가제도를 개혁한다는 의식이 있었다. 또한 갑오개혁 이후 구법과 신법이 혼재된 혼란스런 상황에서 국가 정책의 방향성을 개명開明으로 명확히 정한다는 성격이 있었다. 모든 것이 갈림길에 있었다. 개명진보開明進步가 합당한지 아니면 수구완고守舊頑固가 적합한지, 이런 관점에서 온갖 일의 선악을 정밀히 변석할 것이 요구되었다.[45] 현상을 유지하는 보수적 정책과 현상을 타파하는 개진적 정책 중에서 과연 어떤 정책이 인시제의因時制宜의 정신에 합당한지 국가 정책의 기조를 분명히 정할 것이 요구된 것도[46] 마찬가지 맥락이었다. 이와 같은 양자택일의 상황에서 진보는 수구완고가 아닌 개명진보를, 보수적 정책이 아닌 개진적 정책을 선택하는 것을 의미했다. 진보는 이를테면 영국이 어떻게 흥성해서 세계일등국이 되었으며 영국이 정치를 잘하는지 못하는지 한국과 솔직하게 비교해 본다는 생각, 한국이 어떤 정치를 해야 세계일등국이 되겠으며 구습을 고치지 않으면 어떤 지경에 도달할지 냉철히 따져보는 생각[47]에서 계발될 수 있는 것이었다.

그러나 대한제국 초기 언론에서 각성된 개명진보의 열정은 점차 위축되어 갔다. 무엇보다 《황성신문》에서 충군애국忠君愛國의 목적과 개명진보의 방향으로 이천만 민생을 대표해 결성되었다고 기린[48] 독립협회가 혁파됨으로써 개명진보의 동력이 꺾여 나갔다. 오히려 한국이 20여 년간 개진開進하면서 아직까지 성과가 없는 것은 개진의 방도가 본디부터 실효가 없어서라는 개진에 대한 회의론이 조성되기도 했다.[49] 개진한 사람도 완고한 귀척을 만나면 꼬리를 내리고 완고로 자처하고 완고한 사람도 개명한 인사를 만나면 개화로 돌아가는 거듭된 외식外飾이 비판받을 정도로 개명진보와 수구완고 사이의 이념적인 경계가 흐릿해져 갔다.[50] 대한제국 초기에 제시된 진보의 이념은 대한제국 황제의 전제정치 하에서 점차 사그라지고 있었다.

중기—진보의 부활과 변화

1904년 러일전쟁이 발발한 후 대한제국의 진보 담론은 다시 활성화되기 시작했다. 진보를 표방하는 각종 단체가 설립되면서 진보는 국가 개혁을 원하는 사회세력의 이념적 표상이 되었다. 이 시기에 설립된 유력한 사회단체, 예컨대 일진회一進會, 진보회進步會, 공진회共進會, 동아개진교육회東亞開進敎育會 등이 모두 공통적으로 단체 이름에 직접적으로 진보를 드러내고 있음은 주목할 만한 현상이다.

일진회는 1904년 8월 윤시병尹始炳 등 독립협회 계열 인사들이 중심이 되어 설립된 단체였다. 취지서에 따르면 회명 일진은 '일심진보一心進步'에서 따왔으며 진보의 목적지는 개명으로 설정되었다. 일진회는 자신의 목적이 일신개명一新開明의 영역에 전진해 국가 면목을 일변유신一變維新케 하는 데 있다고 밝혔다. 구체적으로 한국 사회가 지난 십 년간 신식이 반포되었지만 고루한 폐정이 계속되어 전국 인민이 도탄에 빠져 있음에도 정부에서 민생을 구원하기는커녕 부패한 정치로 학대와 압제를 가하고 있어 인민의 생명과 재산을 보호하는 일에 특별한 관심이 있음을 보였다.[51]

진보회는 일본 망명 중인 손병희孫秉熙(1861~1922)의 지시를 받아 이용구李容九의 주도 하에 1904년 9월 지방의 동학교도들이 각지에 설립한 민회였다. 진보회 회민들은 국가의 안녕과 인민의 생명재산 보호에 관심을 기울이며 기왕에 동학의 배외주의를 반성하고 일본과 친절히 교접해 개명진보의 효력을 얻을 것을 추구했다.[52] 진보회와 일진회는 추구하는 목적이 황실 존중, 인민의 생명과 재산 보호, 일본군에 대한 협조 등 서로 차이가 없었고 상호 우호적인 관계를 유지하고 있었다.[53] 그 결과 동년 12월 2일 중앙의 일진회와 지방의 진보회가 하나로 통합해 일진회가 되었다. 일진회와 진보회는 회명을 놓고 보더라도 '일심진보'와 '진보'로 회명에 진보를 직접적으로 노출하고 있었고 양 단체 모두 개명진보에 대한 관심이 깊었다.

한편 1904년 12월 3일 독립협회 계열과 보부상을 중심으로 결성된 공진회의 본래 이름은 상민회商民會였다. 나유석羅裕錫 등 보부상 지도자가 11월 26일 상민회를 설립했다가 그 이름을 진명회進明會로 바꿨고 독립협회 계열 인사를 수용해 다시 공진회로 개명한 것이다.[54] 진명회는 취지서에서 과거 독립협회가 문명의 첫 단계였는데 정부에서 상민을 속여 독립협회를 배척하도록 한 결과 국가의 흥쇠와 인민의 고락에 심대한 영향을 미쳤음을 인정하면서, 상민이 이를 각성해 전국 동포들과 함께 문명에 병진幷進할 목적으로 진명회를 창립했다고 밝혔다.[55] 진명회에서 개명한 공진회는 상민만 진명하면 나머지 사병농공士兵農工과 무관한 듯이 비춰져 '대진문명大進文明'의 초심에 유감이 있을 수 있으므로 사병상농공士兵商農工이 '공진문명共進文明'한다는 뜻에서 회명을 공진회로 바꾸었다고 밝혔다.[56] 진명회와 공진회는 '병진문명幷進文明' 혹은 '공진문명共進文明'의 뜻으로 양자 공히 문명을 향한 진보를 직접적으로 회명에 노출했다는 특징이 있다.

1905년 7월 개회한 동아개진교육회東亞開進敎育會의 본래 이름은 동양개진교육회東洋開進敎育會였다. 1904년 결성된 보인사輔仁社를 모체로 해 인민 지식을 개발하고 국가 개명에 보답하기 위해 윤돈구尹敦求 등이 결성한 단체였다.[57] 이 단체의 목적은 한일청韓日淸 동양 삼국이 합심해 인재를 교육해 개명의 길로 진보한다는 것이었다.[58] 개회일에 동양에서 동아로 회명을 바꾼 개진교육회는 여전히 개명진보와 교육사민敎育斯民을 주된 설립 취지로 삼아 한문과 일어를 가르

쳐 학문 발달에 기여하고 있음을 밝혔다.[59]

이상의 단체들은 단체 주도 세력과 일반 구성원들, 그리고 단체의 성격이 서로 같지 않았지만 공통적으로 개명진보 또는 문명진보를 추구하고 있었다는 점에서 특색이 있었다. 그것은 대한제국 초기 가열된 개명진보의 열정을 다시 점화한 것이었다. 차이가 있다면 대한제국 초기의 진보가 비록 독립협회의 사회운동과 연결되어 표출되기도 했지만 기본적으로 정부를 진보의 주체로 설정하고 있었다면 대한제국 중기의 경우 진보의 주체를 자임했던 것은 다름 아닌 사회단체였다는 사실이다. 특히 일진회는 과거 독립협회가 정부에 대해 그러했듯이 정부의 시정 개선에 적극적으로 개입해 그들이 신봉하는 진보의 가치를 실현하고자 했다.

일진회는 1906년 이토 히로부미가 초대 통감으로 부임하자 때를 맞춰 선언서를 냈다.[60] 일진회는 정치의 요점이 민심의 획득에 있고 민심의 획득은 인민의 생명과 재산을 보호하는 데 있다고 했다. 통감부의 설립을 배경으로 시정 개선이 진행되어 제도가 개혁되고 악정이 철폐되며 인민의 생명과 재산이 보호되기를 기대했다. 일진회는 문명진보를 두 가지 개념으로 보았다. 하나는 역사의 추세였다. 그것은 '세운世運의 변천變遷'을 만나 문명의 진보가 일월의 운행처럼 진행되어 조금도 중단이 없는 것, 간단히 말하자면 '세태世態의 진운進運'이었다. 다른 하나는 역사의 추세에 합치해 이루어지는 인간의 사회적 실천이었다. 일진회는 여기에 각각 교육과 실업에 해당하는 '인문人文의 발달發達'과 '부원富源의 개발開發'이라는 이대 강목을 부여했다.

일진회 회원인 염중모廉仲模는 일진회의 이대 강목의 하나인 '인문의 발달'에 관해 연설하면서 진보를 논한 적이 있었다.[61] 즉 그는 인문이 발달해야 문명국을 수립할 수 있음을 말하면서 이를 위해 가장 급선무가 진부하고 비루한 풍속을 일체 개량한 후 때에 따라 변혁하는 것이며, 이것이 문명진보의 기초라고 주장했다. 국가의 부강함과 인민의 문명됨이 인문의 발달에 있다고 했을 때 인문의 발달이란 급진적인 구습 개량을 의미하는 것이었다.

일진회의 관점에서 통감부의 설치는 대한제국 초기에 이루지 못했던 개명진보를 실현할 절호의 기회였다. 서법에 충실한 신제新制 수립을 희구했던 대한제국 초기의 진보의식은 대한제국 중기에 이르러 일본 통감부의 시정 개선을 배경으로 교육과 실업을 추구하는 일진회 같은 사회단체의 진보의식으로 이어지는 면이 있었다. 그렇게 볼 때 1906년 3월 통감부의 설치와 거의 동시에 설립된 대한자강회大韓自強會는 '자강自強'이라고 하는 독특한 진보 개념을 통해 대한제국 초기와 구별되는 진보의식을 보이고 있어 주목된다.

장지연, 윤효정尹孝定(1858~1939) 등을 중심으로 설립된 대한자강회는 설립 목적을 자국의 부강을 도모해 독립의 기초를 만드는 데 두고 있었고, 이를 위해 교육의 확장과 산업의 발달을 연구·실시한다고 밝혔다.[62] 대한자강회에 참여한 오가키 다케오大垣丈夫가 지적했듯이 교육과 실업은 반드시 대한자강회만의 특징적인 내용이 아니었고[63] 일진회에서 '인문의 발달'과 '부원의 개발'을 추구했던 것처럼 다른 사회단체에서도 지향하는 것이었다. 대한자강회의 특징이 있다면 앞서 등장한 사회단체들과 비슷하게 교육과 실업의 실력양성운동을 추구하면서도 취지서에서 밝힌 바 국민정신國民精神, 자국정신自國精神, 조국정신祖國精神 등 정신 배양을 실력 양성의 선결 조건으로 삼고 있다는 점, 그리고 '진進'이 들어가는 온갖 진보 관련 어휘를 회명으로 이용했던 선행 사회단체들과 달리 '자강'을 회명으로 선택했다는 점이다.

전자의 경우 대한자강회는 독립국으로서의 국권을 상실한 대한제국에서 진보의 주체를 수립하는 문제에 관심을 쏟았음을 볼 수 있다. 대한자강회가 취지서에서 밖으로 문명의 학술을 흡수하는 것만으로는 만족하지 못하고 안으로 조국 정신의 배양을 반드시 주문했던 것은[64] 을사늑약 이후 한국에서 진보의 목적이 단순히 문명의 실현에서 그치는 것이 아니라 국권의 회복이라는 새로운 과제까지 포함하는 이중적인 성격을 지니는 것으로 변했기 때문이다.

진보의 주체를 형성하는 문제가 정신을 통해 해결되는 것이라면 주체의 진보를 형성하는 문제는 자강을 통해 해결되는 것이었다. 자강이란 고전적인 '자강불식自强不息'에서 유래하는 것으로 군자가 부단히 자신의 덕을 진보해 나가는 것을 의미했다. 대한제국기 진보 개념은 처음부터 그것이 문명과 깊이 밀착해 있었기 때문에 외부에 있는 문명이라는 목적을 향한 진보의 색채가 짙었다. 그렇기 때문에 내부에 있는 주체로부터 진보를 시작한다는 발상보다는 외부에 있는 목적을 향해 진보를 시작한다는 발상이 더 강했다. 자강은 진보 관념의 그러한 개념적 약점을 보완할 수 있는 개념인바, 주체의 진보에 예민한 관심을 집중할 수 있는 어휘였다. 남의 힘에 의지하지 않고 스스로의 힘으로 분발해 오늘 진일보하고 내일 진일보해 실력

을 양성한다고 하는 주체성에 주안점이 있는 사상이 다름 아닌 자강사상이기 때문이다.[65]

이처럼 대한제국 중기에는 진보를 표방하는 유력한 사회단체들의 활동 속에서 진보가 부활되었다. 그리고 을사늑약이라는 특정한 역사적 사건을 배경으로 국권 회복이라는 새로운 역사적 과제가 발생함으로써 단순히 문명진보의 부활이라는 차원을 넘어 국권 회복을 위한 자강불식이라는 변화된 진보의식을 야기했다.

후기―진보의 확산

대한제국 중기 진보를 표방하는 사회단체들이 사회운동을 전개하면서 대한제국 초기의 진보 사상이 사회적으로 부활했다. 문명진보 또는 개명진보는 사회운동과 결합해 빠르게 확산되어 나갔다. 문명진보를 표방하는 사회적 주체들이 지역별로 성장하고 있었다. 이와 관련해 태서泰西 열국이 부강한 문명을 성취한 이유가 사회의 발달과 학문의 진취 때문인데, 한국에서도 갑오개혁 이후 각종 학교를 창설해 십 년간 사회가 발달하고 학무가 확장되었으니 한국 문명의 일대 진보가 일어난 것이라는 낙관적인 평가가 주목된다.[66] 한국에서 문명진보가 실현되는 과정은 은유적으로 표현하자면 '오늘 학교 하나를 설립하고 내일 사회 하나를 설립해 학교와 학교가 흥왕하고 사회와 사회가 발달한다'는 말에서 보듯 곳곳에서 학교와 사회를 설립하는 모습으로 시각화되었고,[67] 또는 '위로는 서울에서 아래로는 시골에서 교육이 흥성하고 글 읽는 소리가 서로 들린다'는 말에서 보듯 곳곳에서 신학문을 흡수하는 소리로 청각화되었다.[68]

문명진보는 사회적으로 실천되는 것이었기에 그것의 확산은 지역적인 성격을 띠었다. 따라서 교육 사업이 착수되고 홍성하는 선후에 따라 지역별 전개 양상이 다를 수 있었다. 이동휘李東輝(1873~1935)가 설립한 강화의 보창학교普昌學校는 교육 구성이 체계적이고 학생 수준이 양호하며 인근에 많은 지교가 확산되면서 사회적인 주목을 받았는데 그것은 곧 강화 지역의 문명진보로 직결되어 이해되었다.[69] 평양 군수 백낙균白樂均이 청년교육의 발달을 위해 면리面里의 사숙私塾을 개량하고 사범강습소師範講習所를 설립했을 때 그것은 평양 지역 문명진보의 기초라는 영예를 들었다.[70] 경상남도 관찰부 부사 김용효金容孝가 인민 개발과 청년 훈도를 위해 성내 김선재金善在 집에 신문종관소新聞縱觀所를 설치했을 때 그는 경상남도 문명진보의 선도자라는 영예를 들었다.[71] 울산군에서 면면촌촌에 문명의 이유를 설명해서 사숙을 일체 폐지하고 일신학교日新學校가 설립되어 번창하고 있는데, 울산군 군수와 주사가 격일로 이 학교를 방문해 친히 격려하는 연설을 하고 있어서 이를 거점으로 울산군의 문명진보가 기대되고 있었다.[72]

대한제국 후기에 지역별로 교육과 실업을 진흥하는 사회운동이 전개되고 그것이 곧 그 지역의 문명진보로 이해됨에 따라 문명진보는 이제 그러한 사회사업의 진보를 의미하게 되었다. 《황성신문》은 1908년 평안도 영변 지역에서 전개된 각학교연합운동회의 개설, 유신학교의 창설, 농학회의 조직과 농업학교의 건립을 보도하면서 이러한 제반 활동에서 '개명사업開明事業에 착착 진보進步하는 사상'을 확인할 수 있다고 논평했다.[73] 미주 교포와 노령 교포가 애국 사상으로 청년교육을 위해 사회운동에 분발하는 모습 역시 '문명사업文明事業이 일점진보日漸進步'하는 것으로 평가받았다.[74]

대한제국 후기 문명진보의 개념은 교육과 실업, 특히 교육을 중심으로 하는 '문명사업' 또는 '개명사업'의 진보를 의미했다. 그런데 '문명사업'이란 정부의 명령이나 관리의 금제 없이 민간사회의 자발적이고 자율적인 사회운동으로 전개되었다는 데에 그 특징이 있다고 보는 시각도 있었다. 《황성신문》은 평안남북도 각학교연합운동회 당시 음주·흡연하는 이가 단 한 명도 없었듯이 학생들이 보여 준 품행이나 미주와 노령의 해외 교포들이 청년 교육에 기울이는 열성을 통해서, 한국 '문명사업'이 정부의 지도에 관계없이 한국 민족의 내재적인 역량으로 성취될 수 있음을 주장했다. '문명사업'의 사회적 자율성은 동시에 '문명사업'의 정치적 자립성을 전망하는 근거였으며, 그것의 궁극적인 목표는 문명진보에 관한 자강 사상의 관심이라 할 국권 회복이었다. 《황성신문》은 이것을 '우리들의 고유한 권능의 회복'이라고 온건히 표현했다.[75]

문명진보는 전국의 모든 국민을 대상으로 하는 것이었다. 또한 전국의 모든 국민이 문명진보의 주체로 상정되었다. 문명진보에 관한 한 국민들 상호 간에 차별이 있을 수 없었다. 《대한매일신보》 국문판이 발행되자 사립 광동학교 교장 신소당申蕭堂은 그것이 한국의 부인 사회와 보통 사회를 위한 특별한 사건임을 기리면서 이로 인해 남녀노소를 막론하고 문명의 공기를 흡수해 동포 전체가 문명진보에 들어설 것을 기대했다.[76] 1907년 설립된 진명부인회進明婦人會는 6월 15일 장충단獎忠壇에서 개회식을 열었는데, 회장은 신소당이었으며 이 날 개회식은 다과회 및 각 여학교 연합 대운동회 등의 행사를 포함하고 있었다. 양규의숙養閨義塾 학도들이 부른 개회식가의 가사에는 "국민지식 발달ᄒ니 남녀학문 일반이라 진명회여 진명회여 문명진보 진명회라"라는 구절이 있었다. 이 또한 문명진보의 주체에 남녀의 구별이 없음을 의미했다.[77]

문명진보의 주체에 남녀의 구별이 없다는 것, 이로부터 남녀동등이 제기되는 것은 논리적 필연이었다. 여성의 시각에서 볼 때 갑오개혁 이후 개명적 사상과 발달적 의사로 학교와 사회가 시작했지만 그것은 남성의 문명진보였을 뿐 정작 여성 교육은 거기에 없었다. 교회당에서 교육이 시작되고 몇몇 부인회와 여학교가 설립되어 비로소 여성의 문명진보를 위한 거점이 확보될 수 있었다. 여성의 시각에서 남녀동등이란 태서의 문명 교육을 본받아 남녀가 동등으로 사업을 해서 남녀 공히 충군애국의 일심으로 억천 년 종사를 보전하는 것이었다.[78]

문명진보의 주체에는 계층의 구별이 없는 것이었다. 당시 용어를 빌리자면 상등 사회와 하등 사회 모두 문명진보의 주체가 될 수 있었다. 상등 사회와 달리 하등 사회는 계층적 한계로 인해 문명진보 사업에 참여할 기회가 넓지 못했다. 교육과 실업을 중심으로 하는 실력양성운동의 주체는 사회적 유지有志들이었다. 이런 의미에서 국채보상운동의 확산은 하등 사회가 문명진보의 주체로 거듭나는 놀라운 현상으로 각인되었다. 부인이 반찬값을 줄이고 아이들이 세뱃돈을 털고 교군과 각사 하인과 걸인까지 모금에 동참한 일, 삼화항 부두 모군들이 동맹해 담배를 끊고 술과 노름을 금해 국채보상 의연

금을 모은 일, 안악군 초동 목수들이 밤마다 나라 중흥을 기도하고 촌로에게 금주를 간청한 일, 이 모든 것이 한국의 문명진보가 하등 사회에서 시작함을 입증하는 사례로 간주되었다.[79] 진보는 먼 곳에 있지 않았다. 관습의 속박을 뚫고 일상을 변혁하는 것이 곧 진보였다. 국채보상운동은 공익을 위한 일상의 변혁이 곧 진보의 출발임을 알려 준 사건이었고, 하등 사회가 당당하게 상등 사회에게 문명진보의 진정한 주체가 누구인지를 물을 수 있는 계기가 된 사건이었다.

또한 역으로 사회 안에 상하 우열의 기준은 선천적인 귀천이 아니라 후천적인 노력, 곧 문명진보를 향한 노력에 의해 설정될 수 있었다. 황성신문사는 이런 견지에서 '노동자勞働者 아래에 사대부士大夫'라는 파격적인 타이틀로 상등 사회와 하등 사회의 역전을 주장했다. 가령 샌프란시스코, 하와이, 블라디보스토크 교포들이 고된 노동 생활 끝에 사회를 조직하고 학교를 설립하고 신문을 발행했을 때, 그것은 상하이에 체류하며 은행 저치 예금으로 한몸 편안하고 호화롭게 사는 한국의 귀척貴戚 인사들과 대비되는 진보적인 활동으로 평가되었다. 국내에서도 이름 없는 초동樵童과 급수상汲水商이 야학에 전념하고 있을 때, 그것은 엽관과 풍월에 골몰해 있는 사대부와 대비되는 진보적인 생활로 평가받았다.[80] 애국 사상으로 문명진보를 생각하는 숭고한 품행과 실천이야말로 사회의 상등과 하등을 나누는 새로운 가치였던 것이다. 마찬가지 맥락에서 문명진보를 위한 신실한 품행이라는 기준에 의해 서울과 지방의 위계가 역전될 수 있었다. 똑같이 문명진보의 길에 들어섰어도 사치스러운 복장으로 담배를 태우고 연극장에 출입하는 서울 학생은 그렇지 않은 지방 학생이

나 해외 노동 동포보다 훨씬 못 미치는 존재로 평가되는 사태가 일어났다.[81]

이처럼 대한제국 후기에는 진보 개념이 지역, 성별, 계급 등 다양한 범주 속에서 확산되고 있었으며 국가와 같은 균질적인 공간이 아니라 지역이나 일상과 같은 비균질적인 공간에서 진보의 실천이 확장되고 있었다. 대한제국 초기에 정부 국가정책의 이념적 측면을 둘러싸고 의식되었던 진보 개념은 대한제국 중기에 들어서 유력한 사회단체들의 사회운동의 지향성 속에서 다시 분출하고 변화되어 갔으며, 대한제국 후기에 들어와서는 진보 개념의 현장이 다변화되고 다원화되는 가운데 진보의 실천적 공간이 다양한 범주를 통해 개인의 일상으로 더 가까이 더 깊숙하게 파고들어 온 것이다.

연구의 요약과 전망

이상으로 대한제국기의 진보 개념에 관해 그것의 형성과 추이를 중심으로 고찰해 보았다. 전통적으로 진보 개념은 주자학의 형성을 배경으로 학문과 수양의 영역에서 전진함을 뜻하는 것이었고 조선시대 성리학자들은 이와 관련해 곧잘 '진보처進步處'라는 말을 애용했다. 그러나 대한제국기에 들어와 문명의 실현이 역사적 과제로 부상함에 따라 진보는 문명을 향한 진보라는 새로운 개념을 획득하게 되었다. 진보는 목적을 향해 운동하는 역사의 변화로서 이해되었고 동시에 그러한 역사의 변화를 초래하는 역사적 주체의 운동으로 이해되었다.

 문명을 향한 진보라는 새로운 개념을 함축하면서 이와 같은 개념을 발현하는 새로운 어휘로 문명진보文明進步, 진명進明, 개명진보開明進步, 개진開進, 개량진보改良進步, 개혁진보改革進步, 개진改進, 진화進化 등 다양한 단어가 유행했다. 문명을 향한 진보라는 개념의 본래적 의미를 잘 드러내는 중심적인 어휘가 문명진보였으며, 이와 비슷한 어휘로 문명개진文明改進, 문명진화文明進化가 혼용되고 있었고 문명진보를 약칭하는 어휘로 진명이 사용되었다. 문명진보 못지않게 자주 사용된 중심적인 어휘가 개명진보였으며 개명진보를 약칭하는 어휘로 개진이 곧잘 사용되었다. 진보는 그 자체로 문명진보의 의미를 함축하고 있었지만 진보를 실현하는 방법과 결부되어 개혁진보, 개량진보 등의 새로운 어휘가 출현할 수 있었다. 그러한 관점에서 보자면 개명진보 역시 진보의 방법으로서 개명開明을 의식했다고 볼 수 있는 측면이 없지 않다. 개진이 개혁진보 또는 개량진보의 약칭으로 출현했는지 확신할 수는 없지만 언론에서 보수保守의 대립적인 가치로서 개진이 거론된 것은 주목할 만한 현상이다.

 오늘날 진보와 진화는 개념적으로 구별되지만 당대에 진화와 진보는 혼용되고 있었다. '진화進化'는 국문 독자들을 위해 '진보'로 번역되었으며 때로 국문 어휘 '진보'가 '진화'의 어휘에 관계없이 그 자체로 사회진화론을 함축하기도 했다. 또한 진보는 전통적인 한문 어법의 영향으로 일진一進, 공진共進, 병진幷進 등의 다양한 어휘로 출현했다. 따라서 대한제국기 진보 개념을 총체적으로 파악하기 위해서는 진보라는 어휘에만 집중해서는 곤란하며, 진보 개념을 지니고 있는 온갖 어휘들을 전방위적으로 수집해 그것의 언어적 관례를 기초적으로 검토할 필요가 있다.

대한제국기의 진보 개념은 국면별로 크게 세 단계의 변화가 있었다. 초기의 진보는 새로운 국제國制 수립에 있어 서법의 수용을 지향하는 개념이었다. 그것은 개명진보냐 수구완고냐 하는 양자택일적인 관계에서 설정되는 이념적인 색채가 강한 개념이었다. 대한제국 초기 언론은 공통적으로 문명진보를 지향하고 있었고, '갑오경장甲午更張'과 '정유유신丁酉維新' 이후 한국 사회에서 발생한 역사적 변화를 아직 '외신내구外新內舊'의 이중적인 상황으로 독해하면서 이를 전면적으로 돌파해 한국 사회의 완전한 혁신을 추구하는 것을 진보라고 인식했다.

중기의 진보는 진보를 표방하는 사회단체들이 대두하면서 새로운 면모를 갖추게 되었다. 러일전쟁의 발발을 배경으로 한국 사회에 설립된 '진보' 단체들이 추구한 진보는 초기 개명진보의 부활이었고 그러한 의식 하에 일진一進, 진보進步, 공진共進, 개진開進 등 다양한 진보 관련 어휘가 단체의 이름으로 채택되었다. 그러나 을사늑약이 강제된 후 국권 회복이라는 새로운 역사적 과제가 부상함에 따라 새로운 진보 개념을 담은 어휘, 곧 자강이 출현했다. 초기 진보 개념이 문명을 향한 진보에 편향되어 있었고 중기 사회단체들이 표명한 진보 역시 그러한 한계를 벗어나지 않는 것이었다면, 자강은 국권 회복이라는 새로운 목표를 안고 문명을 향한 '외향적인' 진보 못지않게 주체로부터의 '내발적인' 진보도 중시한 진보 개념이었다.

후기의 진보는 진보의 확산을 특징으로 했다. 그것은 한편으로 진보의 주체가 지역, 성별, 계급을 막론하고 전방위적으로 확산되는 과정이었고 동시에 국가와 같은 균질적인 공간이 아니라 지역이나 일상과 같은 비균질적인 공간으로 진보의 실천이 확장되는 과정이었다. 국가의 진보 못지않게 지역의 진보가 중시되었고 남성의 진보 못지않게 여성의 진보가 갈망되었으며 상등 사회의 진보 못지않게 하등 사회의 진보가 선전되고 있었다. 진보란 저 멀리에 있는 거창한 국가의 개혁이라기보다 이 가까이에 있는 관습적인 일상의 변혁을 의미했고, 술을 끊고 담배를 끊고 노름을 끊는 세세한 행위에까지 진보의 실현이라는 중요한 의미가 부여되었다.

대한제국기에는 새로운 진보 개념을 담은 다양한 어휘들이 출현했고 그러한 어휘들이 대중매체의 담론 질서에 포섭되어 만들어 낸 일정한 개념적 국면들이 있었다. 대한제국기 진보의 개념사는 이와 같은 어휘들과 국면들이 복합적으로 작용해 빚어낸 섬세한 의미론적 양상들을 더욱 넓게, 그리고 더욱 깊게 탐구하는 방향으로 진행될 필요가 있다. 대한제국기 진보 개념은 고립적인 관념으로 정지해 있었던 것이 아니라 진보 개념과 밀착된 역사적 실천에 관한 담론적 질서를 타고 끊임없이 운동하던 의미체계였음을 기억할 필요가 있다. 이런 견지에서 보자면 대한제국 사회에서 전개되고 있는 역사적 실천으로부터 진보 담론을 생산하던 대한제국의 주요 매체들이 1910년 대한제국이 멸망된 후 일본에 의해 철저히 탄압을 받아 거의 소멸된 것은 대한제국기 이후의 진보 개념을 설명함에 있어 중요하게 고려할 사건이 되리라 생각한다. 매체의 소멸은 매체의 메시지를 통해 확장되던 진보의 위축 또는 변형을 초래하는 중요한 요인으로 작용될 수 있었기 때문이다. 일본제국주의는 대한제국을 병탄했을 뿐만 아니라 대한제국의 진보까지 침몰시킨 것이다.

노관범

2부

개념의
시간 운동과
동시성

근대 전환기 유교 담론과 도학道學 개념의 역사적 의미론
한국 근대 도학 개념의 역사적 상황을 분석해 한국 근대 개념사에서 '전통 개념' 연구의 필요성을 제기했다. 즉 근대에 들어서 구학으로 타자화되고 망국의 원인으로 지목되는 등 퇴조의 길을 걸었음에도 근대적 공론장에서 도학 개념과 유교 담론이 끊임없이 발화되고 있었다는 데 주목함으로써 근대 개념과 경쟁하던 전통 개념의 존재 양식과 운동 양상에 대한 재인식을 요청한다.

근대 중국에서 중학·서학의 위상 변화와 중체서용—장지동의 《권학편》을 중심으로

중국 근대 중체서용론에 대해 장지동의 《권학편》을 중심으로 재해석했다. 즉 통설적인 관점이 중체서용을 문화보수주의의 표현으로 해석해 온 데 대해 비판하고 당대 중학과 서학의 실제적 관계를 투시해 중체서용의 의미를 반추했다. 그럼으로써 중국 근대 개념사에 나타난 전통적 지식과 근대적 지식의 동시적 접합 양상을 어떻게 설명할 것인가라는 질문에 해답을 제시했다.

동학·천도교에서 '천天' 개념의 전개—천天에서 신神으로, 신神에서 생명生命으로

한국 근대 개념의 형성사에서 외래 개념과 전통 개념의 상호 작용과 생명 개념의 사상사적 맥락을 규명하기 위해 동학과 천도교 교단에서 지속된 천天 개념의 전개 과정을 시기별로 논구했다. 그럼으로써 재래적인 종교 관념과 외래적인 종교 관념의 동시적 접합이라는 구도에서 생성된 다양한 개념들이 한국 현대 사상으로 지속되고 있음을 예증했다.

근대 중국의 미신 비판과 옹호—량치차오와 루쉰을 중심으로

서구 근대와 구별되는 중국의 근대 기획을 살피며 량치차오와 루쉰이 미신에 대한 계몽주의적인 편견을 버리고 각자 추구하는 이상적인 인간의 형성을 위해 미신을 활용하고자 노력했던 과정을 소개한다.

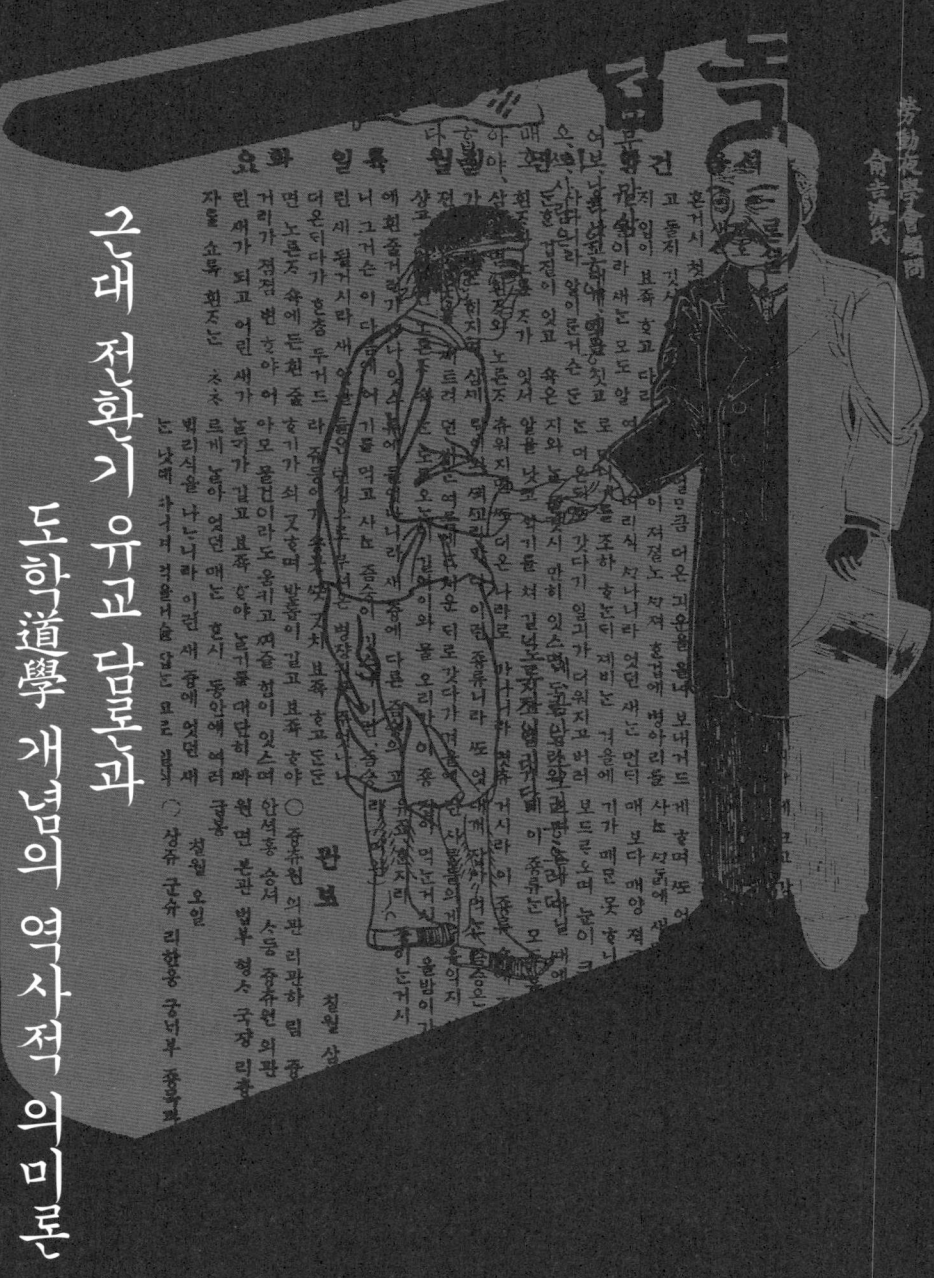

근대 전환기 유고 담론과
도학道學 개념의 역사적 의미론

중국의 부상과 유교

중국의 급부상으로 세계판도가 재편되고 유교가 다시 주목받고 있다. 국가주의의 발로라는 의심의 눈길 한편에는 이제 역할을 다한 서구를 대신해 유교의 가치를 재발견해야 한다는 목소리가 심심치 않게 흘러나온다. 전 지구적 세계체제에서 안과 밖의 문제가 별개일 수는 없으나 논의의 출발점이 석연치 않다. 21세기를 목전에 두고 우리는 이미 '공자가 죽어야 나라가 산다'거나 '공자가 살아야 나라가 산다'며 한 차례 설왕설래한 경험이 있다. 고질적인 연고주의와 권위주의에 대한 비판이 우리 자신의 문제를 겨냥한 것이라면 오히려 유교자본주의나 아시아적 가치는 급속한 경제적 성장을 눈여겨본 외부의 시선에서 비롯된 것이다.

　세기를 넘어 지속되고 있는 근대에 대한 강박과 백여 년 전 사망선고를 내린 유교의 부활은 그래서 동일한 사태의 양면처럼 보인다.

전근대와 근대와 후근대가 착종되어 있는 사회에서 근대의 이중적 과제는 과거와 다시 대면하는 일부터 시작해야 얽히고설킨 실타래를 풀어나갈 수 있을 것이다. 유교 자체의 가치를 재론하기 이전에 망국과 식민의 길을 걸어야 했던 지나간 역사의 문제를 우리 내부에 되묻는 작업이 그래서 필요하다. 근대 전환기 망국의 원인으로 지목받았던 유교는 후대의 문제이지 유교의 본래 모습은 아니라고 외면하는 방식으로는 문제에 다가갈 수 없다. 유교의 본령만을 들어 공맹의 유교를 내세우고 이론화해서는 한국 근대 유교의 곡절을 이해하는 데 도움이 되지 않을 것이다. 선진先秦시대 유교와 한당대의 유교가 다르고 송대 신유학이 또한 다르듯이, 공자와 맹자도 그들이 딛고 있던 바로 그 지점에서 자신의 고민을 펼쳤고 시대적 역할을 했던 것이다.

이 글에서는 지배적인 이념으로부터 망국의 원인으로 지목되기까지, 한국 근대 전환기 유교적 지식인들의 담론에 주목할 것이다. 그것이 우리 유교의 가까운 실상이기 때문이다. 19세기 말에서 20세기 초반에 이르는 동아시아의 정세 변화는 명맥을 다해가던 전통 사회 질서를 뒤흔들었고 사회를 규준했던 유교적 가치의 균열을 예고했다. 이에 대한 대응 양상은 서구 문명을 어떻게 보는가에 따라 위정척사衛正斥邪, 동도서기東道西器, 문명개화文明開化 등 그 결을 달리했고 유교를 둘러싼 담론의 자장은 요동칠 수밖에 없었다. 대체로 종전의 연구가 서구에 대한 인식 차와 대응 방식에 주목했다면 이 글에서는 입론의 차이에도 불구하고 공통적으로 발견되는 유교 내부의 기존 관념이 균열되는 양상으로 시선을 옮겨보려고 한다.

여기서는 특히 '도학道學' 개념을 중심으로 할 것이다. '내성외왕內聖外王'을 목표로 하는 유교의 가치와 실천이 곧 도학으로 수렴되기 때문이다. 조선 사회에서 '도학'은 일상에서 국가에 이르기까지 문자 그대로 '무부도無不到'라고 할만치 그 개념의 파급력은 대단한 것이었다.[1] 그러나 '도학'이란 개념은 전통 학술용어로서 이를 연구 대상으로 하거나 삶의 실천적 가치로 여기는 특수한 경우를 제외하면 현재 일상 영역에서는 거의 쓰이지 않고 소멸되었다고 해도 과언이 아니다. 불과 한 세기만에 이렇게 우리의 언어 감각에서 사라져 버린 이유는 무엇일까. 아마도 '도학'이 지금 여기서 더 이상 미래에 대한 기대를 담아내지 못하기 때문일 것이다. 이 말은 도학이 담고 있었던 가치가 현재나 미래에 필요하지 않다는 게 아니라, '도학'이라는 기표記標가 그러한 의미를 담는 데 유용하게 사용되지 않고 있음을 의미한다. 대신 우리는 '도덕'을 더 편리하게 사용하고, '윤리'를 보다 고급한 학술용어로 추켜 이해하고 있다. 초등 교과 과정에는 '바른생활', 중등 교과 과정에는 '도덕', 고등 교과 과정에는 '윤리'가 포함되어 있는 사정도 그러하다. 기표가 바뀌면 그에 담겨 있는 기의記意 또한 바뀌게 마련이니, 윤리와 도덕이 담아내지 못하는 '도학'만의 역사적 실천과 문화적 가치는 점차 사라질 수밖에 없었다. 도학은 이제 전통으로서가 아니라 단지 지나간 과거의 역사 속에서만 존재하는 듯하다.

조선의 도학 개념은 일찍이 정주程朱 계열 성리학의 수용과 조선 유학의 계보화 속에서 형성된 것이다.[2] 그러나 근대 전환기에 이르러 전통적인 지식체계가 해체되고 재편되는 과정에서, 도학은 의미의 균열이 심화되고 서양 학술 개념과 경쟁을 벌여야 했다.[3] 도학 개념에 대한 역사의미론적 고찰은 전통 개념이 어떠한 방식으로 의미의 균열과 변용을 겪게 되고 종래에는 우리의 일상 언어감각에서 사라지게 되는가를 문제 삼는다. 바꿔 말하면 당대 경험과 기대지평이 새로운 개념, 예를 들어 국가, 민족, 자유, 진보 등에 투영되어 개념 자체가 사회 변화를 추동하는 하나의 요소가 되는 것 이외에 이미 있어 왔던 기존의 개념에 균열이 일어나고 개념의 운동이 종식되며 기표 자체가 소멸되는 과정에 시선을 돌리는 것이다.

  다음에서는 도학 개념을 중심으로 유교가 지배적 이념으로 자리하게 된 사상사적 흐름을 되돌아보고, 근대 전환기 공론장을 뜨겁게 달궜던 유교 관련 담론 속에서 도학이 어떻게 사유되었는지를 탐색할 것이다. 이를 위해 통시적으로는 유교 경전과 사류 및 문집 등을 살펴보고 공시적으로는 19세기 말 20세기 초에 발행된 신문, 잡지에 실린 글을 검토할 것이다.[4]

유교의 계보화와 도학

도학은 문자 그대로 도에 관한 학문, 도를 익히는 학문, 도를 실천하는 학문을 의미한다. 이때 '도道'가 무엇인가에 따라 '도학'은 유교의 개념이 되기도 하고 도교의 개념이 되기도 한다. 기실 '도'는 동양 사상과 문화의 기반이라고 할 수 있다. 유교에서 말하는 '도'는 인간이 살아가면서 마땅히 지켜야 할 도리를 의미한다. 낮과 밤, 춘하추동

사계절, 24절기는 늘 변화하지만 그 안에 항상성을 갖고 있다. 인간다운 인간이 되고, 인간다운 삶을 영위하기 위해서는 이러한 우주적 항상성을 자신의 삶으로 가져 와 실천해야 한다. 그것이 바로 '솔성率性'이며, 궁극의 지향처인 천도天道와 인도人道의 합일로 나아가는 길이다. 도가道家에서 도는 우주만물의 근원이자 형태 지을 수 없는 본원적 실재를 가리킨다. 도가의 대표적 저술인《도덕경道德經》은 도를 만물의 근원으로 파악하고 무위자연을 강조한다. 조선 성리학의 지적 전통에서는 도학이 마치 유교의 전유물처럼 여겨져 왔지만, '도학'은 유교와 도교에서 공히 자신의 학문과 학설을 지칭하는 용어로 쓰였다.[5] 유학儒學 이외에 도가道家 항목으로 분류되는 서적 가운데에도 '도학'을 표제에 포함한 사례는 쉽게 발견할 수 있다. '도학'이라는 동일한 기표가 유가 혹은 도가 어느 한 쪽에 국한되지 않고 사용되고 있는 것이다.

이처럼 하나의 개념이 여러 가지 의미를 지닌다는 것은 그 개념에 내함된 다종의 의미들이 여전히 하나의 기표를 두고 경쟁하고 있다는 것을 의미한다. 특히 하나의 개념이 서로 다른 사회·역사적 주체에 의해서 사용된 경우에 이런 현상이 두드러지는데, 동일한 개념이 주체에 따라 때로는 다양한 의미로 전유되기 때문이다. 이처럼 단일한 의미망에 국한되지 않는 개념의 다양성이야말로 개념사가 착목하는 지점이라고 할 수 있다. 사회·역사적 변동을 추동했던 개념들을 기본 개념으로 설정해 주목하는 이유 가운데 하나는 그러한 개념들이 다양한 주체들의 기대 지평을 반영하고 있기 때문일 텐데, '도학' 또한 바로 이러한 점에서 개념사적으로 문제적인 개념이라고 할

수 있다.[6]

도가의 학설을 지칭하는 의미의 도학 개념은 위진 이후 수당 시기에 이르기까지 폭넓게 통용되었으며, 유가가 도학을 자임한 것은 당 중엽의 한유韓愈(768~824)로부터 비롯되어 송대의 이학자들에 와서 두드러진 것으로 비교적 후대의 일이다.[7] 송대 성리학을 집대성한 주희朱熹는 1189년 〈중용장구서中庸章句序〉에서 유교의 학적 전통을 계보화하며 스스로 도학의 전수를 자임했다.[8] 《송사宋史》에 의하면 도학은 "고대의 성인들과 고전에 드러난 성인들의 언급에 대한 순유적純儒的 철학체계"로 묘사되어 있다. 주희는 도통에 부합하는 인물들을 철저하게 제한함과 동시에 이 제한된 인물들을 때때로 '순유純儒'라는 호칭을 써서 극존했다. 게다가 그는 '도통'을 개념적으로 발전시켜 결국 이 도통이 주희 자신에게서 끝나게 되는 이른바 성인의 반열을 작성했다.[9]

도통은 도학의 전승과 실천을 지향함과 동시에 이단을 가르고 배척하는 준거가 된다. 도통론에 의거한 유학의 계보화와 정주 계열의 성리학은 조선 성리학의 전범이 되었고, 퇴계와 율곡을 거치며 심화된 조선 성리학에서도 그 특징이 여실히 나타난다. 학문 방법과 주장에 따라 이학理學, 심학心學, 정학正學, 성학聖學 등으로 구분되기도 하며 때로는 학파를 구분하는 기준이 되기도 하지만, 이들 용어는 세세한 차이에도 불구하고 모두 유학의 범주를 벗어나지는 않는다. 수기치인修己治人, 내성외왕, 성기성물成己成物을 공통으로 하며, 이는 결국 도학의 실천으로 실현되기 때문이다.[10]

장현광은 이를 간명하게 정의했는데, "학문이란 도를 배우는 것이다. 그러므로 '도학'이라고 한다. 도는 본연本然과 당연當然의 이치를 말한다. 그러므로 '이학理學'이라고 한다. 도학과 이학은 마음을 벗어나 있는 게 아니다. 그러므로 '심학心學'이라고 한다. 이치를 밝히고 도를 체인하며 마음을 다스리는 학문이 가장 바른 학문이다. 그러므로 '정학正學'이라고 한다. 이른바 학문이란 배워서 성인에 이르는 것이다. 그러므로 '성학聖學'이라고 한다"[11]는 것이다. 이 짤막한 문장 안에는 유교에서 말하는 도학의 정의와 도학의 내용, 수양의 방법, 학문적 타당성, 그리고 학문의 최종 목표를 포함하고 있다. 결국 인도에 내재한 천도를 성찰하고 인도를 실천함으로써 천도를 실현하는 것이 도학이다. 따라서 조선시대 '도학'은 문묘에 배향할 인물을 선정하는 기준이 되었으며, '도학군자'라는 호칭은 여타의 사회적 성취를 넘어서는 최고의 평가로 사용되었다.

그러나 도학 이념으로 무장한 유교적 지식인들의 정통주의와 학문적 폐쇄성은 유교의 외연을 더 이상 확장하기 어렵게 했고, 학파를 나누고 당파를 가르며 권력 다툼의 도구로 도학을 전락시키기도 했다. 유교를 준거로 했던 조선 사회의 해체가 가속화하는 상황에서 도학의 세속화 또한 더욱 심화되었다. 대한大韓 도학의 현실은 말로만 하고 몸으로 실행하는 도학이 아니며,[12] 양반 논란, 편색 다툼, 당파 싸움, 권리 겨룸, 쓸 데 없는 시비, 벼슬 도둑에만 힘써서 동양에 도가 본래 크게 있었지만 근래에는 그대로 행하는 이가 별로 없다고 했다.[13] 이른바 산림학자, 유림, 선비, 거유巨儒, 거벽巨擘이라는 자들이 성경현전을 공부한다면서 잔인한 토색질을 일삼고 고담준론과 시부표책詩賦表策으로 세월을 보내며 유식자를 자처하지만 실제 사무에는 쓸모가 없다. 백성에게 돈냥이나 걷어 서울에 올라와 유건 쓰고 도포 입고 거적 피고 대궐 밖에 엎드려 상소한다는 게 이전 사람 아모가 도학이 무던하니 문묘에 배향해 달라거나 선현 아모의 서원을 복설해달라는 등, 무위도식하고 명예와 권세에 집착하는 유림의 행태에 대한 비판이 쏟아졌다. 이들에게는 '정치 실학'과 '경제 사무'를 공부해 나라가 다스려지든 어지럽든 간에 앞장서서 일하는 것이 '진품 선비'이니 부디 실학 공부 좀 하라는 주문이 이어졌다.[14]

도학의 경쟁과 재조명

'도학' 개념의 쇠락은 중국을 중심으로 한 동아시아 유교문화권의 해체와 궤를 같이 한다. 과학 기술의 성과를 위시한 서구 근대가 문명개화의 동력으로 인식되었지만, 전통 지식체계에 익숙했던 지식인들은 서구 학문의 필요성을 인정하면서도 여전히 자신의 정체성을 새로운 지식체계에서 찾기 어려웠다. 동양의 도를 지키면서 서양의 기예를 배우자는 '동도서기론'의 주장이 이를 웅변한다. 체와 용은 본래 하나이고[體用一源], 도와 기는 분리될 수 없다[道器不離]는 원리를 변용하고 확장했지만 조선을 둘러싼 국제 정세의 변화는 더 급박했다. 무력해진 지식체계, 현실의 대응력을 상실한 주체에 대한 비판의 화살은 체와 도에까지 이르러 전래의 유교와 도학은 새로운 학술과 종교의 틈바구니에서 그 유용성을 입증해야 했다. 이어진 신구학 논쟁에서도 구본신참舊本新參, 신구절충新舊折衷, 온고지신溫故知

新 등 전통 유교와 새로운 학문의 절충을 주장하는 목소리가 높았지만 신구 양자의 위상 변화를 막기엔 역부족이었다. 때늦은 유교의 쇄신 실험은 실용의 요청에 떠밀려 큰 반향을 주지 못했다.

유교의 말폐에 대한 전방위적 비판 속에서 도학 개념도 예외가 아니었다. 조선시대 성리학의 심화와 함께 도학은 인물에 대한 포폄에서 항상 충절風節, 행의行義에 앞서 운위될 정도로 중요한 항목이었다. 그러나 국망의 상황에서도 독선기신獨善其身할 뿐 겸선천하兼善天下하지 않는 유학자를 도학선생道學先生, 도학군자道學君子로 지칭하는 등 조롱과 비판의 용어로 활용되었다. 실학實學에 힘쓰지 않고 사장詞章만 높인 폐단이 유교의 쇠퇴를 가져온 핵심으로 비판되었고 그 책임은 도학선생과 도학군자에게 지어졌다. 그 대안으로 떠오른 '실학'은 과거 불교를 비판하며 실학의 지위를 차지했던 성리학이 아니었다. 여기서 '실학'은 실용의 학문으로 점차 서구의 학문이 그 자리를 차지하게 되었다. '수기修己'와 '내성內聖'과 '성기成己'가 강조되는 유교의 본지는 본말론本末論과 '종시론終始論'에 입각한 것이다. 수기는 치인治人의 전제였고, 수기 없는 치인은 용인하기 어려웠다. 문제는 공맹孔孟이 철환천하轍環天下하며 실현하고자 했던 도덕과 정치적 이상은 도외시한 채 오직 경전 자구에 매몰되어 성현의 자취만을 좇는 데 있었다.[15] 도학을 자처한 선비들의 출처 문제는 국가보다 개인을 아끼고 공도보다 사도를 좇는 데 있었다.[16] 사장에 대한 침잠의 경우도 단순히 번문繁文의 문제를 넘어 과거제도를 위시한 허학과 무용의 논란이 따라 붙었다. 그렇다면 쇄신을 통해 도달해야 할 '실학'이란 무엇이었을까. 넓은 의미로는 '경세제민'의 학문이겠지만 그 방향과 방법은 성리학의 그것과 전혀 달랐다. '실학'은 새로운 학문 즉 서양의 근대 학술을 가리켰고 그 중에서도 재화의 실용적 생산에 초점이 맞춰져 있었다. 똑같이 '국권회복'과 '자주독립'을 말하더라도 구습에 젖어 있고 구학을 가르치는 사람들에게 '국권회복'과 '자주독립'을 기대하기 어려웠다. 사농공상의 일을 남의 도움 없이 스스로 처리할 수 있어야만 자립할 수 있고 국권회복도 가능할 텐데 구학으로는 이런 성과를 기대할 수 없다는 것이다.[17] 인륜도덕과 가치규범을 중시했던 전통이 자강과 실력 양성의 논리에 의해 밀려나고 있었다.

점증하는 대내외적 위기를 해결하기 위해 '신학新學'을 받아들여야 한다는 주장에 힘이 실리는 만큼 유교 혁신 논의에도 속도가 붙었다. 주자의 영정을 서실에 걸어놓고 매일 아침 절을 올렸던 박은식朴殷植(1859~1925)도 신학을 넓혀서 구학을 돕는다는 설을 역술하면서 실학이 긴요함을 강조했다. 수기보다는 치인, 특히 이용후생을 염두에 두고 유교를 재해석한 이 글에서는 유가에서 종주로 삼는 주공과 공자의 다재다예多才多藝함과 천한 일도 마다하지 않았던 역행力行이 중시된다. 유가 전통에는 고원한 이치를 헛되이 말하고 여러 기예를 아우르지 못하는 자를 성철聖哲로 삼은 적이 없었다는 것이다. 사물에서 이치를 관찰해야 실지를 얻고 정밀해질 텐데 한대漢代 이후 유자儒者들은 서책에 근거해서 이치를 깨달으니 말하는 이치가 비록 바른 것 같지만 폐단이 많다고 비판한다. 반면 서양은 실학을 숭상해서 도학과道學科에서도 신구약전서를 연구하는 것 외에 기술[藝事]도 함께 다룬다[18]고 한다. 여기서 '도학과道學科'는 신학과를 가리키지만, 서구의 대학은 그들 나름의 '도학道學' 외에 기술을 중시하는 '실학'의 기풍이 있다는 점이 강조된다. '사물에서 이치를 관찰해 실지를 얻는다'는 것은 도학의 구체적인 실천 방책인 '거경居敬', '궁리窮理', '역행力行' 가운데 '궁리'에 해당한다. 사사로운 욕망의 유혹을 떨쳐내어 마음을 다스리고, 사물에 나아가 이치를 탐구하며 배우고 익힌 바를 힘써 실천하는 것이 그것이다. 그런데 이치를 구체적인 사물에서 탐구하는 풍조는 쇠퇴하고 경전에서만 이치를 찾으려 해 역행의 동력을 차차 상실했다는 지적이다. 경전에 대한 연구는 실학의 대표격으로 꼽히는 정약용丁若鏞(1762~1836)도 예외는 아닐 정도로 조선 후기까지 지속되어 방대한 양의 주석서가 만들어졌다. 그러나 여기서 얻은 이치는 제국주의 일본에 맞설 능력을 갖지 못했다. 도포를 입고 꿇어 앉아 구미 각국의 문명을 대적하려 하며 글을 읽고 성리를 논란하는 것으로 군함 대포를 방어하고자 하니 이렇게 하면 유교는 한국과 더불어 망할 것[19]이라는 신채호의 인식은 유교 혁신의 절박함을 담고 있다.

수천 년 지속되어 온 문명의 패러다임이 바뀌기 시작했다. 동서가 만나 경쟁하고 약자가 도태되는 세태에서 국가의 위기, 민족의 위기에 대응력을 상실한 유교의 말폐가 비판되었다. 1894년 과거제도가 폐지되면서 관리 임용 방식이 바뀌자, 과거를 통해 입신을 꾀했던 사류 대다수가 목표를 상실했고, 자신들의 학문이 쓰이지 않음을 비관할 뿐 변화하는 현실에 조응하지 못했다. 정응설鄭應卨은 이런 세태를 꼬집으며 국권 회복에 뜻이 있다면 '변통취시變通趣時'해야 한다고 성토했다.[20] 변승기邊昇基는 도학, 과학[科學學], 문학이 선왕이 교육한 뜻에 부합하지 않음을 보다 강한 어조로 비판한다. 모두 국가와 백성의 실용에 도움이 되지 않는다는 게 요지인데, 도학의 경우 이기명설理氣性命을 평생의 업으로 삼아 은둔하며 홀로 덕을 길러 조정과 인민으로부터 숭앙받지만 국가의 근심과 인민의 질고에 간여하지 않는다는 것이다.[21] 이들에게는 유교 문명을 수호하고 보전하는 일이 국권을 수호하는 일보다 더 중요했다. 강탈된 국가는 되찾을 수 있지만 도가 무너지게 되면 국가도 찾을 수 없다고 보았기 때문이다.[22]

주공과 공자의 학문적 효용성이 재해석되었고 역대 학문에 대한 포폄도 실학과 실용의 잣대로 재단되었다. 한편으로는 조선의 유교 전통과 역대 문명을 계보화하려는 작업이 활발하게 진행되었다. 예를 들어 우리나라의 도학 전통을 여말선초 제현에 의한 공맹·정주 유학 수용에서 찾는 것이다.[23] 일성자一惺子는 〈아한교육력사我韓教育歷史〉에서 문명 발전의 계기를 다섯 시기로 특정했다. 기자가 동쪽으로 와서 홍범8조로 백성을 가르친 것을 제1기로 하고, 제2기는 신라 태종왕, 문무왕 때 자제들을 당唐에 유학시켜 중국의 문물제도를 채용한 것을 들고, 제3기는 고려 충선왕, 충숙왕 때 안향, 이제현 등이 원나라와 교섭해 수사염락洙泗濂洛의 도학연원이 전해짐으로써 조선왕조 오백 년간 문치의 토대를 마련한 것이고, 제4기는 세종대왕이 국가의 전장과 오례의와 각종 기기 및 국문을 창제해서 국민을 가르친 것이고, 제5기는 20세기에 이르러 서양과 교류하고 신문화를 수입한 것을 든다. 여기서 안향安珦(1243~1306)은 동방도학의 시조로, 정몽주鄭夢周(1337~1392)는 동방리학의 시조로 재발명된다.[24] 그러나 과거科擧시대의 교육은 도덕과 문장, 과거 등에 있었고 국가의 실력과 인민 생활의 이용후생에 관한 각종 학문은 퇴보해 백성의 빈곤과 국가의 허약이 극도에 이르렀으니 현시대 신세계에는 부강의 실을 도모해 우리 문명의 제5기 시대를 열어야 한다고 주장한다.[25]

'신세계'로 표현되는 역사의 전변 속에서 종래 일말의 의심도 용납하지 않았던 도학체계는 서양 학문과 경쟁 속에서 스스로의 가치를 입증해야만 하는 상황에 놓였다. 19세기 말 20세기 초반 동아시아의 유교적 지식인들이 도학의 연원과 흐름을 재발견하고 정리했던 바탕에는 이런 사정이 있었다. 서양 학술의 필요성은 인정하면서도 전통의 도학을 폐기할 수는 없었다. 도학은 문명적 전환에도 불구하고 훼손되지 않는 본원적인 가치를 지닌 것이어야 했고, 도학의 통사적 계보화는 서양의 역사와 문명에 압도되지 않는 고유의 정신문화적 가치를 재현하는 작업이었다.

근대 과학 기술을 앞세운 서양 문명 앞에 왜소해진 주체는 단일하지 않은 역사와 문화를 하나로 연결하는 문화·지리적 관념을 필요로 했다. 서양에 대립하는 '동양' 관념이 도학의 기원과 흐름을 공유하는 자리에서 새롭게 상상되기 시작했다. 천하 관념과 질서가 해체된 한중일 삼국이 '동양'이라는 기호 아래 다시 묶이는 현상 이면에는 황백의 대결을 구조화하는 인종 담론뿐만 아니라 동아시아 패권을 염두에 둔 일제의 이데올로기가 은폐되어 있었지만 '천하'가 사라진 빈 공간을 채우는 데는 그래도 서양보다 동양이 가깝게 여겨졌.

박은식의 〈동양東洋의 도학원류道學源流〉에서도 도학은 동양을, 과학은 서양을 표상하는 기호로 등장한다.

도학이란 천인합일天人合一의 도道다. 세간 각종 학문은 모두 인사人事와 물질物質에서 이치를 연구하고 효용을 발달시켰지만, 도학은 인위人爲와 형질形質에 그치지 않고 본원本元의 공부로서 성성과 천天을 알며 만학萬學의 두뇌를 세우는 것이다. 그러므로 사람이 세상에 태어나서 도학의 본령이 없으면 비록 과학에 정밀하고 깊은 공부가 있을지라도 결국에는 속학과 상투적인[俗學科窠臼] 생활을 면하지 못할 테니 어찌 일생을 허송했다는 탄식이 없겠는가. 또한 개인의 자격이 불완전할 뿐 아니라 일반사회에 도학이 밝혀지지 않으면 모든 인류가 오직 공리功利를 경축競逐하고, 사력詐力을 사용해 인도人道를 경시하고 천리天理를 거스르게 되면 한 집안의 부자형제 간에도 원수 대하듯 할 테니 세상의 어지러움이 어찌 그치겠는가. 따라서 도학은 하루라도 세상에 밝혀지지 않으면 안 되니 어찌 태만히 하고 소홀히 하겠는가.[26]

도학은 인사와 물질뿐만 아니라 본원을 탐구한다. 본원이란 인간의 본성과 천지자연의 이치다. 하늘의 이치에 어긋나지 않는 인간의 삶, 즉 천도와 인도의 합일을 지향한다. 바로 여기서 도학은 과학과 차별화된다. 도학은 개인뿐만 아니라 사회에도 필수적이다. 도학이 사라진 세상에는 모든 인류가 수단과 방법을 가리지 않고 오직 공리만을 쫓아 세상이 어지럽게 되리라는 박은식의 우려는 불행히도 현실이 되었다.

흔들리는 개념들

'상등 사회'가 주도했던 유교의 도는 영향력을 잃어 갔다. 교화의 대상이었던 근대적 대중이 일상 세계의 주체로 등장하기 시작하면서 언어·문자에 대한 일상적 감각도 변했다. 강전은 한문의 폐해를 논하면서 옛적의 도道[한학자의 도학]로 지금의 속俗을 되돌릴 수 없고 한학으로 인지를 개발하고 국권을 신장할 수 없다고 비판한다.[27] 한학이 소수에게 한정되어 지식의 특권을 부여했다면 국문[한글]은 그 편리함으로 인해 근대 계몽적 지식을 대중에게 광범위하게 보급할 것으로 기대되었다. 한학은 구시대의 학문으로 도학을 재현하는 기제였지만 시대적 변화를 정향할 능력을 상실해 갔다. 비속과 비루함을 함께 지녀 '이풍역속移風易俗'으로 회자되고, 지배와 피지배의 역학이 전제되었던 '속俗'이 사회·역사적 흐름을 가리키는 용어가 되었다.

   장응진은 유교의 도학, 심학, 이학을 제쳐두고 서양 근대 철학을 가져다 인간의 도덕과 행동을 분석했다. 그의 〈양심론〉은 서양의 경험론을 수용해 양심이 선천적으로 존재함을 인정하지 않고, 다만 인류에게는 그 싹이 있고 외계와의 접촉 등 경험을 통해 양심이 발달한다고 보았다. 이는 공맹과 정주를 도통으로 하는 조선 성리학과 다를 뿐만 아니라 유교구신을 주장했던 박은식의 양명학과도 다르다. 장응진은 일본 유학 시절 수용한 스펜서 류의 사회진화론과 경험론에 의지해 시대와 처한 환경에 따라, 그리고 교육과 지식과 정신 발달의 정도에 따라 양심의 작용이 다르게 나타난다고 본 것이다. 또한 문명인과 미개인의 양심은 가치상 차등이 없지만 양심이 현실에 드러나는 방식에는 차이가 있다고 보았다. 나아가 이러한 차이를 모르고 오로지 도덕의 쇠퇴만을 한탄하는 도학자 류를 비판한다.[28]

> 금일 이른바 도학선생道學先生 등이 세도世道가 무너지고 인심人心이 점차 악해져 상고上古 성대聖代의 순미한 풍화風化를 이 세상에 다시 볼 수 없다고 탄식하는데, 이는 피상적 관찰일 뿐이다. 상고시대에는 인종人種이 희소하고 인지人智가 미개하며 사상이 단순해 금일과 같이 생존에 격렬한 경쟁의 추세가 없고 이 때문에 그 사이에 발군의 위인이 나오면 이들을 지도하고 감화하기가 용이했다. 금일에 비하면 다소간 순량질박의 풍속이 없진 않았겠지만, 금일 추구追想하는 바처럼 어찌 인인군자人人君子에 가가도학家家道德으로 완전무결한 사회가 있었겠는가. 이는 다만 옛적을 높이고 신시대를 꺼리는[尙古諱新] 곡학자曲學者의 미몽에 불과하다. 금일 '세도인심世道人心이 비록 미약하고 위태로우나' 악이 사라지고 선이 이김은 정해진 이치의 추세니 우리가 어떤 방면으로 어떤 활동을 시도하더라도 자기 양심의 지휘만 경청해 따르면 이것이 설령 일반 사회의 공공선公共善에 부합하지 못할지라도 거의 벗어나지 않을 것이다.[29]

'도덕의 쇠퇴', '인심의 위태로움'은 유교의 우환의식과 연결된다. 《상서·대우모尙書·大禹謨》에 나오는 "인심유위人心惟危, 도심유미道心惟微, 유정유일惟精惟一, 윤집궐중允執厥中"은 성현이 도통을 전수한 요체로써 인심과 도심의 합일 지향 및 그 방법을 담고 있다. 장응진은 이러한 도학자 류의 우환의식과 회고적 역사인식을 피상적 관찰과 미몽에 불과한 것으로 비판한다. 비록 도덕적으로 완전무결했던 시대가 역사상 존재하지 않았지만 선이 항상 악에 대해 승리한다거나 자기 자신 양심의 지휘에 따르라는 것은 인간의 도덕적 가치판단에 대한 낙관적 인식을 담고 있다. 지난 시대의 우환의식이 낙관론으로 바뀌고, 우주 자연의 섭리로부터 도출된 인간의 당위 규범이 근대적 자연관에 의해 해체되면서 자기 행동의 정당성을 스스로 담보하고 통제하는 주체로 대체되는 것이다.

대동학회[30] 초대회장 신기선申箕善(1851~1909)은 창간호부터 3회에 걸쳐 〈도학원류道學源流〉라는 제하의 글을 연재했는데, "도학이란 무엇인가. ① 사람이 세상에 나서 일용동정하는 사이에 마땅히 행해야 할 법칙이 있으니 마치 행인이 반드시 길을 따라 가는 것과 같다. 그러므로 길(도)라고 한다. ② 지금의 속어로는 의무에 가깝다"[31]라고 적고 있다. ①의 설명은 전통적인 용법의 도학 설명인데 굳이 ②에서 '의무'라는 용어로 설명을 부연한 점이 눈에 띈다. '도학'의 의미는 의무와 등치될 수 없다. 그런데 근대적인 용어로 그 의미를 부연하는 이유는 전통 개념이 점차 일상 언어에서 멀어지고 있기 때문으로 판단된다. 유교의 쇠락은 '도학'을 포함한 여러 전통 개념과 용어의 소멸을 가져왔다. 새로운 의미로 대체되지 않으면 사라지고 말 '흔들리는 개념'[32]이 되어 버린 것이다.

한 가지 더 주목할 것은 이미 1890년대에 중국을 '지나支那'로 표기하는 용례가 《황성신문》에도 나타나지만, 도학의 의미와 기원을 설명하는 자리에서 신기선 또한 '지나'를 중국에 대한 표기로 사용한다는 점이다. 분량으로 보아도 총 3회 연재에서 중국의 도학을 설명한 글은 창간호에서 마무리되고, 2호부터는 단군과 기자 동래東來

이후의 '우리나라[我國]'에 대한 설명이 이어진다. 또한 그는 중국 송대에 정주 계열의 선비들의 공을 '계왕성개래학繼往聖開來學'으로까지 칭송하지만 결국 도학이 실전되었다고 본다. 그러면서 단군과 기자의 교화가 은주殷周의 교화를 방불하는 것이었다고 평가한다.[33] 이처럼 도학을 논하면서도 중국보다 우리 도학의 연원에 더 많은 지면을 할애하고 단군과 기자를 기원으로 연결하는 것은 도학이 비록 중국에서 기원했지만 우리 학문의 대강을 이루는 중요한 문화적 자산으로 인식하고 있음을 보여 준다.

의미 전달력을 상실한 언어들은 담론을 주도하는 개념이 될 수 없다. '도학'이 담고 있는 의미를 다른 기표로 실어 나르려는 시도를 다른 곳에서도 찾아 볼 수 있다. 〈도학의론道學擬論〉에서는 "도덕은 아직 밖으로 표출되지 않은 도학이고 도학은 이미 밖으로 드러난 도덕이다. 드러나고 드러나지 않음이 같지 않으나 실제로 도덕과 도학에 어찌 작은 차이라도 있겠는가"[34]라고 한다. 내재해 있는 도덕이 밖으로 드러나는 것을 도학으로 설명하는 방식이 새로운데, 당위 규범으로서의 인도와 실현 가능태로서의 덕이 합쳐져 '도덕'이라는 하나의 용어로 사용되고 있음을 알 수 있다. 이 역시 도학을 도덕이라는 별도의 용어를 빌어 그 의미를 부연 설명한다는 점에서 신기선의 '의무' 비유와 유사하다. 우리 도학연원의 계보화는 중화 중심의 세계관에서 민족을 단위로 하는 근대적 국가 관념으로의 이행과 연관되며, '의무'와 '도덕'으로 '도학'을 부연해야 하는 상황은 전통 개념의 의미 균열을 보여 주는 것이다.

문명과 유교의 도적

1897년 8월 21일자 《독립신문》 잡보에 실린 최병헌崔炳憲(1858~1927)의 개화론은 교육을 통한 인재 배양이 개화의 관건이며, 교육의 근본은 도학이라고 주장한다. 그런데 특이하게도 8월 26일자 잡보에서는 '도학'을 모든 국가의 교육과 정치의 근본으로 제시하고 있다. 그 근거가 흥미로운데, 영국의 부강과 문명이 성경 말씀을 근본으로 삼았기 때문이라는 것이다. 그러면서 어떤 나라든지 '도학'이 성한 후에야 정치가 밝을 수 있다고 한다. 이와 같이 《독립신문》에서 사용된 '도학' 개념은 동양의 도학이나 유교의 도학에 국한되지 않았다. 때로는 기독교 하나님의 도를 가리키는 것으로도 사용되었으니,[35] 이는 서재필, 윤치호, 아펜젤러Henry Gerhard Appenzeller(1858~1902), 엠벌리W. H. Emberley 등 신문 발행을 주도한 인물들의 종교적 성향에 기인한다. 비록 기독교의 종지宗旨를 의미하는 용어로 '도학' 개념을 차용하기는 했지만 이것을 동양 도학이나 도학 개념의 확장이라고 하기는 어려울 듯하다. "문명한 나라의 교회를 이단으로 여기고 단지 태서 문명의 이기만을 취해 쓰는 것은 근본은 버리고 말단만 취하는 것"이라는 이들의 논조는 쇠해 패망한 도학의 근본을 기독교의 도학으로 대체하려는 것에 가깝기 때문이다.

비록 일제의 침탈로 외교권이 박탈되고 언론과 종교에 대한 탄압과 회유가 확대되었지만, 각종 사회단체의 조직과 신문과 잡지의 발행 보급은 근대로의 전환을 가속화했다. 특히 발행자가 영국인이었던 《대한매일신보》는 일제의 검열에서 상대적으로 자유로울 수 있었다.³⁶ 국권 피탈 이후 총독부의 기관지로 전락하기 전까지 《대한매일신보》는 근대 공론장에서 계몽적 지식을 소개하고 민족의 각성을 촉구하는 역할을 담당했다.

《대동학회월보》가 국한문 혼용이나 아예 순한문을 사용한 것과는 다르게 《대한매일신보》는 한문 독해가 어려운 사람들을 위해 국문판을 별도로 발행했다. 자국의 언어로 자국의 문자를 만들고 그 문자로 자국의 역사와 지지地誌를 가르쳐 국가의 정신을 보전하고 애국심을 분발하게 해야 한다는 〈국한문의 경중〉이라는 논설에서도 이 신문의 독자 대상과 추구하는 바를 확인할 수 있다. 국문을 한문의 부속품쯤으로 여기고, 오직 한문을 읽는 자라야 세상의 사업을 할 수 있다고 주장하는 부류는 '한국인'으로 부를 수 없다고도 했다. 타국의 역사와 문화는 평생 읽고 말하면서 자국의 역사와 문화는 모르는 자들은 국민의 자격이 없다는 말이다.³⁷

그러나 사회 깊숙이 뿌리박힌 문화는 하루아침에 일소하거나 바꿀 수 있는 것이 분명 아니었다. 조선이 대한제국으로 바뀌었어도 근대 국가를 밑받침할 새로운 인민[新民]의 역량은 부족했고, 문명의 담지자로 자처했던 유교적 지식인들은 세대를 이어 체화한 문화를 쉽게 바꿀 수 없었다. 유교 진영 내부에서 진행된 혁신의 움직임은 유교를 쇠퇴시킨 원인이 무엇인지에 대한 숙고에서부터 논란이 시작되었다.

신기선의 〈도학원류道學源流〉가 《대동학회월보》에 발표되자, 이를 비판하는 〈도학원류변道學源流辨〉이 《황성신문》에 게재되었다. 이 글의 핵심은 나라를 그르친 잘못에 대해 반성하기는커녕 오히려 현재

정치에 관여하고 있는 자신들을 변호하기 위해 병자년(1636) 이후 수백 년 동안의 선배 유림들에게 그 죄를 돌리고 있음을 꼬집는다. 설령 과거 선배 유림들에게 잘못이 있다 할지라도 지금 사람이 그 과오를 바로 잡는다면 국가가 이런 지경에까지 이르지 않았으리라는 것이다.[38] 이들은 대동학회에 권고하는 논설에서 대동학회가 비록 '정학을 밝히고[闡明正學], 새로운 지식을 개발[開發新知]'한다는 취지를 내세웠지만, 그들의 행태는 문장가의 잔재주로 대중[公衆]에게 호소하고, 명리를 쫓던 습관으로 도리를 지껄이며, 한문 기량이나 뽐내고 국문을 배척하니 정학을 천명한다는 취지에 맞지 않다고 말한다.[39] 특히《황성신문》이 국한문을 혼용해 신구세대를 동시에 배려한 데 비해,《대동학회월보》는 오직 한문만을 고집했기에 일반 국민보다는 귀족 집단만의 향연이라는 비판에서 자유로울 수 없었다. 도학가들에게 문장이란 도를 재현하기 위한 방편일 뿐 결코 문장 자체가 목적이 아니다. 그러므로 도학을 국민들에게 전파하고 실천할 수 있다면 국한문을 가릴 이유가 없으며 오히려 국문을 적극적으로 활용해야 한다는 주장이다.

　이처럼 상등 사회를 고집하며 국민과 분리된 채 '송유宋儒의 조박糟粕을 묵수해 변통할 줄 모르는' 유림들의 도학 공부란 시국에 무용하고, 국가를 강하게 하고 국민의 지식과 능력을 증진하기 위해서는 국민의 사상과 종교를 개량해야 한다는 비판이 뒤를 이었다. 도덕적 가치가 비록 만고불변하지만 그 방법과 제도는 시대에 맞게 변역變易해야 한다는 주장에는 서양이 종교개혁을 거쳐 문명을 향상시켰다는 인식도 밑받침했다.[40] 박은식은 일본과 중국에서 송유宋儒의 학을 대신해서 최근 명유明儒의 학 즉 양명학이 발달한 사정을 들어 유교의 개량을 역설했고,[41] 왕양명은 도학과 문장뿐만 아니라 군사전략도 겸비한 정치가로 비춰졌으며, 그러한 자질을 지닌 인물이 나타나 정치를 발전시켜야 한다는 주장이 제기되었다.[42]

대동학회는 유림들을 친일화시킬 요량으로 일제가 지원한 단체였다. 비록 대동학회가 유교 확장을 주장했지만 그들은 국가 사회와 문명과 유교의 적으로 지목되었다. 그 논거로 첫째, 매국노는 돈과 벼슬을 탐하니 국가의 역적이요 유교의 도적이고 둘째, 중국을 높이는 주의와 완고한 사상을 굳게 지키면 문명의 역적이요 유교의 도적이며 셋째, 외국에 붙어 다른 교를 박멸하고 동포를 유인하면 사회의 난적이요 유교의 도적이라고 했다. 이에 박은식은 양명학을 통한 유교의 혁신과 대동 사상을 주장하며 1909년 9월 11일 대동교를 창건했다. 유교를 확장하려면 진리를 확장하고, 실상학문에 힘쓰며, 대동의 즐거운 것을 힘써서 유교의 영광을 천하에 드러내야 한다는 것이다.[43] 그는 유교 개혁을 위해 공자의 대동 사상과 맹자의 민본주의를 되살려 제왕에게 기울어진 유교를 고쳐 인민 사회에 보급하고 학도를 찾아나서 천하에 전파해야 하며, 주자학 대신 양명학이 현재에 적합하다고 했다. 그리고 과거 19세기와 현재 20세기는 서양문명이 발달한 시기지만 장래 21세기는 동양문명이 크게 발달할 것으로 내다보았다.[44]

《대한매일신보》는 1908년 1월 15일과 1월 16일 2회에 걸쳐 〈유교 동포에게 경고함〉이라는 제하의 논설을 실었는데, 그 핵심을 간추려 보면 다음과 같다. ① 도학을 숭상하는 자는 홀로 몸만 착하게 하는 주의로 눈을 감고 부처같이 앉았고, 공명을 숭상하는 자는 벼슬을 다퉈 매두몰신하고 마음과 뇌수는 썩은 예문을 의논하는 데 녹여 다하고 귀 밑에 터럭은 부허한 시부에 늙고 말았다. ② 지금에 신학문의 옳고 그름과 간사하고 바름을 알지도 못하고 문득 눈을 가리고 반대하는 자는 어찌 오활한 선비가 아니겠는가. ③ 공자의 훈계와 행적은 일찍이 묻지도 않고 다만 그 위에 있지 않으면 그 정사를 꾀하지 않는다는 말과 위태한 나라에는 들어가지 않고 어지러운 나라에는 살지 말라는 구절을 빙자해 몸을 조촐히 하고 기리 숨어 있으니 편벽되고 어그러진 일이 아닌가. ④ 유교의 말류지폐에도 불구하고 선비가 난 후에야 문명한 학문도 발달할 텐데, 참 선비는 산림에 베개를 높이 하고 굳게 누워 나오지 않으며 혹 나올지라도 시세를 그릇 알고 지방 소요에나 투입하고 사회에 나서는 자는 나귀에게 범의 가죽을 씌운 거짓 선비뿐이다. ⑤ 오늘날 일진회원으로 지방에서 횡행하는 자가 태반이니 전일에 삼강록이나 성적도로 협잡이 무쌍하던 자이며 오늘날 대동학회 회원으로 일본에 의지하기를 힘써 주장하는 자도 태반이니 전일 복수 소청에서 의기가 만장이나 되어 원수 일본이라 배척하던 자이다. ⑥ 선비여 제공諸公이 만일 시세도 이용하며 시무도 연구하면 유교에 다행이고 국가에도 다행일 텐데, 만일 높은 지식이 있고 상등 사회에 가장 필요한 선비가 오히려 깨닫지 못하면 한국에 대해 탐욕의 마음을 가진 외국 사람의 횡행이 더욱 심할 것이다. 악한 자를 도와 더 악하게 하는 거짓 선비의 기세가 더욱 심해 마지막에는 나라가 망하고 인종이 멸하는 지경에 이를 것이다. ⑦ 이 지경이 되면 제공들이 어느 곳에서 종교를 보전하려는

가. 나라를 위해 머리를 돌이킬 지어다. 동포를 위해 머리를 돌이킬 지어다. 자손을 위해 머리를 돌이킬 지어다. 종교를 위해 머리를 돌이킬 지어다.

①, ③, ④에서는 국망의 위기를 도외시하는 유림들의 자세를 문제 삼았는데, 여기에서 보이는 유림의 태도 대부분은 유교 경전에 기반한 것이다. 유교의 본지와 이념이 국가의 경계를 초월하는 것이기는 해도 공자가 주유천하하던 시기의 중국 내 상황은 일제에 의해 국권이 침탈되는 20세기 초반과 결코 같지 않다. 결국 이들은 문자에만 집착해 현실에 제대로 대응하지 못했다는 비판으로부터 자유로울 수 없다. ⑤, ⑥에서는 일진회와 대동학회의 친일적 행태를 비판했고, ⑦에서는 유교를 '종교'로 인식하고 있음을 알 수 있다.

《대한매일신보》 진영은 대동학회와 그 후신인 공자교를 일진회에 버금가는 친일 부역 단체로 비판했다. 문명과 민족의 이름으로 친일 유림을 질타하고 국권 회복을 위한 동포의 결집을 호소했다. 이는 근대전환기 유교 담론이 국가와 민족의 영역에서 논의되고 있음을 보여 준다. 대동학회의 친일적 행태에 대한 비판은 논설뿐만 아니라 잡보에서도 계속되었고, 신기선과 일진회에 대한 비판도 이어졌다.[45] 여기서 대동학회는 '늙은 완고배'로서 전국 유림을 협박하고 저희 나라 혼을 잃어버리고 외국인에게 아첨하는 불쌍한 존재들, 노예 말투로 이토 히로부미를 추켜세우는 아첨꾼으로 묘사된다. 특히 대동학회가 신구 사상의 통합을 취지로 내걸은 점에 대해, "대동학회장 신기선 씨는 무슨 생각인지 머리털을 깎는데 가운데 백호의 자리만 깎고 가로(가장자리로) 돌아가면서 털을 두고 밀기름으로 붙였다는데 반은 완고요 반은 개화라고 물론이 있으나 이는 신씨의 장기라더라"라고 야유했다. 《대한매일신보》는 대동학회의 친일적 행태를 '둘째 일진회'로 지목했으며, 그들이 자임한 신구학 통합에 대해서도 단지 유교라는 명목만 내세웠을 뿐 인정할 수 없었다. 일본에 충성하는 노예로 송병준, 조중응, 신기선 셋을 지목하고, 신기선의 죄는 "이토 히로부미한테 일만 환의 돈을 빌려 대동학회를 확장해 유교를 부지한다 위명하고 포고문 일장으로 국내 유림을 위협해 일본 권력 내에 복종케 하고자 한 것"[46]으로 서술했다.

일본의 식민지 침탈과 인종담론의 허구성을 비판하는 편지도 눈여겨볼 만하다. 1908년 4월 21일자 《대한매일신보》, 〈별보〉에 실렸는데, "저들이 또 말하되 지금 시대는 인종끼리 서로 전쟁하는 시대라 황인종이 성한즉 백인종이 쇠하고 백인종이 흥한즉 황인종이 망한다 하니. 우리들이 일본과 한국은 같은 황인종이라 불가불 사소한 혐의는 잊어버리고 동양 제국이 서로 단결해 저 가장 강한 일본을 맹주로 추천하고 한청 양국이 차례로 진보해야 가히 서로 보전하리라 하니. ……목전의 사생은 묻지도 않고 후일의 환난만 생각하면 어찌 우매한 사람이 아니리오. 지금 저들의 황인 백인의 전쟁을 걱정함이 또한 이와 다를 것이 없으니"라고 적고 있다. '동양'의 단결을 말하는 이면에 감춰진 일본의 제국주의 야욕은 단군과 일본의 시조 소잔素盞이 한 집안이며 조상도 같으므로 신궁에 받들어 모셔야 한다는 역사 왜곡으로도 나타났다.[47] 이처럼 비판이 거세지자 대동학회는 1909년 10월 학회 명칭을 공자교회로 바꾸었다. 《대한매일신보》는 이를 두고, 유교에 속하는 한국 상등 사회의 사람을 모두 부일당으로 만들려는 획책이며, 국가의 흥망과 유교의 성쇠는 물론 군부의 안위를 무시하는 자들이 공자를 높이려는 생각도 없으며, 오직 일본과 통감만을 알 뿐이라고 비판했다.[48]

역사적 전환과 개념 운동

조선을 포함해 전근대 동아시아 유교문화권에서 중요한 전통적 가치를 내함했던 도학 개념은 바야흐로 근대 문명과의 조우 과정에서 쇠락과 구폐의 상징으로 표상되고, 한편으로는 제국주의 열강과 그들의 행태를 비판하는 기제가 되기도 했지만 종래 그 위상을 회복하지 못하고 형식만 남았다. 조선의 학술·문화와 사회·정치의 근간이었던 유교는 근대로의 급격한 전환 과정에서 본래의 지위를 탈각한 채 기독교뿐만 아니라 새롭게 생겨나는 신종교의 틈바구니에서 경쟁해야 했다. 이 시기 유교적 지식인들은 문명의 개화와 진보를 역사적 책임으로 자임하면서 동도서기와 신구학 논쟁을 진행했으나, 한편에서는 국망의 원인으로 유교를 지목해 폐기와 전면적 개혁의 요청에 휩싸였다. 1905년을 기점으로 일제의 식민지 책략이 본격화되자 논의의 초점은 민족의 자주독립을 위한 유교의 역할로 확대되었다. 동아시아 문명의 계승자로 자부했던 의식은 고유성과 독창성을 발명하려는 '민족'의 정념 속에서 퇴색할 수밖에 없었고, 당대 지식인들은 유교를 고유의 학문적 자산으로 새롭게 해석하기도 했으나 현실에 적응하고 대응할 수 있는 충분한 시간을 갖지 못했다.

결국 야만적 경쟁과 자연적 도태를 인간 사회로 끌어들임으로써 전통적인 정신문화는 자기 자신조차 보존할 수 없는 무용의 논란에 휘말렸고, 무력으로 위계화된 세계에서 과학기술만이 경쟁과 생존을 보장하리라는 몽상을 갖게 했다. 우주의 섭리로부터 인간 사회의 도리를 발견하고, 그 도리의 항상성과 정당화를 추인했던 전통 지식체계는 인간의 편익을 위해 자연을 지배 대상으로 삼는 서양 근대문명 앞에 좌절할 수밖에 없었다. 근대의 야만성은 소수자를 배제한 다수의 행복과 진보와 발전이라는 신화로 위장한 채 몸집을 불려왔다. 유교는 이렇게 근대 문명과 지난한 길항을 하게 되었고, 도학의 실천적 가치가 왜곡 부정되는 와중에 형해화된 의례만 남게 되었다.

'도학'은 서구에서 유입된 새로운 개념은 아니었지만, 미래 가치를 담아내기 위해서 고투했다. 이처럼 전통 개념의 역사의미론은 오히려 기성의 개념이 어떠한 방식으로 의미의 균열과 변용을 겪게 되고 종래에는 우리의 일상 언어감각에서 사라지게 되는가를 문제 삼는다. '기본 개념'이 전근대 사회를 근대로 추동했다면 '전통 개념'은 근대적 변환의 속도와 방향을 문제 삼으면서 사회 변동의 하나의 요소로 기능했다고 할 수 있다. 이는 동아시아 근대화 과정에서 발생한 기존 개념들의 운동 종식과 소멸의 작동 방식에 시선을 돌려 역사의 빈공간과 시간으로 사라져 버린 개념들을 재성찰하는 데 기여할 것이다.[49]

이행훈

근대 중국에서 중학·서학의 위상 변화와 중체서용

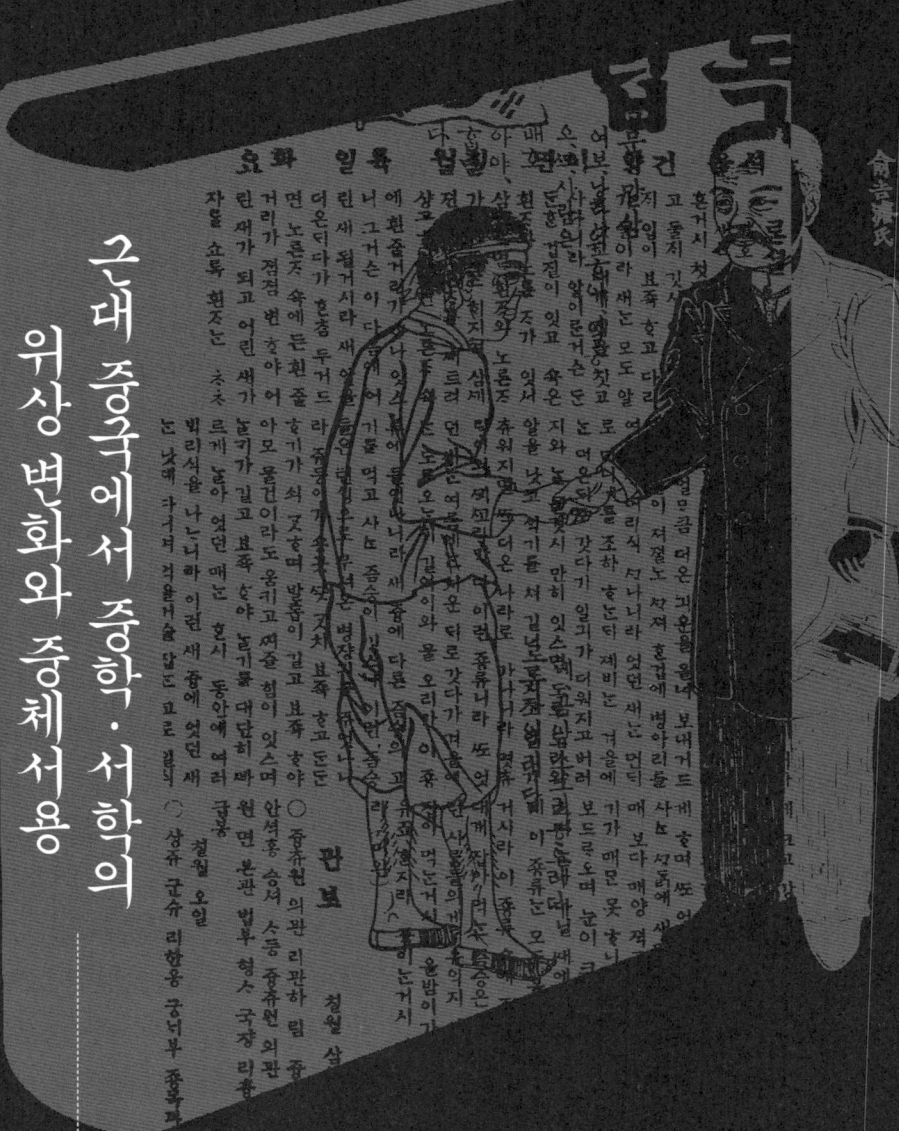

장지동의
《권학편》을 중심으로

중국 근대와 중체서용

중체서용은 중국의 근대 전환을 논할 때 빼놓을 수 없는 개념이다. 역사적으로 중국의 근대화가 서양적 근대 배우기와 불가분의 관계에 있기 때문이다. 따라서 중체서용 개념의 역사와 성격에 대한 연구도 적지 않다.[1] 통상 중체서용 개념은 중국을 근본이자 본질로 유지한 채 서양을 도구로 활용하려는 사유 방식이자 일종의 보수적 근대 기획으로 인식되어 왔다. 이와 관련되어 중체서용은 양무운동의 기술 중심의 근대화 기획의 성격에만 국한해 이해되었고 이에 대한 반박도 제기되었다.[2] 또한 중체서용의 사유가 양무파에만 국한된 것이 아니고 변법파의 사유 방식에 적용됨도 일찍부터 지적되었다.[3] 최근에는 중국의 부상에 따른 국학 재평가 조류에 힘입어 중체서용과 이를 표방한《권학편》에 대한 새로운 평가도 제기되고 있다. 여기서는 기존의 중체서용 비판을 급진주의와 민족열등주의에서 비롯한 것이라 비판한다. 그리고 장지동張之洞(1837~1909)의 점진적 개혁 방안이 후진국 근대화의 "보편적 길"이자 "상대적으로 책략적이며 실천가능성 있"다고 지적한다. 이와 동시에 민족열등주의에서 벗어나 중체서용을 긍정적으로 재평가할 것을 촉구한다.[4]

이 글의 목적은 중체서용 개념 형성의 역사를 고찰하거나 체용론에 기반해 '중체서용'의 글자 풀이를 하는 데 있지 않다. 또한 중체서용 혹은 《권학편》의 보수성 논쟁에 끼어들려는 것도 아니다. 그 대신 《권학편》의 요지[5]가 새로운 배움의 당위성과 그 방안을 제시하는 데 있음에 데 착안해 어떠한 지식을 어떻게 습득할 것을 제안했는가에 관심을 두고 있다.[6] 이런 관심은 기존에 중체서용 개념을 파악하던 기본적 틀에 대한 문제제기에 근거한다.

기존에 중체서용 개념은 대부분 중국근대사의 전개를 서양 문물 수용의 대상의 변화에 따라 파악하는 역사관에서 이해되어 왔다. 다음의 사례들은 이런 역사관이 19세기 말 20세기 초의 역사관에서 연원했음을 보여 준다. 우선 쩡롄曾廉(1857~1928)은 서양에 대한 중국의 대응에 대해 "처음에는 기술을 말했고, 다음에는 정치를 말했으며, 그 다음에는 교화를 말했다"[7]라고 개괄했다. 후에 량치차오도 같은 방법으로 19세기부터의 서학동점의 양상을 기물→제도→문화의 세 단계로 요약했고 이를 각각 양무운동, 무술변법, 5·4신문화운동에 대응시켰다.[8] 또한 량치차오는 "갑오 중일전쟁의 참혹한 패배로 온 나라가 충격에 휩싸였을 때 젊은이들이 유신변법을 주장했고 지방 장관인 이홍장이나 장지동이 이에 동조해 '중학을 체體로 하고 서학을 용用으로 한다'라는 말이 유행했다"[9]라고 말하며, 이런 역사관과 중체서용 개념을 직접 연결시켰다. 이와 더불어 량치차오가 장지동이 이를 가장 즐겨 말했다고 언급한 이후 중체서용은 장지동이 대표하는 사상으로 간주되었다. 이런 판단들은 중체서용 개념이 제도나 문화를 제외한 기술의 근대화론의 상징으로 여겨지는 근거가 되었다.

이런 틀에서 중체서용을 판단하는 잣대는 보수성이었다. 이와 관련해 량치차오가 《권학편》이 19세기 말 중국에서 성행하던 민권론에 반박하는 의도를 갖고 있다고 지적한 것을 비롯해서[10] 중체서용은 정치제도의 개혁을 도외시한 근대화론으로 이해되어 왔다. 이러한 경향의 연장선상에서 중체서용식 19세기 개혁 사상이 근대의 민주주의적 정치질서나 개체적 인간에 대한 사유가 결여했기에 한계가 있고 이 때문에 실패할 수밖에 없었다고 지적한 사례도 있다.[11] 같은 맥락에서 중체서용을 중국 문명과 서양 문명의 절충, 문화보수주의로 조망하는 경우도 있다. 이 경우에서는 중체서용론이 중국의 정신적 가치를 본질로 설정한 점을 지적하면서, 문화적 차원에서 전근대적 정신 우위에 압도되어 있는 가운데 중국의 전통을 적극적으로 근대화하지 않고 서양 근대의 한 요소만 선택해 결합한 절충주의를 띠었다고 지적한다. 그리고 필연적으로 이런 절충주의적 근대화 이론은 근대화가 아닌 문화적 정체성에만 주목하기 때문에 보수적일 수밖에 없다고 주장한다.[12]

한편, 중체서용론을 양무운동이나 장지동에 국한시키지 않고 그 이전의 몇몇 사상가와 무술변법에도 적용시켜서 논한 경우도 있다. 여기서는 통사적인 시각에서 기술 중심 혹은 정신 우위가 아닌 면모의 중체서용을 조망했다. 즉 중체서용론에 전반적으로 서양의 정치 및 경제제도에 대한 이해에 바탕을 둔 제도 개혁에 대한 구상이 있으며, 장지동도 서양을 기술로만 본 것이 아니고 서양의 문명 중에서도 기술보다 제도가 중요하고 서양에도 윤리가 있다고 말했다고 밝힌다. 그리고 이런 판단에 근거해서 중체서용론에 상대적 진보성이 있다고 평가한다.[13]

이상의 연구들은 공통적으로 기물→제도→문화라는 19세기부터의 단계적 근대화론과 근대 지향의 직선적 역사관 속에서 중체서용을 논하고 있다. 그리고 중체서용론에 대한 이해도 보수 대 진보의 틀에서 이루어지고 있다. 이러한 판단들은 근대성을 근대사의 목적으로 설정하고 근대사를 이를 향해 진행되는 과정으로 파악하는 목적론적 성향을 띠고 있다. 이에 따라 근대성을 상당한 정도로 성취한 사건이나 사상 이외의 것은 그보다 모자라거나 그것을 향하는 과정에 있는 것으로 파악하는 일종의 결과론적 성향도 띠게 된다. 이러한 성향은 근대성의 역사적 가치를 긍정하는 데 기여할 수는 있을지언정 역사나 사상의 복잡한 실상을 포착하기 어려울 것이며 심지어는 왜곡할 가능성도 있다. 앞에서 보았듯이 중체서용과 《권학편》에 대한 기존의 이해방식도 이러한 경향에서 이루어진 것이니만큼 그 해석의 정당성에도 다시 물음을 던질 필요가 있겠다. 따라서 이 글에서는 《권학편》이 새로운 배움의 당위성과 그 방안을 제시한 저서라는 데 착안했다.

새로운 지식, 즉 서학 수용의 각도에서 중체서용론을 파악한 한 사례는 이런 문제의식과 상통하는 면이 있다. 여기서는 19세기 후반 서학의 물질 편향성은 비종교적 근대 사상을 배제하고 과학 기술만을 소개한 서양 선교사의 지식 전파 방식에 기인함을 밝힌다. 그리고 19세기 개혁 사상가들이 의식적으로 문화보수주의를 선택한 것이 아니라 제한적 서학 지식의 범위가 중국 정신, 서양 물질이라는 비대칭적 구도를 자연스럽게 만들었다고 평가하고 19세기의 중체서용은 20세기의 문화보수주의와 다르다고 주장한다.[14] 이 사례는 19세기 후반 지식 자원의 유통 상황이라는 각도에서 중체서용론을 조망함으로써 직선론적 혹은 목적론적 틀을 따르지 않고 지식사적 서술을 했다는 점에서 의미가 있다.

최근에는 기물→제도→문화라는 도식에 정면으로 반박하고 서양 지식 수용의 양상에 따라 중국 근현대사에 대한 재인식을 요청하는 주장이 제기되었다.[15] 이는 이 글의 문제의식에 보다 근접한 사례이다. 여기서는 중국의 근대화가 시간 순으로 서양의 근대를 선택적 수용, 학습, 재구성하는 단계를 거쳤다고 규정하고, 이 점을 근거로 중국 근현대사의 새로운 시대구분을 제안하고 있다.[16] 특히 《권학편》의 서학 수용 기획이 전통적 유교 윤리와 서양제도를 별개의 영역으로 구분하는 것이었으며 서양을 보다 개방적으로 학습할 수 있는 기반이 되었다고 주장하는 점은 이 글의 문제 설정과 관련해 주목할 만하다.[17] 그리고 이것이 확장되어 전통적 유학과 근대적 서양의 담당 영역을 각각 사적 영역과 공적 영역으로 제한하면서 서양을 수용하면서도 전통이 유지될 것을 자신하는 이른바 '중서이분이원론中西二分二元論 이데올로기'가 되었다고 주장한다.[18] 여기서 주목할 만한 점은 '중서이분이원론 이데올로기'가 사유 형식의 측면에서 서양을 보다 개방적이고 적극적으로 학습할 수 있는 의식 구조 형성에 기여해 《권학편》이 등장한 이후부터 5·4신문화운동 이전까지 서양의 근대성을 온전히 학습할 수 있었다는 주장이다.[19] 다시 말하면, 이 주장의 요지는 중체서용의 사유 형식이 중국의 근대화 속도를 늦추거나 제한한 것이 아니라 서양 수용을 통한 근대화를 진행할 수 있는 토대를 형성하는 데 일조했다는 것이다. 이런 관점은 서두에서 거론한 기물→제도→문화의 도식과는 다른 시각을 제공하고 있다.

중과 서, 체와 용이라는 대조어가 결합해 명료한 듯 보이는 중체서용 개념은 이렇듯 견해와 접근방식의 차이에 따라 다양하게 이해되어 왔다. 이러한 상황에서 필자는 중체서용 개념을 집약한 《권학편》의 구체적 내용에 주목하고자 한다. 특히 《권학편》 전체를 읽는다면 중체서용을 개념의 축자 해석에 근거해 기물 중심의 근대화론 또는 제한된 변화만을 허용한 문화보수주의로 치부하기 어렵다는 점을 보여 주고자 한다. 이를 위해 이 글에서는 목적론과 결과론적 경향의 직선사관의 도식과 거리를 두고 《권학편》 새로운 배움을 기획한 저서라는 점에 착안해 지식 배치 전략이라는 맥락에서 논지를 전개하고자 한다. 본문에서는 논의를 두 단계에 걸쳐 진행할 것이다. 첫 번째로는 중체서용 개념의 핵심 구성 요소인 중학과 서학이 《권학편》 등장 이전에 중국 지식계에서 어떠한 위상을 가졌고 둘은 어떤 관계를 가졌는지를 고찰할 것이다. 이것은 《권학편》에서 사용되는 중학(혹은 구학)과 서학(혹은 신학)의 의미가 형성된 역사적 맥락을 파악하기 위함이다. 다음으로는 《권학편》 내부에서 장지동이 새로운 배움을 기획하면서 중학과 서학이 부여한 위상을 규명하고자 한다. 이를 통해 중체서용 개념을 이해하는 하나의 척도를 제시하겠다.

서학의 지위 상승과 중학의 상대화

신학新學으로 대두한 서학

19세기 중국에서 서학은 서양에서 전래된 각종 지식이나 기술을 가리키는 말로 사용되었다. 이러한 용법은 명말청초 예수회 선교사가 저술한 서양학문 관련 서적의 명칭에서 연원한다.[20] 그런데 몇몇 보고서와 자료를 통해 19세기 중국에서 서양을 지시하는 또 다른 명칭은 주로 '이夷'였음을 발견할 수 있다. 슝웨즈熊月之는 비록 명말청초에 예수회 선교사들이 도입한 서양의 자연과학 지식과 종교를 '서학'이라고 불렀지만 19세기 중반 서양에 관한 업무는 이무夷務[21]라 불렸고 이선·이상 등의 명칭이 자주 쓰였다고 밝힌다. 그리고 이를 근거로 당시 중국인의 서양에 관한 지식을 이학夷學이라고 개괄한다.[22] 서양을 '이'라고 지시하는 방식은 1830년대부터 서양인으로부터 이의제기를 받았다. 마카오와 광둥을 왕래하던 동인도회사의 한 직원은 1832년에 중국 관리가 서양 배를 '이선夷船'이라 표기한 데 항의해 영국을 이국夷國이 아닌 외국外國으로 부르라 했고, 1차 아편전쟁 시기에도 역시 영국 통역관이 자신들을 부를 때 '이'라는 명칭을 사용하지 말라고 요청했다. 그러나 중국의 관리와 사대부들은 '이'자를 쓰지 말라는 1830년대 동인도회사의 항의를 받고 태연히

'이'가 단순한 호칭이며 심지어 경전에도 나오니 나쁜 말이 아니라고 답하며 그 요청을 거부했다. 그리고 1850년대에도 여전히 영국을 영이英夷, 프랑스를 법이法夷, 미국을 미이咪夷라 불렀고 대외관계 관련 업무를 이무夷務라고 불렀다. 그러다가 '이'라는 호칭은 2차 아편전쟁이 종전된 후 1858년에 영국과 중국이 맺은 톈진조약에서 공식적으로 제동이 걸렸다.[23]

그리고 '이'라는 호칭에 대한 서양의 항의의 단서는 톈진조약에서 찾을 수 있다. 이 조약 51조에는 '중국의 모든 공식 문서에서 영국 정부와 국민을 이夷(barbarian)라고 불러서는 안 된다'는 내용이 명기되어 있다.[24] 이는 영국인이 중국에서 자신들과 관련된 일을 언급할 때 '이'를 사용할 때 자신들을 오랑캐[barbarian]로 여긴다고 느꼈음을 방증한다. 언뜻 보면 전통 중국의 화이론적 세계관에서 근대 이전 '사이'와 대조되는 중화는 유일한 문명으로서 배타적인 의미를 내포했기[25] 때문에 중국 이외의 모든 지역과 그 지역의 사람을 '이'라고 부른 데는 멸시의 의미가 있다고도 생각할 수 있다. 또한 톈진조약 체결과 때를 같이해서 2차 아편전쟁이 끝난 다음 관리나 신사층이 쓴 상소나 문서, 편지에서 '이'자를 사용하지 않고 점차 이무 대신 양무洋務, 이인夷人 대신 외인外人, 서인西人, 양인洋人, 화이華夷나 하이夏夷 대신 화양華洋, 중외中外를 사용한 점을 근거로 이夷=barbarian의 등식이 근대 중국인의 의식 속에 있었다고 볼 수 있다.

그러나 19세기의 '이'자 번역에 관한 리디아 리우Lydia H. Liu의 고찰은 선뜻 그렇게 판단할 수 없게 만든다. 리디아 리우에 의하면, 톈진조약 이전 중국에서 '이'는 foreign이란 의미로 사용되었고 공문서에서는 광둥 지역에서 교역을 하던 외국 상인을 '이상夷商'이라고 불렀으며 1832년 무렵까지도 이런 호칭은 아무런 문제가 되지 않았다. 그리고 '이'는 항상 서양, 서양인, 서인과 동일한 의미 맥락에서 병용되었으며, 1815년 모리슨의 《중영사전The Dictionary of the Chinese Language》에서도 '이' 혹은 '이인夷人'을 foreign 혹은 foreigner로 풀이했다. 리디아 리우는 이 점을 근거로 '이'=barbarian라는 공식은 영국인이 발명한 것이며 이 공식으로 영국인들이 균질하지 않은 두 언어를 강제로 상응시키고 있다고 비판한다.[26] 당시의 '이'가 foreign과 barbarian 중 어느 쪽에 더 가까운지에 대해서는 더 깊은 논증을 해야 정당한 판단을 할 수 있겠다. 그렇지만 앞의 논의에 따르면, 적어도 당시 중국에서 사용되던 '이'에 'barbarian'이라는 멸시적 의미만 있다는 판단은 유보된다.

또한 위원魏源(1794~1857)은 '이'라는 용어를 사용했지만 '이'에 멸시의 시선보다는 견제와 배움의 시선을 보낸 바 있다. 그의 《해국도지》 서문에서는 "'이'로써 '이'를 공격하기 위해서 썼고, '이'로써 '이'에 대응하기 위해 썼으며, '이'의 장기를 배워서 '이'를 제압하기 위해서 썼다"라고 집필 목적을 밝히고 배워야 할 서양의 장기로 "첫째는 전함, 둘째는 화기, 셋째는 군대 양성과 훈련 방법"을 거론했다.[27] 위원이 '이'를 자아를 강하게 만들고 새롭게 하기 위한 계기로 사유했다는 점은 당시에 '이'가 멸시의 대상이 아닌 자아의 쇄신과 관계있는 타자로 이해되었다는 증거이다.

위원 이후 서양에서 전파된 근대지식을 수용해 중국을 쇄신하자고 주장하며 그 수용 방식을 논했던 중국의 개혁적 지식인들은 서양의 근대 지식을 서학이라고 불렀다. 그리고 일부는 여전히 '이'라는 용어도 사용했다. 여기서 '이'는 외국(특히 서양)의 다른 말이다. 풍계분馮桂芬(1809~1874)은 여전히 이무·이인 등의 용어를 사용하면서 '이'를 잘 다루는 것이 급선무이며 습득 대상인 서양의 근대 지식을 서학이라고 불렀다.[28] 마찬가지로 정관잉鄭觀應(1842~1921)도 《성세위언》에서 정치·경제제도와 기술 전반에 걸친 서양의 근대 지식을 서학이라고 불렀다.[29] 풍계분과 정관잉의 서학 담론은 배우면서 동시에 견제하고자 하는 위원의 '이'에 대한 견해를 이어갔다.

서학이라는 말이 사용되던 무술변법 시기에 몇몇 선교사들이 서양 지식을 서학 대신 신학新學이라고 명명하며 중국에 소개하면서 신학이 서양 지식을 지시하는 새로운 용어로 등장했다.[30] 그리고 1898년에 출판된 장지동의 《권학편》에서 "서양의 제도[西政]와 서양 기술[西藝], 서양 역사[西史]이 신학이다"라고 말하면서 서학=신학의 등식을 명확히 그렸다.[31] 1900년 이후에는 더 많은 사람들이 서학을 '신학'이라고 불렀다. 그리고 일각에서는 서양 지식을 서학이 아닌 신학이라고 불러야 한다는 주장이 제기되었다. '고대 중국 문헌에 나날이 새롭고 또 날로 새롭다[日日新又日新]', '주나라는 비록 오래된 나라이지만 그 명은 새롭다[周雖舊邦其命維新]'라는 구절이 있었으므로 '신'이라는 글자는 본래 중국 성인이 세상을 다스리던 원칙'이었다는 식으로 새로운 지식 수용의 정당성을 고대 중국에서 찾기도 했다.[32] 또 '학문은 본래 중서로 나뉘는 것이 아니고 이夷로 화華를 변화시키는 것이 유학자의 수치라는 보수파의 반발이 있으므로 서학을 신학이라고 바꿔 부른다면 중서의 구별도 없애고 이로 화를 변화시킨다는 비난도 잠재울 수 있다'[33]라는 논법을 제시하며 신학이라는 명칭이 학문의 보편성도 구현하고 서양 지식 수용을 반대하는 여론에 효과적으로 대응하기 위한 기능을 모두 수행한다고 말하기도 했다. 여기서 전자의 견해는 여전히 중국의 고전에서 새로운 지식 수용의 정당성을 찾는 서학중원설의 틀에 있다. 하지만 이 견해들은 공통적으로 '신학'이라는 용어를 통해 서양의 새로운 지식 수용의 정당성을 표방하고 있다. 이처럼 '신학'의 대두는 19세기 말 중국지식계에서 서학의 위상 향상을 보여 주고 있다.

지금까지 19세기 중국의 담론 공간에서 중체서용론을 구성하는 한 요소인 서양지식을 지시하는 용어의 변천 과정을 살펴보았다. 당시 서양의 근대적 지식은 '이'라는 용어로 지칭되다가 나중에는 '신학'이라는 명칭을 획득했다. 여기서 '이'는 여러 모로 멸시의 의미가 탈색된 채로 사용되고 있었다. 특히 개혁적 지식인 위원·풍계분 등은 서양을 지시할 때 '이'를 사용하면서도 '이'로부터 온 지식을 자기 쇄신을 위한 요소로 간주했고, 이러한 경향의 연장선상에서 서양의 새로운 지식은 '서학'을 거쳐 '신학'이라 불리게 되었다. 그리고 '신학'은 1898년의 《권학편》에서 서양의 제도·기술·역사로 그 내포가 규정되었고 그 이후에는 서양의 근대적 지식을 지시하면서 이를 수용하는 정당성을 표방하는 용어로 기능하게 된다.

구학舊學이 된 중학

근대 이전 중국에서는 자신들의 학문을 '학學' 또는 '문학文學'이라 불렀고, 그 자체를 '보편 학문' 자체로 여겼다.[34] 그렇기 때문에 학문에 국가나 지역을 의미하는 한정어를 붙이지는 않았다. 명말청초에 서양 선교사들이 서학이란 용어를 사용해 서양 지식을 전파하고 문헌을 남겼지만 중국에서는 이를 자국의 지식과 구별해 상대화시키지 않고 자신들의 '보편 학문'을 분류하는 틀인 경經·사史·자子·집集의 체계에 넣어서 파악했다.[35] 따라서 외부의 지식이 도입되었지만 자국의 지식을 상대화시키지는 않았다. 그리고 19세기 서양과의 물리적 충돌이 있고 강제적 외교 관계를 맺으며 자국을 상대화하고 나서야 자국의 지식 역시 그에 따라 상대화하게 되었다.

통상 서학과 대비되는 '중학中學'은 '중국의 학문'으로 풀이되는데, 이는 근대 지식인이 자국을 부르는 새로운 명칭에 대한 문제의식을 가지게 된 상황과도 연관된다. '중국'이라는 호칭은 1842년 중영 난징조약을 체결할 때 자국을 지시하는 호칭으로 처음 사용된 후 각종 조약에서 반복적으로 사용되었다.[36] 다른 한편으로 자국의 국호에 대한 고민은 중국의 첫 번째 해외주재원이었던 곽숭도郭嵩燾(1818~1891)가 1878년에 "불경에서는 중국을 지나라 부르고 일본도 이를 사용한다. 그리고 서양에서 이를 음역해서 차이나[齋拿]라고 부른다."라고 언급한 것을 비롯해서 이후 황준헌黃遵憲(1848~1905)·장타이엔章太炎(1869~1936) 등이 자국의 새로운 호칭 확립에 대한 문제의식을 제시했다. 당시 지식인들은 국내외적으로 자국에 대한 통일된 호칭이 없다는 사실에 한탄했지만 '중국'이라는 호칭은 의심할 바 없는 것으로 여겨졌다.[37]

여기에 쓰인 '중국'이라는 용어는 본래 근대 이전에 국가나 왕조의 명칭은 아니었고 '사방에 상대적인 중앙, 제하諸夏의 영역, 경사京師,

황하 중하류의 중원 지역' 등 주로 지리적 의미를 갖고 있었다.[38] 그리고 송대에 석계石介(1005~1045)는 〈중국론中國論〉에서 "하늘은 위에 있고 땅은 아래에 있다. 천지의 가운데 있는 것을 중국中國이라 하고 천지의 구석에 있는 것을 사이四夷라고 한다. 사이는 외부자이고 중국은 내부자이다. 천지는 이렇게 안과 밖으로 나뉜다"라고 말하며 극심한 외환에 대응해 중국 중심적 사고를 격렬히 드러내는 데 '중국'이라는 용어를 사용했다.[39] 결국 '중국'은 지리적으로 황허黃河 지역을 중심으로 한 여러 왕조를 아우를 수 있는 동시에 근대 시기 외국과의 접촉에서 자국을 의미하는 호칭으로 인식되었고, 한편으로는 중국—사이라는 중국 중심적 세계인식을 표현하는 용어로서 극심한 외환에 대응하는 도구였다고 할 수 있다.

서학과 대비되는 '중학'에도 이러한 지역적 의미와 중국 중심적 세계인식이 중첩되어 있다. 서학 수용의 정당성을 주장한 정관응은 "현재 학자를 자처하는 사람은 제자서를 읽지도 않고 여러 왕조의 역사도 모르면서, 서양 학술이 서양인에게서 창조된 것인 줄 알고 그것이 누구도 따를 수 없을 정도로 정교하다고 놀라거나 저열해 말할 가치도 없다고 배척한다"라고 말하며 당시 지식계의 서학에 대한 자세를 비판한다.[40] 그리고 서양의 지식을 천지인天地人 구도에 근거해서 천학天學·지학地學·인학人學으로 구분하고, 다양한 중국 고대 문헌의 자연과학 관련 내용을 거론하면서 당시 서양 자연과학의 주요 분야로 꼽혔던 격물格物·중학重學·광학光學·기학汽學·전학電學이 모두 고대 중국에서 먼저 형성되었다고 주장한다. 그리고 서학의 중국 유입이 "외지로 보낸 말이 다시 돌아온 것과 같은 이치"라고 말한다. 이는 중국에 전래된 서학이 본래 중국에서 연원했다는 이른바 '서학중원西學中源'의 논리이다.[41] 상하이 언론그룹의 협조 하에 광학회를 중심으로 활동한 서양 선교사의 저·역서를 다수 인용해 '19세기 말 중국 서학 담론의 종합판'이라고 평가[42]되는 《성세위언》에서도 서학의 근원을 '중학'이라고 주장했음은 당시의 서학 담론에도 중국 중심적 사고가 여전히 투영되었음을 말해주고 있다. 그러나 중학은 어디까지나 보편으로서 그 체계와 내용 전체가 언급되지 않았고 당시 유행하던 서양의 자연과학적 지식에 따라서 선택적으로 언급되고 있다. 이는 서학중원설이 심정적으로는 중국의 자존심을 내세우기 위한 처방이었지만 다른 한편으로 중학을 서학의 내용에 따라 발굴하고 선택함으로써 실질적으로는 지식 지형의 주도권이 서학에 있음을 말해준다. 게다가 서학에 대응하는 중학에는 어떠한 새로운 내용도 제시되어 있지 않고 있다. 따라서 이때 중학은 전통적 입장이 남아 있는 근대 지식인에게 서학 수용 정당화를 위한 도구로 활용되는 정도였다고 파악하는 것이 타당할 것이다.

따라서 사서·오경·중국 역사·중국정치서·지도 등이 구학舊學이고 서양의 제도와 기술이 신학이라는 장지동의 정의는 19세기 말 서학과 중학의 배치 구도와 그 내포를 정확히 반영한 것으로 보인다. 이렇게 정의되는 구학과 신학은 중체서용론의 상징 표어로 거론되는 '구학이 체이고 신학이 용이다[舊學爲體, 新學爲用]'[43]라는 구절의 핵심 요소이기도 하다. 여기서 장지동은 이 둘 중 어느 한 쪽에도 치우쳐서는 안 된다고 말했다.[44] 일각에서는 이 말에서 "'중학'이 이미 시대에 뒤떨어지고 서학은 그 반대로 기세가 등등해졌음"을 읽어내고.⁴⁵ 더 나아가 이 때문에 "신구와 진보·보수가 점점 가치 판단의 근거가 되면서 새로운 것은 선이고 기존의 것은 악이라는 등식이 사상계와 사회 전체에 서양과 새로운 것을 존숭하는 거대한 조류를 형성시켰다. 이를 '새로움에 대한 숭배'라고 할 수 있을 것이다"라고도 말했다.⁴⁶ 물론 장지동은 구학을 악이라고 하거나 시대에 뒤떨어졌다고까지 말하지는 않았다. 분명한 것은 서학·중학이라는 지식 분류에 기초하고 여기서 다시 서양의 근대적 지식을 새로운 것으로 규정하고 중국의 지식을 새로움의 영역에서 배제하면서 전혀 새로울 것이 없는 모습을 그리고 있다는 사실이다. 이 점이 《권학편》에서 사용된, '구학'은 '신학'이 된 서학에 대비되는 '중학'의 상태를 정확히 표현하는 말이라고 하겠다. 따라서 중체서용 개념은 '새로움에 대한 숭배'로 이행하는 과정에서 새로운 것과 기존의 것에 대한 배치 전략으로 파악할 필요가 있다.

《권학편》의 중학·신학의 배치 전략

중국의 생존을 위한 배움

지금부터는 《권학편》의 요지를 고찰함으로써 《권학편》의 집필 의도가 배움을 통한 중국의 생존 도모에 있음을 밝히겠다. 《권학편》은 크게 내편과 외편으로 나뉘어 있으며 각 편의 분량은 비슷하다. 내편은 총 아홉 장이고 주로 보존해야 할 것을 서술했다. 외편은 총 14개 장이고 새로운 지식 습득을 위한 방안과 실질적인 내용, 그리고 그 당위를 서술했다. 서두에서는 "보수 세력은 융통을 모르고 신진 인사들은 근본을 모른다"[47]라고 신구 세력 모두를 비판하면서 《권학편》의 집필 동기를 밝히고 있다. 그리고 "내편에서는 문제의 본질[本]을 다뤄서 사람의 심성을 바르게 하고 외편에서는 융통을 다뤄 중국의 풍조를 개방적으로 만드는 것"[48]이라며 각 편의 목적을 제시한다. 그리고 책의 핵심 내용을 '부끄러움을 아는 것, 두려움을 아는 것, 변화를 아는 것, 핵심을 아는 것, 근본을 아는 것' 다섯 항목으로 개괄한다.[49] 여기서 부끄러움이나 두려움은 일본보다 처지거나 조선처럼 나라가 멸망하게 되는 것에 대한 감정이고, 근본은 나라와 부모·성인聖人을 의미한다. 이에 따르면 자존심을 잃지 않은 나라의 존속과 혈통, 전통적 가치에 대한 환기가 《권학편》의 중요한 목적이라고 할 수 있다. 그리고 다시 내편의 〈교충敎忠〉, 〈명강明綱〉, 〈지류知類〉 편에서는 각각 국가의 보존[保國], 전통적 삼강의 보존[保敎], 혈통의 보존[保種]을 말하고 이들이 모두 이루어져야 국가가 존속될 수 있다고 주장한다. 여기서 항상 국가 존속의 필수 요소로 전통적 윤리 도덕이 제기되는데 이는 다름 아닌 유교 윤리이다. 그래서 "9류의 정수는 모두 성현의 학문[聖學]에도 담겨져 있고 9류의 병폐는 모두 성현의 학문에서 배척한다"[50]라고 말하면서 유교를 제외한 다른 유파의 지식을 선별할 때도 유교가 기준이 되어야 한다고 주장한다.

국가의 존속, 윤리와 함께 장지동은 변화의 가치를 깨닫고 중학과 서학의 요체를 바로 알 것을 주장했는데, 여기서는 중학의 요체는 옛 것에 얽매이는 것이 아니라 실용의 추구이고 서학에서는 기술이 아닌 제도가 핵심이라고 지적했다.[51] 이는 그가 국가 보존 방안으로 전통적인 지식의 묵수墨守가 아닌 실용과 변화를 채택하고 있음을 말해준다. 그 구체적인 방안은 유학 실시, 학교 설립, 과거제도 개혁 등 교육제도와 농공상업, 광업, 국방, 철도 부설 등 산업으로 구분해 외편에서 논의하고 있다. 이들 분야에 대한 논의는 상세하고 구체적이다. 내용적으로 대부분 전통적 윤리와 국가체제보다는 새로운 지식을 수용하고 유통시킬 방안과 지식의 세부적 내용이 주로 채워져 있다. 특히 철도는 다른 산업을 보다 활성화시키는 기맥氣脈이고,[52] 국방은 나라의 공기와 같은 존재라고 하면서 그 중요성을 특히 강조한다.[53] 그리고 학교 설립 방안에 대한 논의 말미에서 "예전에 백로伯魯는 공부에 관심이 없어서 망했다. 월越의 구천은 십 년 동안 교훈을 곱씹어서 일어섰다. 국가의 흥망은 또한 선비에게 있는 것이다."라고 말하면서 국가 흥망의 관건이 교육에 있음을 강조했다.[54]

지금까지의 논의를 종합하면, 장지동이 '배움을 권함'이라는 의미의 제호를 붙인 책을 집필한 의도는 배움으로 국가의 위기 상황을 극복해야 한다는 생각을 널리 전파하기 위함이라 할 수 있다.

축소되는 중학, 확장되는 서학

이제 장지동이 배움의 대상으로 제시한 지식을 배치하는 전략을 살펴보자. 다음은 그와 관련된 예문들이다.

신구新舊를 함께 공부한다. 사서·오경·중국 역사·정치서·지도가 구학이고 서양제도·서양기술·서양 역사가 신학이다. 구학이 체體이고 신학은 용用이며 한 쪽에 치우쳐서는 안 된다.[55]

중학은 내학內學이고 서학은 외학外學이다.⁵⁶ 중학은 몸과 마음을 가다듬고 서학은 세상일을 처리한다. 경문에서만 다 찾을 필요도 없지만, 반드시 경전의 가르침을 벗어나서는 안 된다. 마음은 성인의 마음이고 행동은 성인의 행동이면서 효제충신을 덕으로 삼고 군주를 잘 섬기고 백성을 보호하는 정사를 펼친다면, 아침에는 증기기관을 움직이고 저녁에는 철로를 달린다고 해도 성인을 따르는 자들에게 해를 끼치지 않는다. 나태하고 의지가 없는 데다 헛되이 쓸모없는 말을 늘어놓고 고집불통이면서도 오만해 고치려 들지 않아 나라를 망하게 하고 성인의 가르침[聖敎]을 절멸시킨다면, 얌전히 관을 쓰고 있거나 말을 조용히 하면서 손으로는 주注와 소疏를 쓰고 입으로는 성리性理를 말해도 온 세상이 대대로 그를 원망하고 욕하며 이들이 요순공맹의 죄인일 뿐이라 말할 것이다.⁵⁷

순경荀卿은 유학의 효용을 극구 칭찬했지만 유학은 농공상의 지식을 알 수 없다. 이 쇠퇴하는 시기에 과거에 출제되는 장구에만 매달린 유학에서 어떻게 도움이 될 만한 것을 찾을 수 있을까?⁵⁸

이상 세 예문 중 앞의 두 예문에서는 《권학편》에서 중학과 서학의 개념과 성격에 대해 언급하고 있다. 그중에서 첫 번째 예문은 무수히 언급되어 온 중체서용 개념의 상징 문구이며 구학과 신학 둘을 대등하게 공부해야 한다는 주장을 제시하고 있다. 세 번째 예문에서는 당시에 유학이 거의 현실적 효용이 없음을 지적하고 있다. 두 번째 예문 마지막 부분에도 변화에 둔감한 채 경전 주석과 성리에 대한 담론이라는 전통적 학문 방식에 문제가 있음을 비판하고 있다.

장지동은 내편에서 유교 윤리인 삼강오륜의 수호와 유교의 기준에 의한 제자 지식의 취사선택을 강조한 바 있다. 그러나 그와는 별도로 위의 사례들에서는 경전을 중심으로 한 주석과 과거 준비 등 당시 전통 학문의 주요 풍토를 격렬히 비판했다. 중학이 마음을 다스리는 내학이라고 말한 두 번째 예문에서 긍정되는 것은 성인의 준거에 합당한 마음이다. 장지동은 구학, 즉 중국의 기존 지식을 체라고 규정하면서 결코 중국의 전통적 학문 방식을 긍정한 것이 아니었다. 그가 긍정한 것은 다름 아닌 장지동이 전통적 지식에서 추출해 낸 성인의 마음가짐 즉 윤리적 원리였다고 볼 수 있다.

또한 학당 교육 과정에서 체로 규정된 중국의 기존 지식 중 역사, 정치는 그의 새로운 관리 선발 제도 구상에서 중학경제中學經濟라고 불리며 1차 시험에 배치되고 사서와 오경은 3차 시험에 배치된다. 2차 시험 과목에는 교육 과정에서 신학으로 분류한 서양의 제도와 기술을 배치하면서 서학경제西學經濟라 부른다.[59] 이 구상의 의도를 장지동은 "1차 시험에서 학식이 많은 사람을 뽑고 2차 시험에서는 학식이 많은 사람 중 재능이 있는 사람을 뽑고 3차 시험에서는 재능 있는 사람 중에 불순하지 않은 사람을 뽑는 것이다"라고 설명한다.[60] 장지동의 구상대로라면, 중국경제에 대한 지식 정도가 비슷하다면 사서와 오경에 정통한 사람보다 신학에 정통한 사람이 선발될 가능성이 더 높게 된다. 따라서 관료의 기본 요건으로는 공히 '경제'라고 불리는 국정 실무 관련 능력이 1차적 기준이 되고 사서와 오경은 최후의 검증 수단에 위치한다. 당시는 과거제가 폐지되기 이전이고 전통 학문이 아직 교육 현장의 주류를 차지하고 있었다. 여기서 말하는 중학과 서학은 지식 종류 차원에서의 구분일 뿐이지 서로 모순되는 가치관을 의미하지 않았다. 따라서 3차 시험의 목적으로 '불순한 사람을 거르는' 것을 설정했지만, 당시 교육의 이러한 상황에 따르면 장지동이 설정한 과거제도에서 단순히 신학을 많이 습득했기 때문에 '불순한 사람'으로 판명되어 탈락하는 확률은 그리 높지 않으리라는 추론이 가능하다. 따라서 장지동이 제안한 새로운 과거제도는 명백히 서양의 새로운 지식을 습득한 사람에게 유리한 방안이라고 할 수 있다.

아울러 장지동은 중국의 전통적 지식을 양적으로도 축약시키고 있다. 내편 가운데 〈수약守約〉 편에서는 "관직에 진출해서 세상사에 활용할 사람은 모두 중학에 대한 기본적 소양이 있는 사람"이어야 한다고 말하면서 중학의 습득은 많은 시간과 공을 들이는 것이 아니라 '경서의 대의를 파악할 수 있는 기준에 따라 제작된 한두 권짜리 요약된 경서 교과서를 통해 공부해 쉽게 성인의 도를 파악해야 한다'고 주장한다. 결국 장지동은 전통 학문의 핵심적 정신을 파악해야 할 것을 주장하지만 실질적으로는 효율적인 목적 달성을 위해 일종의 '다이제스트'식 교육 방안을 내세우고 있다. 따라서 이런 구상에 따르면 중학은 핵심적 내용만으로 축약된 채로 학습자의 마음속에 들어가는 지식으로 자리 잡게 된다.

장지동은 이처럼 중학을 간추려서 공부해야 한다고 주장하는 한편, "시간이 점점 흐르면서 해묵은 폐단이 날로 심해졌고 구법舊法과 구학舊學의 정수는 점차 상실되어 갔다. 오늘날 전 세계가 다 통해서 서로 모습을 견주어보니 초라해 보인다"라고 구학의 현실을 비관적으로 판단하고 있다. 그리고 '서양의 장점을 배우면 중국의 자강을 도모할 수 있다'고 하면서 서학의 도입에 기대를 건다.[61] 구체적으로 그는 서학이 당시 중국에 가지는 의미에 대해 다음과 같이 말한다.

> 무릇 정치·사법·군사·민생·국력·외교 등은 모두 사대부의 지혜이다. 경작·개간·농기구·비료 주기 등은 농민의 지혜이다. 기계의 사용과 실물에 관한 지식은 모두 공업인의 지혜이다. 영역 확장, 신상품 개발, 타국 상황 관찰, 각국의 상황 비교 등은 상인의 지혜이다. 군함·진지·측량 등은 군대의 지혜이다. 이들은 부강을 길러내는 실질적 방안들이지 기이한 기술이나 음흉한 기교[奇技淫巧]가 아니다.[62]

이처럼 장지동은 서양의 제도와 기술, 즉 신학이 중국의 사·농·공·상·병 모두에게 유익하다고 주장하며 서양 지식을 기이한 기술이나 음흉한 기교로 비판하는 논리에 반박한다. 그리고 이들을 중시하지 않으면 "중국 땅이 아무리 넓고 백성들이 아무리 많다고 해도 땅만 넓고 사람만 많다는 비웃음에서 영원히 벗어나지 못할 것이다"[63]라고 경고한다. 그리고 외편의 여러 편에 걸쳐서 서양의 관련 지식 습득, 전문기술자 초빙 등의 방안을 제시한다. 구학의 초라함에 비하면 신학은 이처럼 중국을 위기에서 나서 부강에 이르게 하는 긍정적 요소들로 당당히 자리 잡고 있다.

그리고 제도의 측면에서 장지동은 유학·번역·신문 구독 등이 당시 중국에 절실한 지식 확보에 유용한 수단이라고 주장했다. 유학의 이점에 대해서는 "외국에 일 년 나가 있는 것이 사서를 오 년 동안 읽는 것보다 낫다", "외국의 학당에 입학해서 일 년 공부하는 것이 중국의 학당에서 삼 년 공부하는 것보다 낫다"라고 말했다.[64] 번역에 대해서는 "각 분야에서 서학의 서적 중 중요한 것은 일본이 모두 번역해 놓았다. 우리가 그것을 일본에서 가져 온다면 수고는 줄이고 효과는 빠를 것이며 여기에는 일본어가 많이 유용하다"라고 하며 그 필요성과 방안을 제시했다.[65] 그리고 신문 구독에 대해서는 "국정의 득실, 각국의 교섭, 공업과 상업의 성쇠, 무기와 전함의 수량, 학술상의 새로운 법칙과 이론 등이 모두 여기에 있다"라며 세계 정세 이해와 신지식 습득이라는 의미를 강조했다.[66] 아울러 "우리나라의 군주와 신하, 각 계층들이 이것을 보고 마음을 움직이며 (생각을 바꿔서) 그것을 두려워해 행동을 바꿀 수 있는" 정신적 자각의 기능까지 추가했다.[67] 장지동이 이렇게 제안한 유학·번역·신문 구독은 모두 새로운 지식 습득이라는 기능을 수행할 수 있고 이들은 향후 외국으로부터 들여 온 신학이 확장되는 계기로 자리매김할 가능성을 내포한다.

이러한 장지동의 지식 배치 전략에서 구학은 축약되어 마음가짐을 담당하는 과거의 지식이 되었고 그 현실태는 초라하고 폐단이 많은 상황에 처해 있었다. 반면 신학은 활발히 받아들여지고 활용되어 위기 속에서 비웃음당할 중국을 구원할 지식으로 그려지고 있다.[68] 그리고 이 새로운 지식에는 구학처럼 핵심이 축약되는 것이 아니라 제도적 뒷받침 속에서 지속적으로 확대될 계기가 제공되고 있었다.

《권학편》에서 파악되는 중체서용 개념의 실질

장지동은 변법을 주장하면서도 삼강과 요순공맹, 성인의 도를 강조하는 등 유교적 전통 윤리를 강조하고 있다. 심지어 '삼강과 예의염치를 지킨다면 공자와 맹자도 제도개혁을 그르다고 할 수 없을 것'이라고 말하며 제도개혁의 당위에도 유교적 기준점과 근거를 제시하고 있다.[69] 그리고 구학과 신학의 공존을 주장할 때도 대학·중용·논어·예기·주례 등에 서양의 근대적 제도와 기술의 연원이 되는 요소가 발견된다고 주장한다.[70] 그럼에도 장지동이 중학을 체로 설정했다는 점을 근거로 중체서용 개념에서 중학이 우위나 주도성을 갖고 있다고 단정할 수는 없다. 장지동의 지식 배치 전략에서 구학인 중학은 외연을 확장시킬 수 없고 핵심만 남은 채 마음에만 관여하고, 반면 신학인 서학에는 부강이라는 절실한 과제에 직접 부응하는 위상이 부여되는 동시에 지속적으로 확장될 계기가 제공되고 있었기 때문이다.

여기서 장지동은 자신이 체로 설정한 구학, 구체적으로 말하자면 요순공맹의 도나 삼강, 유교 윤리가 용이라고 불리는 신학을 우월한 위치에서 주도할 수 있는 계기를 설정하고 있지는 않고 있다. '철로를 달려도 요순공맹에 죄가 되지만 않으면 된다'라고 말할 뿐이다. 이럴 때 결국 장지동의 머릿속에도 중학은 어느덧 서학 수용에 정당성을 부여하기 위해 호출된 과거의 자원이 되었다. 그가 지키고자 했던 교敎는 현실 속 실천의 기준이 아니라 실질적으로 현실 속에서 개혁을 시행하는 자의 정체성을 표현하는 수사에 머무르게 된 것이다.

19세기 말 자국 중심주의적 사유를 담은 중국이라는 명칭을 활용해서 자국의 지식을 표현하고 중심성을 지키기 위해 동원되었던 중학은 중국 중심성의 대명사격인 중화주의와는 다른 모습을 띠었다. 중화주의를 "자기 세계의 불안을 잠재우기 위해 자기 밖의 세계를 유린하던 시대"를 살면서 "중국의 타자화는 있을 수 없는 사태이며 타자의 중국화는 마땅히 그렇게 되어야 할 의무"[71]로 삼는 가치관으로 정의한다면, 중체서용 개념에서 중학은 자기 밖의 세계를 유린하지도 못하고 자신의 독존적 지위를 허물면서 점차 서학에 지분을 내어주면서 타자를 중국화하기는커녕 자신이 상대화되는 처지에 놓였기 때문이다. 따라서 중체서용 개념은 문화보수주의의 잣대를 근거로 비판이나 옹호의 대상으로 삼기에는 부적절하다. 중체서용은 중국문화의 근대전환 과정에서 문화를 이루는 지식의 중심이 서학으로 이동하는 흐름에 부응해 구축된 개념이다. 이것이 중체서용 개념의 실질이며, 장지동이 《권학편》에서 이를 말해 주고 있다.

송인재

동학·천도교에서 '천天' 개념의 전개

천天에서 신神으로, 신神에서 생명生命으로

이 글은 2012년 10월 25일 한림대학교 한림과학원이 주최한 제8회 심포지엄 〈동아시아적 사유와 근대 개념의 형성〉에서 이 글과 동일한 제목으로 발표한 내용을 일부 수정·보완한 것이다.

천도교 사회운동과 '천' 개념

이 글에서는 19세기 후반에서 20세기 전반까지 동학교단과 그 후신인 천도교단의 교리에서 '천天' 개념이 어떤 위상과 의미를 가졌으며 어떻게 변화했는가를 동학·천도교의 사회운동과 연관시켜 살펴보고자 한다. 당초 이러한 주제 설정은 다음 두 가지 문제의식에서 출발했다. 첫째, 한국의 근대적 개념 형성에서 외래 개념과 전통적인 사유·개념은 어떻게 상호 작용했는가, 둘째, 최근에 근대성modernity에 대한 성찰이나 환경운동 등의 맥락에서 주목하는 '생명生命' 개념은 어떤 사상적 맥락 위에 서 있는가이다. 이러한 문제의식을 해명하려면 유학·성리학을 비롯한 전통적인 사유 전반을 체계적으로 검토하고 개화기 및 식민지기의 사상사를 폭넓게 살펴보는 방대한 작업이 필요할 것이다. 이 글에서는 그와 같은 장기적인 과제를 수행하기 위한 첫 시도로서 동학·천도교의 '천' 개념에 주목했다. 동학·천도교는 초기부터 '천' 개념이 교리의 핵심을 이루었을 뿐 아니라 이후 서구 근대 사상과의 교섭 과정을 거쳤으며, 그 과정에서 도출된 '생명' 개념은 오늘날 일군의 생활협동조합운동과 밀접하게 연결된다. 그러므로 비록 제한된 영역이지만 이 글은 근대 전환기 '천' 개념의 한국적 전개 양상을 살펴보는 데 의미 있는 출발점이 될 수 있을 것이다.

여기서는 '천' 개념의 전개 과정을 다음 두 가지에 유의해 살펴보고자 한다. 첫째, '천' 개념을 동학·천도교 사회운동의 부침과 관련해 계기적인 변화 속에서 살펴볼 것이다. 동학·천도교의 활동은 순수한 종교 단체에 그치지 않고 강한 사회 개혁적 함의를 띠는 등 '종교와 사회의 경계'에 위치했다고 할 수 있다. 성립 초기부터 동학은 성리학적 사회질서의 '이단'으로 공격받았고, 조선총독부도 천도교를 '유사종교'로 취급했다. 여기서는 동학이 창도된 시점부터 천도교 사회운동이 일단 중단되는 시점까지를 교단 활동의 변화를 기준으로 세 시기로 구분한다. 제1기는 동학이 창도된 1860년부터 1904년까지로, 동학교단은 교조 최제우의 처형, 동학농민혁명 개입 등 일련의 격변 속에서 신앙의 자유를 인정받지 못하고 '은도隱道'의 길을 걸었다. 제2기는 천도교로 개편된 1905년부터 1917년까지로, 교단은 신앙의 자유가 허용된 합법적인 공간에서 주로 교단의 근대적 정비와 교리의 근대적 해석 등 종교적 차원의 활동에 치중했다. 제3기는 대對사회적 관심이 본격화되는 1918년부터 교단의 사회운동이 침체되는 1933년까지로, 교단은 3·1운동의 발발을 주도했을 뿐 아니라 활동 영역이 언론 활동·청년회운동·농민운동 등 다방면으로 확장되었다. '천' 개념의 위상과 의미변화는 이러한 시기별 변화와 밀접하게 맞물려 있었다.

　둘째, 교단의 활동과 연계된 '천' 개념의 전개 양상을 본격적으로 검토하기 위해 개념사적 방법을 활용하고자 한다. 동학·천도교의 지도자들은 자신들이 추구하는 활동의 정당성을 교리, 특히 동학의 초기 경전에서 끌어왔으며, 그 내용을 당면한 문제 해결에 적합한 방식으로 해석하고 변용하기도 했다. 또한 외래의 개념에 접했을 때에도 동학 경전의 내용과 연결시켜 이해하고 받아들였다. 특히 동학·천도교는 기성 종교와 달리 19세기 후반에 성립되었으므로 교조의 종교 체험이 커다란 권위를 지녔고 그것이 이론적으로 체계화되는 과정이 활발하게 진행 중인 신흥 종교였다. 따라서 복합성과 모순성을 내포하기 마련인 교조의 종교체험과 생전의 언행은 이후 다양하게 해석될 여지를 남겼다. 동학·천도교의 '천' 개념을 검토하려면, 설령 전 시기에 걸쳐 본질적으로는 유사한 내용이더라도 각 시기별로 어떤 측면이 강조되고 대두하며 어떤 용어로 개념화하는가, 그리고 그 정치·사회적 배경은 무엇인가 등에 민감한 주의를 기울일 필요가 있다. 즉 '천' 개념의 역사적 의미론에 주목해야 한다. 이 점을 염두에 두면서 이 글에서는 첫째 동학·천도교 종교사상의 핵심을 이루는 '인내천人乃天'과 사회적 실천의 중심 개념으로 자리 잡은 '후천개벽後天開闢', 그리고 양자의 상호 관계 등 사상적 구조와 그 변천, 둘째 '동학'이나 '천도교' 명칭처럼 교단의 이론가들이 자신들의 종교적 정체성을 규정하는 방식 등에 초점을 맞춰 '천' 개념이 전개되는 양상을 살펴보고자 한다.

개념화 너머의 체험적 존재

《동경대전東經大全》과《용담유사》에서 '천'의 용례는 크게 다음의 세 가지로 구분할 수 있다.[1]

① 궁극적 존재―천주天主, ㅎㄴ님[2]
② 세상, 자연 일반, 창공―천지天地, 천天(=지地의 대칭)
③ 근본적인 이법理法·원리―천도天道, 천리天理, 천명天命

세 용례 가운데 지금까지 연구자들은 ① '궁극적 존재'에 가장 큰 관심을 기울였다. 《동경대전》과 《용담유사》가 교조教祖인 수운 최제우崔濟愚(1824~1864)의 경신년(1860년) 음력 4월의 종교 체험과 그 이후의 언행을 생생하게 담고 있기 때문일 것이다. ①의 용례와 관련해 두 경전에서는 '천주'와 'ㅎㄴ님' 이외에 '상제上帝'와 '지기至氣'도 사용되었다.[3] 'ㅎㄴ님'은 《용담유사》에만, '천주天主'와 '지기至氣'는 《동경대전》에만 나오며, '상제'는 양쪽 모두에서 사용되었다.

동학 초기경전에 제시된 '궁극적 존재'에 관한 용례는 동학의 신관神觀을 파악하는 데 필수적이다. 동학의 신관神觀에 관해서는 초월적 인격신의 측면과 내재적 범신汎神의 측면을 겸비했다고 평가하는 것이 일반적이다.[4] 이런 평가에 동의하면서도 이 글에서는 머리말에서 제시한 문제의식과 관련해, 수운이 자신의 종교 체험과 정체성을 포덕 과정에서 조금씩 다르게 표현해 갔던 측면에 주목하고자 한다. 이를 위해 먼저 수운이 작성한 글 가운데에서 《동경대전》과 《용담유사》의 핵심 내용을 이루는 한문 문장 네 편과 한글 가사 여덟 편의 주요 사항을 〈표 1〉과 같이 정리했다.

〈표 1〉 초기 동학 경전 내용의 제작 시점 및 시기 구분

구분	연도 및 계절	작성 시점	동경대전	용담유사	기타
전기	① 1860년 봄	1860.04하		용담가	
	② 1861년 여름	1861.07중	布德文		
		1861.08하		안심가	
	③ 1861년 겨울	1861.12		교훈가	전라도 피신 (1861.11 ~1862.07초)
		1861.12중		도수사	
		1862.01상		권학가	
		1862.01	論學文		
후기	④ 1862년 여름	1862.06상	修德文		
		1862.06중		몽중노소문답가	
	⑤ 1863년 여름	1863.07하		도덕가	
		1863.07하		흥비가	
	⑥ 1863년 겨울	1863.11	不然其然		

주요 글의 '작성 시점'은 표영삼의 저서(표영삼, 2004, 위의 책)를 참고한 것이며 음력 기준이다.
'1860.04하'는 '1860년 4월 하순'이라는 뜻이다.
전·후기 '구분'과 '연도 및 계절' 구분은 필자가 시도한 것이다.
'동학東學'이라는 용어는 〈논학문〉에서 처음 등장했다.

    수운은 종교 체험을 한 지 일 년 이상이 지난 1861년 6월부터 포덕을 시작했다. 이 무렵에 지은 〈포덕문〉과 〈안심가〉에서 그는 궁극적 존재를 각각 '천주天主'와 'ᄒᆞ늘님'으로 표현했다. 주목할 만한 것은 두 글에서 모두 사용되고 있는 '上帝'·'상제'라는 표현이다. 〈포덕문〉에 "어떤 신선의 말씀이 문득 귀에 들어왔다. ……두려워 말라 세상사람들이 나를 상제라 한다. 너는 상제를 알지 못하느냐"[5]라 했다. 여기서 '상제'는 사람과 소통하는 목소리를 가진 인격적 존재로 표현되었다. 물론 글의 문맥에서 볼 때 이때의 '상제'는 궁극적 존재

에 대해 세상 사람들이 일반적으로 사용하던 호칭을 빌려 온 것이다. 그렇다고 하더라도 〈포덕문〉 작성 시점에서 수운이 인격신의 성격이 짙은 호칭을 사용했다는 점은 분명하다고 할 수 있다.

그런데 '상제'라는 호칭은 수운의 글에서 '③ 1861년 겨울' 무렵부터 사용되지 않는다. 수운은 〈논학문〉에서 경신년의 종교 체험을 다음과 같이 표현했다.

> 몸이 몹시 섬뜩해지고 떨리더니 밖으로는 신령과 접하는 기운이 있고, 안으로는 가르치는 말씀이 내렸다. 보려고 하나 보이지 않으며 들으려 하나 들리지 않으니 마음으로 더욱 괴이하게 여겨졌으며 의심스러워졌다. 마음을 순수하게 하고 기운을 바르게 하고 어찌해 이러합니까 하고 물었다. 이르기를 나의 마음이 곧 네 마음이니라.[6]

여기서도 여전히 목소리를 가진 인격체의 측면이 남아 있지만 '상제'라는 용어도 사라지고 '잘 보이지도 들리지도 않는' 상태가 되어 초월적 인격신적 측면이 약화된 감이 있다. 〈교훈가〉에서도 수운은 제자들을 경계警戒하는 맥락에서 "나는 도시 믿지 말고 ᄒᆞ늘님을 믿었어라 네 몸에 모셨으니 사근취원捨近取遠 하단말가"라고 해,[7] 내재신적 성격을 강하게 드러냈다.

이런 변화는 수운이 처한 상황과 관계 깊었다. 수운은 경주에서 포덕하다가 서학으로 몰려 1861년 11월부터 1862년 7월 초순까지 일 년 반 이상을 전라도 남원 등지로 피신했는데 그 과정에서 스스로의 종교 체험을 표현하는 데 신중해진 것으로 보인다. '상제'라는 호칭을 사용하지 않게 된 것이나 궁극적 존재에 대한 호칭에서 인격신적 측면이 약화된 것도 이런 맥락에서 이해할 수 있다. 이런 점은 조금 뒤에 언급하겠지만 수운이 〈논학문〉에서 처음으로 스스로의 가르침을 '동학東學'이라고 해 '서학'과 구별하기 시작한 사실과 밀접하게 관련된다.

이처럼 수운은 초기에 지은 글에서 자신의 종교 체험과 궁극적 존재에 대해 여러 차례 언급했다. 그러나 정작 '天主'·'ᄒᆞᄂᆞᆯ님'이 어떤 존재인가에 대해서는 뚜렷하게 설명하고 있지 않다. 수운은 〈논학문〉에서 21자 주문, 즉 "지기금지원위대강 시천주조화정영세불망만사지至氣今至願爲大降 侍天主造化定永世不忘萬事知"를 풀이하면서 유독 '천'에 대해서만 아무런 설명을 하지 않고 건너뛰었다. 이 사실에 대해 '성리학적 천관天觀이나 역학적易學的 천관 등 당대의 천관을 전제로 했기 때문'으로 보는 견해도 있으나,[8] 그보다는 '천주 곧 ᄒᆞᄂᆞᆯ님은 개념화되거나 정의될 수 없는 생존 자체여서 인간의 인식 행위 이전의 전체'로 보는 견해가 더 설득력이 있다.[9]

한편, 동학의 사회개혁론을 나타낸다고 평가되는 '후천개벽' 개념은 초기 경전에서 어떤 형태로 있었을까. 우선 용어에 국한해 본다면 '후천개벽'은 사용되지 않고 '개벽'이라는 용어만 나온다. '상원갑上元甲', '춘삼월호시절', '호시절' 등도 '개벽'과 유사한 용어로 간주해 이 네 가지가 포함된 용례는 살펴보면 다음과 같다.

○ 한울님 하신말씀 개벽후開闢後 오만년五萬年에 네가또한 첨이로다 나도또한 개벽이후 노이무공勞而無功 하다가서 너를만나 성공成功하니[10]—〈용담가〉

○ 개벽시開闢時 국초國初일을 만지장서滿紙長書 나리시고[11]―〈안심가〉
○ 십이제국十二諸國 괴질운수怪疾運數 다시개벽開闢 아닐런가[12]―〈안심가〉
○ 춘삼월春三月 호시절好時節에 태평가太平歌 불러보세[13]―〈안심가〉
○ 춘삼월春三月 호시절好時節에 또다시 만나볼까[14]―〈도수사〉
○ 춘삼월春三月 호시절好時節에 놀고보고 먹고보세[15]―〈권학가〉
○ 십이제국十二諸國 괴질운수怪疾運數 다시개벽開闢 아닐런가[16]―〈몽중노소문답가〉
○ 하원갑下元甲 지내거든 상원갑上元甲 호시절好時節에[17]―〈몽중노소문답가〉

이 용례에서 보듯이 '개벽' 관련 용어는 모두 한글 가사인《용담유사》에만 나오는 특징을 보이는데, '개벽'이 5회, '춘삼월 호시절'이 3회, '상원갑 호시절'이 1회로 모두 9회이다. 선행 연구를 참조하면 이러한 빈도 수는 '운수', 'ᄒᆞᄂᆞ님', '군자' 등의 빈도 수에 비해 매우 낮다.[18] 더욱이 위의 용례에서 〈용담가〉의 두 용례는 태초의 '천지개벽'을 뜻해 '후천개벽'과는 다르다. 나머지 일곱 개의 용례 중에서도 '개벽' 혹은 '다시개벽'이라 명기한 것은 세 개이며 나머지 네 개는 '춘삼월 호시절'이나 '상원갑 호시절'처럼 비유적이며 서술적인 형태로 표현되었다. 또한 '선천先天'이나 '후천後天'이라는 용어는 당시에 사용되지 않았다.

위의 용례에서 〈안심가〉의 '개벽시 국초일을 만지장서 나리시고'는 수운의 종교 체험을 나타낸 것이지만 나머지 '다시개벽'이나 '호시절'은 사회개혁적인 기대를 내장하고 있다고 볼 수 있다. 목정균은 가장 높은 빈도와 고른 분포를 보이는 '운수'를, '우리 민족의 의식 저변을 지배해 온 역학적 순환논리와 천명적 자연법 사상을 통전統全한 세계관이요 현실관이며 미래관'이라고 규정하고 이를 '개벽의 논리'로 파악한 바 있다.[19] 그러나 배영순이 지적한 바와 같이 '시운時運을 의논議論해도 일성일쇠一盛一衰 아닐런가'(〈권학가〉)나 '윤회輪廻같이 둘린운수運數'(〈교훈가〉), '세운世運은 스스로 왔다 회복되는 것은 예나 지금이나 변함이 없음이여!'[20](〈불연기연〉) 등에서 수운이 제시한 '운수'는 그의 종교적 실천, 즉 '시천주'와 무관하게 움직이는 경향이 있었다.[21] 그러므로 초기 경전에서는 '후천개벽'이 아직 개념화되지 못했을 뿐 아니라 그것이 가진 사회개혁적 의미도 매우 미약한 형태로 존재했으며, 따라서 종교적 실천과 사회적 개혁 사이의 연결고리도 이론적으로 취약한 상태였음을 알 수 있다.[22]

끝으로 수운이 체험 초기부터 자신의 깨달음을 나타내는 것으로 자주 사용한 용어는 '천도天道'와 '무극대도無極大道'이다. 《동경대전》에서 '천도'는 '자연의 질서나 이법理法'이라는 의미 이외에 〈논학문〉에서는 '천령강림天靈降臨으로 받은 이치'를 가리키는 용어로 사용되었다. 한편 동일한 〈논학문〉에서 자신의 사상을 '도의 무궁한 이치[道之無極之理]'라 표현했다. 《용담유사》에서는 '무극대도' 10회, '무극한 이내 도道' 2회, '무극지운無極之運' 1회로 총 13회가 나오며, 다수가 자신의 체험에 관련된 표현으로 사용된다. 그런데 이런 용어들은 주로 종교 체험과 가까운 시간대에 집중적으로 분포하는 특징을 보인다. 《용담유사》를 보면 다음과 같다.

○ 용담가
- 만고萬古없는 무극대도無極大道 여몽여각如夢如覺 득도得道로다[23]
- 어화세상 사람들아 무극지운無極之運 닥친줄을 너희어찌 알까보냐[24]
- 무극대도無極大道 닦아내니 오만년지五萬年之 운수運數로다[25]

○ 교훈가
- 꿈일런가 잠일런가 무극대도無極大道 받아내어[26]
- 만고萬古없는 무극대도無極大道 받아놓고 자랑하니[27]
- 무극無極한 이내도道는 내아니 가르쳐도[28]

○ 도수사
- 만고萬古없는 무극대도無極大道 여몽여각如夢如覺 받아내어[29]
- 성경이자誠敬二字 지켜내어 차차차차 닦아내면 무극대도無極大道 아닐런가[30]
- 무극無極한 이내도道는 삼년불성三年不成 되게되면[31]
- 무극대도無極大道 닦아내어 오는사람 효유曉諭해서[32]

○ 권학가
- 만고萬古없는 무극대도無極大道 이세상에 창건創建하니[33]

○ 몽중노소문답가
- 만고萬古없는 무극대도無極大道 이세상에 날것이니[34]
- 이세상 무극대도無極大道 전지무궁傳之無窮 아닐런가[35]

〈표 1〉을 참고해 글의 작성 시점을 보면 〈몽중노소문답가〉의 두 용례를 제외한 11개의 용례가 1861년 1월에 작성된 〈논학문〉보다 이전에 몰려 있다. 아래와 같이 《동경대전》에 나오는 '천도'의 용례를 살펴봐도 이와 크게 다르지 않다.

○ 포덕문
- 오제 후부터 성인이 나시어 일월성신과 천지도수를 글로 적어내어 천도의 떳떳함을 정해 ……도는 천도요 덕은 천덕이라.[36]

○ 논학문
- 무릇 천도란 것은 형상이 없는 것 같으나 자취가 있고, 지리란 것은 넓은 것 같으나 방위가 있는 것이니라.[37]
- 묻기를 "그러면 무슨 도라고 이름 합니까". 대답하기를 "천도이니라".[38]
- 묻기를 "도가 같다고 말하면 서학이라고 이름합니까". 대답하기를 "그렇지 아니하다. 내가 또한 동에서 나서 동에서 받았으니 도는 비록 천도나 학인 즉 동학이라".[39]

○수덕문
- 원·형·이·정은 천도의 떳떳한 것이요, 오직 한결같이 중도를 잡는 것은 인사의 살핌이니라.[40]

〈논학문〉 직후에 지은 〈수덕문〉에서도 '천도'라는 용례가 나오지만 나머지 대부분은 〈논학문〉을 포함해 그 이전에 집중되어 있다. 두 용례의 분포를 논하면서 〈논학문〉을 중요한 경계로 삼는 이유는 이 글에서 수운이 자신의 가르침을 비로소 '동학東學'이라고 부르기 시작했기 때문이다. 당시에는 서학과 구별되는 동학의 정체성 형성이 핵심 사안으로 부각되었기 때문에 수운은 〈논학문〉에서 '동학'이라는 용어를 내세워 부각시켰고, '천도'라는 용어는 '동학'과의 관계를 보여 주기 위한 맥락에서 사용한 것으로 판단된다. 이런 흐름은 그 뒤로 이어져 이후 수운의 글에서 '천도'는 별로 사용되지 못했다. 이런 점에서 본다면 초기 동학경전에서 '천도'라는 보편적인 의미는 '동학'이라는 지역성을 띤 용어에 의해 견제되고 있었다고 할 수 있다.

신神: 우주의 대활정大活精

동학교단은 1905년 12월 스스로의 명칭을 '동학'에서 '천도교'로 바꾸고 교단과 교리를 근대적으로 정비해 나가기 시작했다. 수운대의 교리를 집약한 '시천주侍天主'는 2대 교주 해월 최시형 대에 이르러 '양천주養天主'·'사인여천事人如天'·'물물천사사천物物天事事天' 등 범신적이고 내재적인 경향과 아울러 윤리화되어 갔으며, 1900년대에 들어서 '인내천'이라는 천도교의 종지로 정립되었다. 이러한 변화는 교단 차원에서 이전의 '동학'적 전통과 단절을 표방하면서 근대적인 '종교' 개념을 수용하고 문명개화론을 지향했던 움직임에서 비롯되었다. 여기서 다루는 제2기에는 '천' 개념이 근대적인 종교·철학 담론의 영향을 받아 '신神'으로 바뀌고 여기에 진화론적인 시간 관념이 침투한 것이 특징이다.

우선 '동학'을 '천도교'로 바꾼 데 대한 교단 측의 의미화 양상과, 그 과정에서 드러난 미묘한 문제를 살펴볼 필요가 있다. '천도교'로 개편한 사실에 대해 동학을 전통적인 '도道·학學'으로 파악하던 인식이 근대적 종교 개념으로 대체되었다는 점, 진보회·일진회를 통한 민회民會운동이 실패하면서 야기된 위기를 동학적 전통과의 단절을 통해 돌파하려 했으며 '정교 분리'와 '종교적 자유'라는 서구 종교담론을 활용해 정부 묵인 하에 사실상의 합법화를 획득했다는 점,[41] 등이 이미 규명되었다. 그런데 왜 하필이면 '천도교'라는 명칭을 선택했는지가 궁금해지는데 이에 관한 주요 기록을 정리하면 〈표 2〉와 같다.

〈표 2〉 '천도교' 명칭의 경전적 전거를 밝힌 자료

연번	출전	작성일자	내용
①	일본신문	1905.12.01	大告 天道敎 出題 道則天道 學則東學이니 卽 古之東學이 今之天道敎라. 宗旨는 人乃天이요, 綱領은 性身雙全 敎政一致요, 目的은 輔國安民 布德天下 廣濟蒼生 地上天國建設이요, 倫理는 事人如天이요, 修行道德은 誠敬信이다.[42]
②	만세보	1906.11.23	是時에 西洋 天主敎가 入我邦也에 人이 不知先生之敎爲何敎하고 疑之以西學하야 ……先生이 卞之曰 吾道의 大原은 天이라 吾ㅣ 生於東學於東하니 道則天道요 學則東學이라 하시믄 ……又云 東學이 改其名目하야 天道敎라 稱한다 하나 吾敎의 名은 本來 天道敎니…….[43]
③	본교력ᄉ	1915.04.03	포덕 ᄉ십륙년 을ᄉ에 셩ᄉㅣ 동학일홈을 고쳐 텬도교라 ᄒ니라 원리 동학이란 일홈이 셔학안인 것을 밝히고져 홈이오 실샹 일홈은 안인고로 동경대젼에 닐은바 <u>도인즉 텬도요 학인즉 동학</u>이라ᄂᆞᆫ 뜻을 취ᄒᆞ야 텬도교로 고치니라[44]

④	천도교 창건사	1933	聖師ㅣ……12월 1일에 敎名을 天道敎라 하니 이는 大神師의 <u>道則天道</u>라 하신 本名을 그대로 내놓은 것이오[45]
⑤	천도교 약사	2006	의암성사가 동학을 천도교라 한 것은 《동경대전》〈논학문〉에 '<u>도는 천도요 학인즉 동학(道雖天道 學則東學)</u>'이라고 한 구절에 근거한 것이다.[46]

우선 ①이 천도교로의 개편 당시에 대외적으로 알렸던 광고 문안이라는 것인데 사료적 신빙성이 약하다. 이 내용을 기록한 자료가 1979년의 것이며 일본의 어느 신문인지도 알려져 있지 않아 확인하기도 어렵다. 또한 필자가 살펴본 바로는 '종지宗旨', '강령綱領', '목적目的' 등의 소개 항목은 1920년대 후반에 가서야 천도교 측에서 사용된다.[47] 그렇다면 〈표 2〉에서 ② 만세보와 ③ 본교력사가 비교적 믿을 만한 초기 사료라 할 수 있다. 두 자료에서는 천도교라는 이름의 근거를 '도즉천도 학즉동학道則天道 學則東學'에서 도출했다. 이는 《동경대전》의 〈논학문〉 구절에서 따 온 것으로 생각된다. 이런 인식은 오늘날 천도교의 공식 교사敎史를 담은 《천도교약사天道敎略史》에서도 동일하다.

그런데 엄밀하게 본다면 〈논학문〉에는 '도즉천도 학즉동학'이 아니라 '도수천도 학즉동학道雖天道 學則東學'이라고 되어 있다. 수운은 1862년 초 자신의 가르침을 '동학'이라 부르는 이유를 밝히고자 '도는 비록 천도이지만 학은 동학이다'라고 했다. 이때 '비록'이라는 용어는 강조점을 '천도'가 아니라 '동학'에 두기 위해 사용한 것이다. 동학 관계자들은 40여 년 뒤 거의 정반대 문맥에서 '천도교'라는 이름의 근거를 끌어오려 할 때에도 〈논학문〉의 이 구절에 주목했던 듯하다. 이 글에는 천도와 동학의 관계가 언급되어 있었으므로, 천도교가 예전의 동학이라는 사실도 밝히려던 관계자들에게 유용한 자료로 인식되었기 때문으로 생각된다. 그러나 원문 그대로 '道雖天道 學則東學'으로 인용하면 '천도'라는 이름을 선택하는 것이 다소 궁색하게 되므로 부지불식간에 '도즉천도'라는 표현으로 바꾼 것 같다. ⑤《천도교약사》에서는 원문을 바로 잡았지만 원문에 대한 번역에서는 '도는 천도요'라 해 여전히 '도즉천도道則天道'의 의미를 따르고 있다.

이런 맥락을 고려할 때 ④《천도교창건사》의 구절은 더욱 미묘하다. 이 글에서는 "대신사大神師의 도즉천도道則天道라 하신 본명本名을 그대로 내놓은 것"이라고 했다. 여기서의 '도즉천도道則天道'는 다른 자료처럼 〈논학문〉 해당 내용의 앞부분으로 볼 수도 있지만, 그렇지 않을 가능성이 더 크다. 《동경대전》에서 '도즉천도道則天道'는 〈포덕문〉의 앞부분에서 고대 중국에서 성인이 정한 질서와 이치를 언급하는 맥락에서 한 번 나온다. 바로 "도즉천도 덕즉천덕道則天道 德則天德"이다. 이돈화는 교명의 유래를 〈논학문〉 구절로부터 끌어오는 데 부담을 느꼈는지, 〈논학문〉의 해당 구절과 유사하지만 맥락은 전혀 달리 천도의 보편성을 언급하는 〈포덕문〉의 구절을 인용한 것이다. 이돈화의 이러한 시도나, 그 이전 혹은 이후에 나타나는 '착오'들을 보면 '동학'에서 '천도교'로의 개칭이 커다란 전환이었고 이것을 동학 초기 경전의 권위로 합리화하려 애쓴 흔적을 살필 수 있다.

'천도교'라는 명칭뿐만 아니라 천도교라는 종교의 의의와 '인내천'의 의의 등에 대해서도 새롭게 설명하려는 노력이 이루어졌다. 1910년대에는 이러한 노력이 주로 《천도교회월보天道敎會月報》라는 종교

월간지를 통해 이루어졌다. '인내천'이라는 용어는 《대종정의大宗正義》(1907)에서 처음 나온다. 선행 연구에 따르면 인내천은 해월 대의 '인시천人是天' 등으로 표현되던 것이 근대 철학의 영향을 받아 '인내천'이라는 존재론적 의미로 정착하게 된 점, 인내천의 제시에는 양한묵의 역할이 컸으며 양한묵의 참가한 1900년대의 천도교 초기 교리서에는 주체―객체, 현상―본질 등 근대 철학의 개념들이 반영되었으면서도, 그 영향력은 외재적인 데 머물렀으며 성리학적 개념의 영향이 강했다는 점 등이 밝혀졌다. 또한 1910년대 중반부터는 양한묵 다음 세대의 이론가인 이돈화李敦化(1884~1950)가 교리 정비와 체계화의 주도권을 형성해 나갔다는 점도 밝혀졌다.[48]

한편 천도교로 전환되면서 '동학' 단계에서 보이던 동서양의 공간적 구별의식은 후경화後景化하고 '천도'라는 보편이 전경화前景化하면서 이러한 보편에 이르는 발달의 문제가 초미의 관심사로 대두했다. '종교의 시대가 도래했다'거나 '종교의 발달'과 그 발달의 최고 단계에 천도교가 위치해 있다는 식의 논리가 갖추어지기 시작했다.[49] 이돈화는 천도교의 신관神觀을 범신론으로 설명하면서도 아래의 예문에서 볼 수 있듯이 여기에 진화론적인 요소를 투영시켰다.

① 진화進化는 우주宇宙의 대법칙大法則이라.[50]
② 첫째―, <u>우주宇宙는 대大흔 일활정一活精인데 물질物質은 기의其 표현表顯쏜</u> 둘째二, 물질物質의 혹或 조직組織을 생류生類라 운云ᄒ고 차此 조직에는 우주대활정宇宙大活精의 일부분一部分에 조직체組織體가 되야 표현表顯ᄒ느니 시是를 생령性靈이라 운云홈 ……대신사왈

大神師曰 물물천사사천物物天事事天이라 ᄒᆞ시니 만고萬古의 훈고訓詁니라(굵은 글씨는 인용자).⁵¹

③ 동물은 최最진화의 우주요 인생은 최最진화의 동물이니 시是가 여余의 인생관의 벽두劈頭로다. ……연연하면 만유萬有는 즉卽 신神의 영적靈的 표현表顯에서 인人은 즉卽 만유萬有의 최진보最進步ᄒᆞᆫ 자者로 ……人卽神 神卽人의 관념이 是라(강조는 인용자).⁵²

이 예문을 보면 동학 단계에서 범천론汎天論적으로 파악된 '천'[物物天事事天]은 만물에 내재된 '대활정大活精'으로 연결되고 이것이 신神과 동일시되는 경로를 알 수 있다. 그러면서도 특히 인간이 그러한 신적 특성을 가장 잘 표현하고 있다는 점에서 '인즉천, 신즉인人卽神, 神卽人'이라고 해 '인내천'을 신과 진화의 개념으로 풀이했다. 이러한 결론은 다음과 같이 인생의 목적을 '신이 되기 위해 진화하는 것'으로 간주하게 되어 사람들의 부단한 실천을 추동하게 되었다.

무슨 까닭에 인생은 진화하는가 하면, 사람으로서 신에 접근하며 직접 신이 되고자 하는 신상神想에서 나왔기 때문이라 할 수 있다. 그렇다면 우리는 신의 최고 생각[最高思]에 도달하기 위해 무의미의 생활을 영겁 이래로 계속할 뿐이며, 이에 인생의 무의미한 생활은 곧 대의미大意味의 생활인데, 인생의 최종 목적은 신 바로 그것이다.⁵³

이와 관련해 필자는 선행 연구에서 범신론과 진화론을 하나의 체계 속에서 설명하는 논리로 일본의 관념론 철학인 '현상즉실재론現

象卽實在論' 철학의 수용과 그 시점, 효과 등을 규명한 바 있다. 즉 이돈화의 글에는 1915년 2월에 발간된 이노우에 테쓰지로井上哲次郎의 《철학과 종교》 제1장의 내용, 특히 '종교, 철학, 과학'이라는 구분법이 이돈화가 3개월 뒤인 1915년 5월에 발표한 〈최고소견법最高消遣法〉에서 발견된다는 것이다.[54]

여기서는 이런 점에 덧붙여 현상즉실재론 철학의 '현상—실재' 구분의식이 동학 초기 경전의 내용과 밀접한 관련을 갖고 있었음을 간단하게 언급하고자 한다. 예의 〈최고소견법〉 내용과 《동경대전》의 〈불연기연不然其然〉 내용을 비교하면 다음과 같다.[55]

> 시試ᄒ야 과거 백천억 무량수無量數의 중생을 파파把ᄒ야 여汝ㅣ **하고何故로 생생生ᄒ얏ᄂᆞ냐 문間ᄒ면 일인一人도 기其 생생의 이유를 확답홀 자者ㅣ 무無ᄒ리라**. 억역抑亦 하고何故로 사사死ᄒᄂᆞ냐 문間ᄒ면 일인一人도 역亦 사사의 이유가 하변河邊에 재在홈을 답홀자ㅣ 무無ᄒ리라. …… 고로 종교ᄂ 최고소견법ㅣ 됨을 망홀치 물勿ᄒᆯ지어다. ……고로 인생은 이리코져ᄒ야도 득이得己치 못홀 일종 선천적 지정의知情意의 작용이 유有홈으로 백년 미만의 오면烏兎[세월]중에서 천고영겁千古永劫의 희망을 포包ᄒ고 …… **개蓋 소견법은 인생의 천직天職을 찰나찰나로 실천實踐홈을 위홈이니 찰나에서 찰나를 리離ᄒᄂ 간間에 무궁ᄒ 천직天職이 차리此裏에셔 소화消化됨을 통견通見ᄒ라**.(강조는 인용자)[56]

아! 이같이 헤아림이여. 그 그러함을 미루어 보면 기연은 기연이나 그렇지 않음을 찾아서 생각하면 불연은 불연이라. 왜 그런가. 태고에 천황씨는 어떻게 사람이 되었으며 어떻게 임금이 되었는가. 이 사람의 근본이 없음이여, 어찌 불연이라고 이르지 않겠는가. ……무릇 이와 같은 즉 불연은 알지 못하므로 불연을 말하지 못하고, 기연은 알 수 있으므로 이에 기연을 믿는 것이라. 이에 그 끝을 헤아리고 그 근본을 캐어본 즉 만물이 만물되고 이치가 이치된 큰 일이 얼마나 먼 것이냐. 하물며 또한 이세상 사람이여, 어찌해 앎이 없는고, 어찌해 앎이 없는고 ……먼데를 캐어 견주어 생각하면 그렇지 않고 그렇지 않고 또 그렇지 않은 일이요, 조물자에 부쳐 보면 그렇고 그렇고 또 그러한 이치인저(강조는 인용자).[57]

두 인용문에서 밑줄 친 부분을 비교해 보면 기본적으로 같은 내용을 담고 있음을 알 수 있다. 〈불연기연〉에서는 우리의 경험과 인식으로 쉽게 알 수 있는 세계인 '기연'은 그 근본이 '불연'과 맞닿아 있어서 양자는 외면상 다른 것처럼 보여도 궁극적으로 동일하므로 모든 것을 섭리에 부쳐 보아야 한다는 점을 강조했다.[58] 이돈화는 이러한 〈불연기연〉과 유사한 내용을 〈최고소견법〉에서 삶의 궁극적 진리를 종교를 통해 체득해 나가도록 제시하고 있는 것이다. 이런 사고방식은 '현상과 실재(본체) 간의 동일성'을 전제로 하는 '현상즉실재론' 철학과 일맥상통한 까닭에 이돈화는 이 일본 철학을 적극적으로 받아들일 수 있었다고 생각된다.[59]

한편 1910년대 초부터 '후천개벽'이 제시된 것도 특징적이다. 이에 대해서는 선행 연구를 간단하게 소개하고 넘어갈 것이다. 김형기는 이 시기 천도교 관계자의 후천개벽 논의를 다음과 같이 정리했다. 첫째, 동학 초기 경전에 나온 '하원갑'은 '선천先天'으로, '상원갑'

은 '후천後天'으로 대체되었으며, 수운의 득도를 개벽으로 규정하면서 본래의 천지창조 개벽만큼 그 의미가 확대되었다. 둘째, 그 결과 '다시개벽' 대신 '후천개벽'이라는 개념이 사용되기 시작했고 이것은 '무형無形의 개벽' 즉 인간 정신의 개벽이란 의미를 가져, 선천개벽의 물질적 개벽과 구분되었다. 셋째, 그럼에도 불구하고 아직 1910년대에는 후천개벽이 일관된 의미로 정리되지 않았으며 체계적인 정리는 1920년대에 이루어졌다.[60]

생명: '천'의 세속화·정치화

1920년 무렵이 되면 천도교의 '천'은 이전의 종교적 범위를 넘어서게 된다. '인내천'은 1918년경 인간의 본성을 '신앙성信仰性'과 '사회성社會性'을 겸비한 것으로 보는 등 사회 방면을 포괄하는 원리로 발전할 토대를 갖추었고, 이러한 내용은 '인내천주의人乃天主義'라고 해 '~이즘ism'이 붙은 이름으로 교단 너머까지 선전되었다. 천도교 청년층은 한편에서는 계몽종합월간지 《개벽》을 창간해 문화운동 등을 주도했으며, 다른 한편에서는 천도교청년회와 천도교청년당 등을 계기적으로 조직해 종교적 사회운동을 전개했다. 그 과정에서 이돈화와 김기전 등 《개벽》의 운영을 주도한 천도교 청년 엘리트들은 다양한 실천적 활동과 더불어 이론적 활동을 통해, 자신들의 인내천주의가 제반 사상적 조류와 정치 이념 등을 포괄하고 사회 개혁을 추진할 수 있는 최고의 이념을 가졌다는 사실을 보여 주고자 했다.

이러한 이론적 활동을 시종일관 담당하고 주도한 인물은 이돈화였다. 이 시기 이돈화의 사상에 대해서는 필자의 연구가 있다. 그 연구에서는 이돈화가 1910년대 말의 인내천주의를 1920년대 초 '사람성性주의'로 세속화시키고, 이후 민족주의와 사회주의를 각각 받아들이면서 각각 '범汎인간적 민족주의'라는 일종의 정치사상과, 마르크스주의를 크게 의식한 '수운주의水雲主義'를 계기적으로 생성해 나갔던 과정을 천도교 사회운동의 변동과 관련해 고찰했다.[61] 이 장에서는 이러한 기존 연구를 참조하되 이 글의 주제에 집중하면서 이전에 충분하게 규명하지 못한 점을 중심으로 논의를 전개하고자 한다.

이 시기 이돈화의 저작 활동은 두 가지 상이한 층위에서 동시에 전개되었음을 먼저 염두에 둘 필요가 있다. 《개벽開闢》, 《별건곤別乾坤》, 《농민農民》 등 사회일반을 대상으로 하는 종합월간지가 그 하나이고, 《천도교회월보天道敎會月報》, 《신인간新人間》 등 천도교도를 대상으로 하는 월간지가 다른 하나이다. 그가 발행한 단행본의 경우에도 《인내천요의人乃天要義》(1924), 《수운심법강의水雲心法講義》(1926)가 천도교도 등 종교적 독자를 상정한 것이라면, 《신인철학新人哲學》(1931)은 일반인을 대상으로 한 종교철학서의 성격이 짙다. 이돈화는 이러한 지면의 성격에 따라 사용하는 용어의 표현, 개념 등을 조금씩 다르게 취사선택했다.

1920년대의 사상적 전개는 크게 볼 때 이전의 '천天'이나 '신神'이 '자아自我의 영성靈性', '사람성性', '대자연大自然' 등을 거치면서 '생명生命'으로 나아가는 한편, 이전에 종교적 범위를 중심으로 대두했던 '후천개벽'이 사회개혁적 차원으로 확장되면서 '3대개벽三大開闢'론과 '지상천국地上天國'으로 정립되었다. 여기서는 중간의 매개가 되는 용어에 대해서는 가급적 검토를 제한하고 '생명'과 '지상천국'의 대두과정을 중심으로 살펴보기로 한다. 양자는 밀접하게 관련되어 있었다.

《개벽》에서 이돈화가 '생명'에 뚜렷하게 의미를 부여하면서 본격적으로 제시한 것은 1922년 무렵이다. 이광수의 〈민족개조론〉이 실린 《개벽》 23호 지면에 그도 민족개조의 방법으로 '생명무궁주의生命無窮主義'의 입장을 제시했다. 이 입장은 이광수의 해법보다는 다소 추상적인데, 그것은 "민족성을 향상하기 위해서는 민족성의 근본 정신되는 민족적 공통 생명철리生命哲理에 집착해야 한다"는 것이다. 구체적으로 그는 '우주의 최고 생명이 인류의 생명으로 나타났고, 인류의 생명이 조선 민족의 생명으로 흘렀다'고 보았다. 나아가 '조선 사람은 자신이 민족적 대大생명 속의 하나임을 자각할 때 개개인이 영원한 개조와 원기를 얻게 된다'고 주장했다.[62]

이철호는 이돈화의 이 글에 대해 주목할 만한 지적을 했는데 그 내용은 다음 몇 가지로 요약된다. 첫째, '생명은 1910년대 후반에는 개인의 자아 각성을 입법화하는 문화담론의 핵심이었으나 1920년대에 들어서면 민족적 자아의 정당화 기제로 포섭된다'. 둘째, '이돈화는 개인의 정신개조에서 민족적 차원의 도덕개조로 자기확장할 때 논리적 준거를 생명론에서 찾았다'. 셋째, 이돈화의 글에서 인용된 버나드 쇼George Bernard Shaw(1856~1950)의 '생명력'과 관련해 버나드 쇼의 '초인超人' 개념은 이돈화의 '인내천주의'와 맞닿아 있다. 또한 '이돈화가 구사하는 〈령靈〉의 수사修辭는 그 이전 장덕수나 이광수 등《학지광學之光》세대나 김억, 황석우 등 청년문사들이 즐겨 사용한 자아 각성의 수사적 표현과 중첩된다".[63]

이철호의 이러한 지적은 이돈화의 '생명' 개념이 놓인 당대의 맥락을 환기해 주는 의의가 있다. 다만 그의 생명 개념을 이해하기 위해서는 버나드 쇼나 문학도의 논리 등을 활용하게 하는 내적 기반에도 주의를 기울일 필요가 있다.

《인내천요의》의 '생명'에 관한 설명을 보면, 생명발생론에서 이돈화가 '활정론活精論'을 지지하고 있는 점, 그리고 '생명은 운동이며 운동은 욕동欲動'이라고 한 점 등에서[64] 1910년대의 영향을 읽을 수 있다. 특히 생명에 관한 논의를 요약하면서 그는 "전全 우주의 생명은 만유萬有의 생명이 되며, 만유萬有의 생명의 결과는 필경 사람성性의 생명이 되어야 사람적 종교성을 형성한 것이라 할지라"고 했다.[65] 이 대목을 1916년에 발표한 그의 글 중 "만유萬有는 즉卽 신神의 영적靈的 표현表顯에서 인人은 즉卽 만유萬有의 최진보最進步흔 자者"라는 내용과 비교해 보면, 종전의 '신神'이 '생명'으로 대체되었음을 확인할 수 있다. 또한 1910년대에 그가 영향을 받았던 이노우에 테쓰지로의 《철학과 종교》에서 욕동欲動(Trieb) 개념이 매우 중요하며, 이 저서에서 '생명과 자아 문제' 등도 서술되고 있었던 점을 고려하면, 이돈화가 '생명'이라는 용어를 선택할 때 이노우에의 저서도 중요한 영향을 끼쳤을 것으로 생각된다.

이처럼 이돈화의 '생명' 개념은 앞 시기의 '신神'이 세속화한 것으로 볼 수 있는데, '생명무궁주의'에서 제시된 그의 민족관은 곧이어 《개벽》이 표방한 '범인간적汎人間的 민족주의'라는 일종의 정치 사상

으로 이어지면서 '민족주의'와 '인류주의'의 조화·지향을 추구하는 《개벽》의 입장을 드러냈다.[66]

한편 '생명' 개념은 이후 사회주의 세력과의 이론적 경쟁 과정에서 그 중요성이 더욱 커져 갔다. 1920년대 전체를 놓고 보면 이돈화의 활동에서 사회주의 사상의 유물론과 발전론에 대해 이론적으로 대결하는 일이 가장 중요한 과제였다. 이에 관해 필자는 첫째, 이돈화가 1923년 2월부터 일 년 동안 《개벽》 등에 거의 글을 발표하지 않는 정황과 이후의 글에서 마르크스주의의 영향이 보이는 것으로 보아 이 기간에 마르크스주의에 대한 대응을 준비하면서 《인내천요의》를 집필했다는 점, 둘째, 1924년 3월에 출간한 《인내천요의》에서 이돈화는 1910년대에 기초를 형성한 자신의 이론을 정리했으며, 사회주의가 대두하던 상황에서 종교 사상인 인내천주의를 강화해 이에 대응하고자 했다는 점, 셋째, 마르크스주의의 수용과 비판적 차이화라는 그의 입장은 1926년 무렵 〈생명의 의식화意識化와 의식의 인본화人本化〉라는 글로 종합적으로 제시되었으며, 이 글은 자본주의 비판의 함의를 가진 '자본 본위에서 사람 본위로', '자본주의의 인간화' 등의 주장을 개진했다는 점, 넷째, 이돈화는 1926년 《수운심법강의》를 발간해 마르크스주의를 동학의 '후천개벽론'에 접맥하려 했다는 점 등을 규명했다.[67]

여기서는 이런 점을 염두에 두되 《인내천요의》와 《수운심법강의》를 사회주의에 이론적으로 대응하기 위한 계기적인 노력으로 파악하면서 특히 '생명' 개념의 제시와 '후천개벽론'의 전개에 초점을 맞춰 검토하고자 한다.

이돈화는 《인내천요의》의 〈제1장 서언緖言〉의 〈제1절 신사회에 요要하는 종교적 정신〉에서 무종교사상無宗教思想의 대표로 칼 마르크스 등의 사회주의 사상을 거론하며 이를 비판함으로써 이 저서의 집필 동기를 사실상 밝히고 있다. 이 책은 인내천주의가 가진 종교 사상의 기초를 확실하게 다지기 위해 최제우를 '대신사大神師'로 부르며 궁극적인 신앙의 대상을 '한울님'으로 표기했다. 그리고 '인내천의 발원發源'을 밝히는 대목에서는 수운의 종교 체험에 관한 초기 경전 기록의 '모순성'을 드러내면서 이를 새롭게 해석하고자 했다. 그에 따르면 〈포덕문〉의 '신선의 말씀이 문득 귀에 들어왔다'라는 대목이 '천어天語가 바깥에서 안으로 들어온 것'을 말한다면, 〈논학문〉의 '안으로는 가르치는 말씀이 내렸다'라는 대목은 '천어天語가 안으로부터 바깥으로 나온 것'이어서 서로 모순된다는 것이다. 이러한 모순적 기록에 대해 이돈화는 그것이 '대각大覺의 순서를 말한 것'으로 풀이했다. 즉 〈포덕문〉은 대각의 초경初經인 경신년 4월의 일이며, 〈논학문〉은 9월 이후의 진정대각眞正大覺의 경지를 말한 것이라 했다.[68] 이처럼 수운의 경신년 종교 체험을 구분해 초기에는 인격적 상제와의 문답을 나타냈고, 후기에는 '오심즉여심吾心卽汝心'처럼 '신인神人 근본일체의 원리'를 드러낸 것으로 의미 부여하는 관점은 《수운심법강의》와 《천도교창건사》(1933)에서도 기본적으로 관철되었다.[69]

그런데 이 글의 〈개념화 너머의 초월적 존재〉 절에서도 검토했듯이 초기 경전에서 경신년의 종교 체험에는 4월과 9월이 구별되어 있지 않다. 다만 〈안심가〉에서 체험 당시 궁극적 존재와 문답하면서 그가 일러주는 대로 '영부靈符 타서 마신 것이 칠팔삭 되니 가는 몸이

굵어지고 검던 낯이 희어졌다'는 대목이 있기는 하다. 아마도 이러한 단서와 초기 경전 이후에 수집된 자료 등을 반영해 종교 체험을 두 단계로 구분한 것 같다. 이러한 의미화 작업은 수운의 종교 체험을 비인격적이며 내재적인 것으로 해석하려는 지향을 담은 것이라 할 수 있다. 이런 지향은 《인내천요의》에서 이돈화가 '신인합일神人合一이라는 말 자체에는 여전히 신과 인간이 별개라는 인식이 있다'고 언급한 대목에서도 드러난다. '생명' 개념의 사용은 이런 인식의 귀결점이었다.

《수운심법강의》에서는 장절별 서술 분량이나 내용으로 보아 8개 장 중에서 '후천개벽'을 서술한 제5장이 중심이며 이 장의 12개 절 중에서는 〈12절 지상천국의 의의〉가 중심이 되었다.[70] '지상천국'은 이미 1923년 9월에 출범한 천도교청년당天道敎靑年黨에서 '당의 주의 主義'로 표방된 바 있는데, 이 책에서는 '지상천국'이 초기 경전의 '지상신선地上神仙'을 뜻하는 말이라는 점을 명시하고 있다.[71] 나아가 그는 이를 풀이하면서, 기존 종교에서는 내세來世를 공간적 관점에서 언급해 '유령' 등 허무맹랑한 얘기를 하지만, '지상천국에서 말하는 내세는 시간상으로 정한 내세來世이다'라고 해 종교적인 내세관을 현실의 사회개혁적 이상으로 바꾸었다.[72] 이는 마르크스주의의 이상사회론인 공산주의 사회를 염두에 두면서 강조하게 된 것이라고 추정된다.

이처럼 사회주의 사상에 대한 이돈화의 대응 노력은 종교적인 층위에서 《인내천요의》를 통해 근대화된 교리체계를 정비하고, 다른 한편으로는 《수운심법강의》를 통해 사회주의의 개혁론을 받아들일 만한 동학사상의 후천개벽 전통을 확인하는 노력으로 나타났다. 1920년대 후반에 이돈화는 이러한 물밑 작업의 기반 위에서 '인내천주의'에 사회주의 사상을 비판적으로 수용해 나간 것으로 보인다. 그 결과물은 1931년 그가 출간한 《신인철학新人哲學》으로 나타났다. 《신인철학》은 이전의 두 저서와는 그 위상이 달랐다. 그것은 물밑에서 진행해오던 사회주의 사상과의 이론적 대결과 사상체계의 편성을 마무리하고 그 결과를 사회 일반의 독자에게 내놓은 종교철학서였다. 《신인철학》이 사회주의와의 이론적 대결을 크게 의식해서 저술한 '철학서'라는 점은 책의 이름과 본문 내용·형식 등에서 여러 가지로 확인할 수 있지만 특히 다음의 몇 가지에 명확하게 드러난다. 첫째, 이 저서에서는 주어를 '수운주의水雲主義'로 일관하고 있다는 점이다. 이 명칭은 한편에서는 '마르크스주의'를 의식해 이와 동일한 방식으로 만든 용어이며, 다른 한편에서는 종교사상적 층위에 머물러 있던 '인내천주의'를 철학적 담론으로 '세속화'한 것이기도 했다. 둘째, 《인내천요의》와 《수운심법강의》에서는 교조 최제우를 가리킬 때 당시 교단에서 사용하던 '대신사大神師'라 했으나, 《신인철학》에서는 모두 '수운水雲'으로 표기한다는 점이다. 손병희에 대해서도 '성사聖師'라 하지 않고 '손의암孫義菴' 등으로 표기했다. 2년 뒤에 그가 천도교단의 공식 교사敎史로 편찬했던 《천도교창건사天道敎創建史》에서는 모두 '대신사', '성사' 등으로 표기했음에 비추어 본다면 《신인철학》은 이런 교리·교사와는 그 층위를 달리하는 저서임을 알 수 있다.

   이런 점을 염두에 둔다면 《신인철학》의 제일 첫 장에 나오는 '한울' 개념과 그에 관한 이돈화의 풀이도 좀 더 잘 이해할 수 있다. 〈제1편 우주관〉, '제1장 한울'의 '갑甲, 한울의 명의名義'는 다음과 같은 내용으로 되어 있다.

〈무궁한 이 이치理致를 무궁히 살펴내면 무궁한 이 울 속에 무궁한 내 아닌가〉이것은 수운의 노래이다. ……〈무궁한 이 울〉이라함은 곳 〈한울〉을 가르쳐 하는 말이니 무궁은 〈한〉을 의미한 말이며 한은 〈크〉다는 뜻이다. ……〈울〉이라는 뜻은 양적 의미에서는 범위를 표상한 것으로 해석할 수 잇는데 공간상으로 본 무궁無窮의 범위와 시간상으로 본 통삼계通三界의 범위를 총합總合한 우주 전체를 가르쳐 〈울〉이라 말한 것이니 ……질적 의미에서 이 〈울〉이라 함은 〈우리〉라는 뜻이니 ……우리는 곳 나와 동류同類를 포함하야 말하는 것임으로 한울은 곳 〈큰 나〉라는 뜻으로 해석할 수 잇다. 이를 한자로 말하면 한울은 대아大我라는 뜻으로 개체되는 소아小我에 대하야 소아와 관계되는 〈우리〉를 대아大我라 명칭한 것이다. ……〈한울〉이라 함은 인격적 신神을 가르쳐 하는 말이 아니라 부분에 대한 전적全的이라는 의미이며 소아小我에 대한 대아大我라는 이름이오 일층 나아가 종교적 명칭으로 볼지라도 〈한울〉은 범신관적汎神觀的이며 만유신관萬有神觀으로 해석할 수 잇고 ……**여기서 이름하는 한울의 개념은** ……소아小我 즉 아我의 개체와 대아大我 즉 한울은 근본에서 동일한 것을 음미한 것으로 소아는 대아에 융합일치融合一致될 수 잇다함이니 한울의 명의名義는 이 노래의 뜻으로 인因하야 더욱 명백하야 젓다(강조는 인용자).[73]

인용문 마지막 부분에서 드러나듯이 '한울'은 사실상 '인내천'의 의미를 내포하고 있는데, 이돈화는 그동안 자신을 포함해 천도교단 등에서 사용해 온 궁극적 존재에 관한 호칭 중에서 'ᄒᆞᄂᆞᆯ님'이라는 《용담유사》의 한글 호칭을 계승하면서도 '님'을 탈각시키고 그 내용에서는 범신적이고 내재적인 성격이 강조된 용어로 새롭게 재정의했다. 이보다 더 중요한 점은 여기서 그가 '한울'을 '개념'으로 취급하고 있다는 사실이다. '철학서'에서 궁극적 존재 혹은 원인을 개념적으로 정의하는 일은 어찌 보면 당연하다고 할 수도 있으나, 이런 개념화 방향은 이미 그의 종교 사상 등에서도 나타나고 있었다. 《수운심법강의》에서 이미 그는 《동경대전》〈논학문〉에 제시된 동학의 21자 주문을 풀이하면서 '天主'에 대해서도 "천주는 곧 신神의 의미이니"라고 풀이를 한 바 있다.[74] 《천도교창건사》에서도 마찬가지이다.[75] 이런 태도는 20자 주문에 대해서는 모두 풀이를 하면서도 유독 '천天'에 대해서는 침묵함으로써 근신함을 보였던 수운水雲과는 크게 차이난다.

마지막으로 《신인철학》에서 '생명' 개념과 '지상천국' 개념이 어떤 방식으로 배치되고 있는가를 언급하고자 한다. 이 책은 '우주관宇宙觀, 인생관人生觀, 사회관社會觀, 개벽사상開闢思想, 도덕관道德觀'의 다섯 편, 17개 장으로 구성되었으며, 총 300여 쪽 분량 중에서 각 편이 60쪽 내외로 서술상 균형을 이루고 있다. '생명'에 관해서는 〈제1편 우주관〉에서, 지상천국에 관해서는 〈제4편 개벽사상〉에서 서술하고 있다. 각 편에서 두 개념이 어떤 문맥에 놓여 있었는가를 알기 위해 필자는 선행 연구에서 각 편 내용 요지와 이에 대한 논평을 제시한 바 있다. 즉 "〈우주관〉 편에서 이돈화는 우주의 본체를 '한울'로 제시했다. 한울은 최제우가 말한 '지기至氣'에 해당하며 이돈화의 저서 《인내천요의》에서는 '천도' 혹은 '신' 등으로 표현되었던 개념인데, 《신인철학》에서 그는 한울, 곧 지기를 '일원적 세력'이자 '생명적 활력'으로 묘사했다. 그에 따르면 만물·개체는 '지기'가 스스로를 '표현'한 것이다. 이러한 경로에 따라 '지기적 생명'은 인간 자아의 본체 부분, 즉 '무궁아'를 이룬다는 것이다"라고 했다.[76]

여기서 볼 수 있듯이 이 단계에 오면 이돈화는 그동안 발전시켜 온 '생명'을 '지기至氣'와 결부시킨다. 《천도교창건사》의 21자 주문 풀이에서도 《동경대전》〈논학문〉의 주문 풀이를 그대로 인용하면서 "지기至氣라는 것은 영부靈符 즉 대우주大宇宙의 대생명大生命을 이른 말이니"라는 대목을 끼워 넣었다.[77] 《신인철학》에서도 그는 '지기'를 '일대생명적一大生命的 활력活力'이라 했다. 여기서도 1910년대에 가졌던 '신神=우주의 대활정大活精'의 세속화된 표현을 간취할 수 있다.

〈개벽사상〉 편에서 이돈화는 정신개벽과 민족개벽, 사회개벽을 순차적으로 설명한 뒤 마지막으로 '지상천국'에 관해 언급하면서 자신이 강조하는 '수운주의'를 민족주의나 사회주의, 자유주의, 이상주의 등과 구별했다. 그에 따르면 수운주의란 "인간격 중심에다 모든 사상, 모든 주의를 귀납해 그를 융화하며 그를 통일케 해 그에게 생명을 부여하는 주의"였다. 그리고 수운주의의 목적은 "민족주의도 사회주의 이상도 아니라 오직 지상천국에 있다"고 했다. 그런데 이돈화는 수운주의의 목적인 지상천국의 내용에 대해서는 구체적인 답변을 유보한 채, "그 시대 시대에서 각각 보다 좋은 신新사회를 의미한 것"이라는 추상적 설명에 그쳤다. 지상천국은 인간격을 표준으로 한 것이라서, 인간격이 발달되면 될수록 지상천국의 내용이 무한히 진전되기 때문에 명확하게 규정하기 어렵다는 것이 그 이유였다. 이 점에서 '지상천국'은 사람이 결코 도달할 수 없지만, 지향해야 할 실천적 지평에 해당했고, 바로 그러한 점 때문에 어떤 경우에도 결코 고갈되지 않는 '영원한 이상'이 될 수 있었다.[78]

인용문에서 알 수 있듯이 흥미롭게도 이돈화는 수운주의의 목적으로 부각시킨 '지상천국'에 대해서는 정작 추상적으로만 얘기하고 있다. 이것은 《동경대전》의 '시천주'에 나오는 '천주'에 대해 설명하고 이를 철학적 개념으로 재정립하는 태도와 상반된다. 그는 '지상천국'에 대해 진지하게 생각한 바가 없었던 것일까. 그리고 이것이 '종교이론가'가 그리는 세계관의 한계인 것일까.

그런데 5년 전에 집필한 《수운심법강의》에서 그는 '지상에 천국이 될 날의 요건'을 첫째, '개인의 생사生死를 사회적 유기론有機論으로 타산打算해 사회라 하는 대아大我의 불생불멸不生不滅을 믿는 것', 둘째, '국가적 권력과 계급 대립, 귀천의 차별 등 모든 인위적 권력을 일소一掃하고 인류성人類性의 상호부조相互扶助의 덕성德性으로 살아나가는 것', 셋째, '의식주의 부자유不自由와 질병의 재앙과 같은 자연적 압박이 없는 것'으로 제시한 바 있다.[79] 이 언급 중 첫 번째 내용은 《신인철학》의 '대아, 즉 생명과의 일체감'이나 1920년대 중반의 '생명무궁주의'와 상통하는 것으로 '생명' 개념과 '지상천국' 개념의 결합을 간취할 수 있는 대목이다. 즉 '지상천국'의 제1요건은 곧 인간 스스로가 세계와 하나로 연결되어 있다는 자각에서 오는 일체감과 평온이라는 주장으로서 강한 종교적 태도에 기초하고 있다고 생각된다. 두 번째와 세 번째 내용은 이보다 더 구체적인 내용을 담은 것이라 생각된다. 충분히 제시할 만한 이런 생각을 가졌음에도 불구하고 그가 《신인철학》에서 '최종적으로 알고 싶은 것은 지상천국의 내용일 것이니 이 문제에 이르러서는 현재 인간의 이상理想으로도 답변할 수 없는 동시에 또는 장래 인간의 이상理想으로도 답변할 수 없는 것임을 알아야 한다'라고 단언하고 있는 이유는 무엇일까.[80] 이는 다름 아니라 '지상천국' 개념의 내용을 명확하게 정의하지 않음으로써 이 개념이 역설적으로 인간의 무한한 실천과 성취에도 견딜 수 있는 '영원한 이상'의 지위를 유지하기를 바랐던 것이라고 생각된다. 이런 점에서 '천天'에 대한 수운의 침묵과 '지상천국地上天國'에 대한 이돈화의 침묵은 닮아 있다. 자신이 체험한 궁극적 존재에 대한 경외감은, 자신이 지향하는 이상사회의 순결성을 지키려는 정서와 상통한다. 그럼에도 불구하고 커다란 차이점도 있다. 수운의 '시천주'가 종교적 실천으로서의 함의를 가진 데 비해 이돈화의 '지상천국地上天國'은 사회개혁적 이상에 해당했다. 또한 이와 관련해 후자는 무한한 시간성의 구도 속에 배치되고 있었다. 이 점에서 '공간을 시간화하는' 사회진화론적 사유의 영향을 발견할 수 있다.

'천' 개념의 이후 행로

본문의 내용을 요약하고 한두 가지를 덧붙이고자 한다. 동학교단과 그 후신인 천도교단의 교리에서 '천天' 개념의 변화를 사회운동과 연관시켜 살펴보면 제1기(1860~1904)에는 주로 종교체험을 설명하는 데 머물렀으며 '천'에 대한 개념화는 이루어지지 않았다. 궁극적 존재를 나타내는 표현으로 '천주', 'ᄒᆞᄂᆞᆯ님', '상제' 등이 사용되었는데 종교체험 초기에서 후기로 갈수록 인격신적 성격이 약화되고 내재신적인 성격이 강화되었다. 또한 사회개혁과 밀접하게 연관된 '개벽' 등의 용례는 상대적으로 매우 적은 빈도를 보였고 '천도'에 내포된 종교적 보편성은 '동학'이라는 지역성에 의해 제약되었다.

제2기(1905~1917)에는 '동학'을 '천도교'로 개칭하면서 교단 차원에서 '천도'라는 교명의 유래를 설명하는 데 곤란함을 노정하면서도 큰 흐름은 서구 근대의 종교 개념이나 보편적인 발달론 등을 수용하는 데로 나아갔다. 근대적 신관神觀을 받아들이면서 기존의 '천天'은 '신神'으로 바뀌었고 이것은 '우주의 대활정大活精'으로 설명되었다.

제3기(1918~1933)로 가면 이전에 종교적 차원에 국한했던 천도교의 활동이 사회로 확산되는 가운데 이전의 '천天·신神' 개념은 세속화되고 정치화되기 시작했다. 이런 개념화를 주도한 이돈화는 '생명生命'과 '지상천국地上天國' 개념을 강조하면서 사회주의 등 여타 경쟁적 정치이념과 스스로를 차별화하고자 노력했다.

이상과 같이 동학·천도교의 사회운동에 따라 심화·확충되었던 '천' 개념의 의미는 1933년 천도교 사회운동의 중단 이후 위축되었다. 오랜 휴지기를 지나 1945년 초 이돈화는 《동학지인생관》을 출간했는데, 여기서는 《신인철학》 등에서 개진한 한울·생명 같은 용어나 사회적 관심, 종교철학적 담론 등은 축소·해체되고, 서술의 중심은 신神과 인간의 관계라는 종교적 주제에 한정되었다. 또한 '생명·한울'을 통해 강조했던 '본체의 진화'라는 운동성은 사라졌다. 《신인철학》에서는 제1편 제1장의 첫 부분을 '한울'로 시작한 데 반해 《동학지인생관》에서는 '반대일치反對一致의 진리'로 시작하고 있다. 그에 따르면 '반대일치'란 '동서남북, 청황흑백靑黃黑白 등 무수한 모순된 상태가 결국 우주 전일적全一的 원리에 일치된다'라는 뜻이다. '우주는 완전한 전체이므로 무한한 우주 가운데 모든 반대와 모순이 통일되어 있다'는 것이다.[81] 이돈화는 이러한 '원리'를 중심에 놓고 신과 인간, 우주와 인간의 문제를 풀어간다. '지기至氣=생명'을 통해 생동하는 우주의 변화를 설명하는 방식이 거의 사라지고 일종의 '주리론主理論'적 입장이 전면화된 것이다. 이런 변화는 현실 운동에서 물러났던 1930년대의 천도교 측 상황이 투영된 것으로 보인다.

식민지 시기에 추구한 이돈화의 종교철학적 노력은 해방 후 천도교단에 커다란 영향을 끼쳤지만 '생명' 개념이나 《신인철학》은 크게 주목되지 못하는 형편이다. 가장 큰 이유는 '종교를 너무 철학화해 수운의 본뜻에서 멀어졌다'는 것이다. 그러나 개념사적 관점에서 본다면 이돈화의 개념과 저작은 동학의 초기 사상에서 멀어진 문제가 있는 글이라기보다는, 식민지 시기 종교와 사회의 경계에서 고민했던 인물과 그가 대표한 천도교단의 풍부한 경험을 내장한 텍스트이다.

오늘날 천도교단은 1920년대의 철학화된 교리를 반성하고 종교성의 강화를 위해 교조 최제우로 돌아가자는 태도를 보이고 있다. 오히려 '생명' 개념은 1989년 장일순, 김지하 등이 주도한 〈한살림선언〉에서 재등장했고, 향후 생태주의나 시민운동의 영역에서 더욱 주목될 것으로 보인다. 향후에는 이런 점을 "전통적 '천' 개념의 계승 및 단절"이라는 거시적인 시각에서 검토하고자 한다.

허수

though
근대 중국의 미신 비판과 옹호

량치차오와
루쉰을 중심으로

근대 중국과 '미신' 개념

미신은 이성 내지 합리성을 진리 판단과 가치 평가의 기준으로 삼는 근대에 들어 그 기준에 부합하지 않는다고 여겨지는 이전의 신앙 형태들을 다분히 폄하의 태도로 지칭하는 개념이다. 물론 근대 이전에도 미신에 대한 비판이 없었던 것은 아니지만, 특히 "이성이 신앙의 재판관이요 안내자로서 만물의 척도가 된 이성의 시대"[1]에 미신에 대한 비판은 계몽운동의 주요한 작업 가운데 하나가 된다.

  16~17세기 서구의 계몽기에 엘리트들에게 미신은 매우 실질적이고 위협적인 존재였다. 근대 초기 유럽에서 각 당국들은 그들 고유의 가치라는 미명 하에 민중 문화를 개혁하려고 시도했다. 16세기 독일의 경우에는 성직자들의 노력이 세속적인 당국이나 아카데믹한 전문가들의 노력으로 대체되었다. 17세기 말기 성직자·자유사상가·철학자·과학자들은 모두 일치단결해 마녀나 예언·기적·신탁 등

미신으로부터 인류를 구출하고자 했다.[2]

19세기 후반부터 시작된 근대 서구 세력의 중국 진출, 이른바 서세동점西勢東漸은 중국인에게 서구에 대한 본격적이고 정확한 인식을 강요했다. 몇 차례의 전쟁에서 처참한 패배를 맛본 뒤 중국인들은 근대 서구의 과학기술(주로 군사기술과 연관된)에서 그들의 우월성을 발견했지만(양무운동), 러일전쟁에서 일본의 승리를 목도하고서 근대 일본의 힘이 바로 메이지유신을 통해 건립한 입헌주의 정치체제에 있다는 인식에 이르러 정치체제와 제도에 주목하게 되고(변법운동), 나아가 이른바 5·4신문화운동기에 이르러 사상의식(특히 윤리)에 그 근본이 있다고 생각하게 되었다. 이 5·4신문화운동기에 미신에 대한 비판은 유교를 중심으로 하는 전통 문화와 사상의식에 대한 비판의 일환으로 정점에 이르게 된다. 이것이 서세동점에 대한 근대 중국의 대응 방식이 변천한 궤적에 관한 통설적인 견해다.[3]

그러나 량치차오의 경우 5·4신문화운동에 십 년 가량 앞선 20세기 초에 주로 메이지 일본을 통해 접한 근대 서구의 계몽주의에서 세례를 받아 이성을 기준으로 삼아 미신을 비판하는 한편, 미신을 종교와 병치시키거나 종교와 거의 동의어로 사용하면서 적극적으로 활용하려는 발상을 보여 준다. 그보다 5~6년 뒤에 루쉰魯迅(1881~1936)은 "거짓 선비는 없애고 미신은 보호하는 것이 오늘날의 급선무다"[4]라고 선언하면서, 오히려 미신을 보존해야 한다고 주장한다. 미신에 대해 양자가 이처럼 서로 다른 태도를 보이는 이유는 무엇일까.

이 글에서는 이 질문에 답하기 위해 먼저 예비적 고찰로 전통 중국의 문헌에서 '미신'이 사용된 사례와 근대 중국에서 '미신'이 처음 나타난 이후 널리 사용되기까지 변화 과정, 그리고 거기에 영향을 미쳤을 것으로 추정되는 일본 사상계의 상황을 살펴본 다음, 량치차오와 루쉰이 미신에 대해 서로 다른 견해를 보이는 양상을 밝히고 그 원인을 규명해보고자 한다.

예비적 고찰

중국 전통 사회에서 '미신'이라는 말이 사용된 최초의 사례는 당대唐代의 묘지명에서 발견된다. "수레에서 내려 도만이라는 중이 정수리에 불을 놓고 목에 칼을 차고 고행을 하면서 인민을 미혹시키는데 사람들이 대대적으로 미신한다는 말을 들었다."[5] 여기서 '미신'은 근거 없는 일을 맹목적으로 믿는 비이성적인 심리상태를 일반적으로 가리키며, 민간의 신앙 형태를 지칭하는 용어가 아니다. 민간 신앙을 지칭하는 전통적 어휘로는 '음사淫祀'·'우미愚迷'·'우매愚昧'·'미혹迷惑'·'미망迷妄' 등이 사용되었다.

당대 이후에도 '미신'이라는 단어가 계속 사용되기는 했지만 문헌에는 거의 나타나지 않다가 송대宋代에 두 사례가 발견된다. 장준張浚(1097~1164)의 《자암역전紫巖易傳》에서는 각각 군주가 옳지 않은 것을 주장하는데 신하가 맹목적으로 추종하는 것을 미신이라 지칭하고[6], 유창劉敞의 《공시집公是集》에는 "천명을 미신한다"라는 구절이 나온다[7]. 두 사례는 모두 불교나 도교와는 무관하며, 유가사상 내부의 비판적인 견해를 표현하는 데 미신이라는 단어가 사용되었다.

청대의 필기筆記에는 미신이 동사나 명사로 사용된 사례가 드물지 않다. 진기원陳其元(1812~1882)의《용한재필기庸閒齋筆記》와 유성목劉聲木(1876~1959)의《장초재수필속필삼필사필오필萇楚齋隨筆續筆三筆四筆五筆》에서는 미신이라는 단어를 사용해 유학의 관점에서 불교와 도교의 의식儀式 내지 행태를 비판하고 있다. 유성목은 〈일본애호불사日本愛好佛寺〉에서 유교의 제사와 조상 숭배를 미신이라 할 수 없다는 견해를 피력하기도 했다.[8] 리우진자오劉錦藻(1862~1934)는 예수교의 유일신 신앙이 불교의 인과응보설과 모순되고 예수교를 "맹종미신"하며 중국의 예교를 훼손한다고 비판했으며[9], 관방의 전례에 어긋나는 신앙 행위를 미신이라고 지칭하기도 했다.[10] 귀신이나 신선을 신앙하는 행위와 무관하게 엘리트의 관점에서 하층 사회에서 이성적 사고를 거치지 않고 맹종하는 태도를 미신이라고 비판하는 경우도 있었다.[11]

이처럼 전통적 어휘로서 '미신'은 다양한 함의를 갖고 있다. 그것은 기본적으로 유가를 정통으로 삼고 있어서 과학에 대립되는 의미로서의 현대 미신 관념과는 차이가 있다. 그러나 대체로 유가의 우주관을 정통으로 삼아 조상 숭배를 긍정하고 불교와 도교의 신앙 형태와 의식 행위 및 수련 방식을 미신이라고 비판한다. 한편으로는 느슨한 유불도 관념과 관방 이데올로기가 결합해 관방의 규정에 어긋나는 민간 신앙을 미신으로 규정하거나, 군주의 주장을 맹목적으로 추수하는 신하의 행위를 미신이라고 비판하는 데서 나타나는 것처럼 합리적인 이성적 사유를 거치지 않은 행태를 미신이라고 규정하는 등, 미신이라는 용어는 대체로 유가 사상을 표준으로 삼되 때로 상당히 넓은 의미로 사용되었다.

근대 중국에서 '미신'이라는 단어가 처음 등장한 것은 1888년이다. 이전까지의 연구에서는 마이중화麥仲華가 편찬한《황조경세문신편皇朝經世文新編》(1898)과 천중이陳忠倚가 편찬한《황조경세문삼편皇朝經世文三編》(1898)에 '미신'이 처음 나타났다고 보았다. 즉《황조경세문신편》권16 외사류外史類에 이름을 알 수 없는 일본인 필자가 쓴 〈유럽의 현황[論歐洲現情]〉에 '미신'이라는 단어가 최초로 나타나며, 《황조경세문삼편》권74 외양상무류外洋商務類의 〈외양상무치언外洋商務卮言〉에도 글의 연원을 밝히지 않은 채 〈유럽의 현황을 논함〉에서와 동일한 의미로 '미신'이라는 단어를 사용했다는 것이다.[12] 그러나 근래의 연구에서 두 책에 실린 〈유럽의 현황〉은 이미 1897년《시무보時務報》에 실렸던 글로, 이를 일본인 후루시로 사다키치古城貞吉 (1866~1949)가 번역했으며 이 세 글들은 완전히 동일한 것이라는 사실이 밝혀졌다.[13]

하지만 이것도 근대 중국에서 현대적 의미의 '미신'이 나타난 최초의 사례가 아니다. 최근의 연구에 의하면 1888년《신보申報》에 이미 '미신'이라는 단어가 등장한다. 여기에 실린 〈동영하경東瀛夏景〉에서는 후쿠자와 유키치福澤諭吉(1835~1901)가 1882년 창간한《지지신보우時事新報》의 기사를 전재하며, 미국의 영부인과 일부 미국인들이 인도의 과부를 구제하려는 단체를 결성한 사실을 전하고 있다. 그러면서 인도에서는 남편이 죽으면 아내를 순장하는 구습이 없어졌지만 재가를 금지하는 악습은 여전히 지속되고 있는데, 이는 종교를 미신하기[迷信宗敎] 때문이라고 설명하고 있다.[14] 여기서 이미 미신을 종교와 병치해 사용하며 종교에 대해 부정적인 평가를 함축하고 있음을 확인할 수 있다.

문제는 근대 중국에서 미신이라는 단어는 1888년 《신보》에 처음 등장하고 이후 1897년 《시무보》에 다시 나타나기까지 십 년의 공백기가 있다는 사실이다. 왜 이런 공백기가 있었을까. 황커우黃克武는 중국 사대부와 외국 선교사가 '종교'에 대해 상반되는 태도를 갖고 대립하며 동시에 유학이 종교인가 아니면 교화 혹은 철학인가를 둘러싸고 논쟁이 벌어져서 종교·미신·교화(혹은 철학) 등의 개념에 대한 명확한 정의가 내려지지 않아서 이들 어휘의 사용에 제약이 가해졌기 때문에 공백기가 생겼다고 분석했다. 초기에는 종교와 미신을 연용連用했으며 그래서 때로 '미신'을 가리키기 위해 단지 '종교'라고 지칭하면 되었다는 것이다.

1897년 이후 중국 정기 간행물에서는 '미신'이라는 단어의 쓰임이 점차 증가하는데, 주로 종교와 미신을 하나로 묶어 '과학'과 대립시키는 방식으로 사용되었다. 이는 현대 일본어에서 미신을 과학과 대립하는 것으로 보는 용법이 이식된 것으로 추정된다고 한다.[15]

일본에서 과학과 대립하는 것으로 '미신'이라는 단어가 출현한 시기는 대체로 1880년대(메이지 20년대)로, 최초의 용법은 '종교에 대한 미신'이었다. 한자 어휘 '미언迷信'이 사전에 처음 등록된 것은 1886년 《화영어림집성和英語林集成》에서이며, 여기서 '미언迷信'은 영어 superstition의 번역어였다. 일본어에서 '종교宗敎'라는 단어가 출현한 때는 대체로 1870년대이며, 사전에 등록된 것은 1886년이다. '미언

迷信'과 '종교宗敎'가 같은 시기에 사전에 등록된 사실로부터 양자의 출현과 사용이 서로 밀접한 관계가 있음을 알 수 있다.[16]

중국에서는 1902년부터 신해혁명기까지 국내외에서 간행된 정기 간행물에 '미신'이라는 단어가 대량으로 사용되기 시작한다. 1904년 9월 11일 《안휘속화보安徽俗話報》 제11기에 발표된 쥐타이卓呆의 〈속무귀론연의續無鬼論演義〉에서는 미신의 발생 논리를 분석했고, 1904년 12월 31일 《동방잡지東方雜誌》 제1년 제11기에서는 《영동일보嶺東日報》의 〈논강신지미신신권論彊臣之迷信神權〉을 전재했는데, 이는 '미신'이라는 단어가 글의 제목에 사용된 최초의 사례이다. 1905년 5월 28일 《동방잡지東方雜誌》 제2년 제4기에서는 《중외일보中外日報》의 〈논혁제귀신미신지법論革除鬼神迷信之法〉을 전재했는데, 여기서는 '하층 사회의 미신'이 국가 빈약의 근원이라고 주장했다. 1905년 《신민총보》 제24기에 《인성人性》 잡지 주필 후지카와 유富士川遊가 집필하고 중국인 쥐쉐咀雪가 번역한 〈논신앙論信仰〉에서 독일 철학의 인식론을 빌어 신앙 개념을 정의하고 '이성적 신앙'과 '미신'을 구분한 뒤, 두 신앙은 모두 인류의 감관感官 경험이 자연 세계를 잘못 인식한 데서 근원하며 미신은 비이성적인 것으로서 인류의 이성이 아직 발달하지 않은 시기의 산물이라고 파악했다.[17]

이 시기에 '미신'이라는 단어가 널리 사용된 데에는 량치차오의 영향이 매우 컸다. 량치차오는 1902년 《신민총보新民叢報》에 〈학술의 힘이 세계를 좌우한다論學術之勢力左右世界〉·〈공교의 보존은 공자를 존숭하는 길이 아니다保敎非所以尊孔論〉·〈중국 학술사상 변천의 대세論中國學術思想變遷之大勢〉·〈종교가와 철학가의 장단득실論宗敎家與哲學

家之長短得失〉·〈불교와 사회의 관계論佛教與群治之關系〉 등의 글을 잇달아 발표했는데, 이 글들에서는 '미신'이라는 단어가 중요한 개념으로 등장한다.

량치차오—미신의 비판에서 활용으로

미신·종교의 비판

량치차오가 종교에 대한 자신의 관점을 최초로 밝힌 것은 1899년 《청의보淸議報》에 실린 〈중국의 종교개혁에 관해[論支那宗教改革]〉에서이다. 여기서 량치차오는 국가의 강약과 성쇠가 전적으로 국민의 지식·능력에 달려 있고 국민의 지식·능력은 전적으로 국민의 사상에 달려 있으며 국민의 사상은 전적으로 국민의 습관·신앙에 달려 있다고 인식했다. 이어서 서양 근대 문명은 종교 개혁과 문예 부흥에 힘입었다는 인식에 기초해서 종교를 긍정적으로 파악해 "종교는 국민의 두뇌를 주조하는 약료이다[宗教者鑄造國民腦質之藥料]"라고 정의하고 있다. 그리고 캉유웨이의 공교를 지지하면서 유학이 보수·전제·독선·문약·단협單狹·애신愛身에 반대하고 진화·평등·겸선·강립強立·포용博包·중혼重魂을 주장하는 일종의 종교라고 주장하며, "공자의 참된 교의를 밝혀[發明孔子之眞教旨]" "국민의 지력을 증진시키려는[增進國民之識力]" 시도를 "종교 혁명"이라고 불렀다.[18]

1902년 초에 이르러 종교에 관한 량치차오의 관점은 부정적인 것으로 바뀐다. 먼저 량치차오가 종교를 어떻게 정의하고 있는지 살펴보자.

서양인이 말하는 종교는 전적으로 미신·숭배이다. 그 권력 범위는 육신계 밖이고, 영혼을 근거로 하고, 예배를 의식으로 하고, 세속으로부터의 이탈을 목표로 하고, 열반과 천국을 궁극의 경지로 삼으며, 내세의 화복을 법문으로 삼는다. 여러 종교가 규모와 수준의 차이는 있지만 대체로 동일하다. 그래서 종교를 받드는 것은 기신起信이 가장 긴요하고 복마伏魔가 가장 시급하다. 기신은 사람들의 회의를 금하고 사상의 자유를 질식시키는 것이다. 복마는 문호를 견지해 배외하는 것이다.[19]

여기서 말하는 미신은 "아무런 과학적·합리적인 근거도 없는 것을 맹목적으로 믿음"을 가리킨다. 피안을 현세와 대립하는 세계로 바라보고 예배 의식을 행하며 성찰적 사유를 거치지 않은 신앙을 모두 '미신'이라고 부르는 것이다. 그리고 그러한 미신은 "사람으로 하여금 진보하게 하는 도구가 아니다"[20]라고 비판한다. 또한 '미신'이라는 단어를 종교와 연용하거나 병치해 사용하는 것은 앞에서 살펴본 것처럼 애초부터 근대 중국의 관행이었거니와, 량치차오 역시 이에서 벗어나지 않는다는 것을 확인할 수 있다.

량치차오가 종교(미신)를 비판하는 다른 논거는 신앙의 자유와 정교 분리의 원칙이다. 그는 "유럽에서는 종교 때문에 전쟁이 수백 년 동안 벌어지고 수십만이 피를 흘려서 오늘날 역사서를 읽으면 모골이 송연해진다"라고 하면서 서구에서 신앙의 자유가 국가의 헌법에 명기됨으로써 종교 분쟁이 거의 종식되었으며, 신앙의 자유는 국민의 품성을 고양하고 국가 사회를 통합하는 데 기여하는 효과를 거둔다고 보았다. 나아가 량치차오는 정치와 종교의 권한을 획정해 서로 침범하지 않게 하는 것이 더 핵심적이라고 주장한다. "정치는 세간법에 속하고 종교는 출세간법에 속한다. 교회가 자신의 권력으로 정부를 침해할 수 없음은 본래 말할 나위도 없지만, 정부도 그 권력을 남용해 국민의 마음과 영혼을 관여해서는 안 된다"[21]는 것이다.

량치차오가 미신을 비판하는 이유를 좀 더 구체적으로 들어보자.

> 종교가가 말하는 것은 입신하는 길이고 일처리 하는 길이며, 강학하는 것이 아니다. 왜 그런가? 종교와 미신은 항상 서로 연계되어 있기 때문이다. 일단 미신이 있으면 진리는 반드시 절반쯤 가려지고, 미신이 서로 이어지면 사람의 지혜가 진보하지 못하고 세상도 마침내 진보하지 못하게 된다. 그러므로 학술을 하는 사람은 미신을 적대시하지 않을 수 없고, 미신을 적대시하면 그것과 연계된 종교를 적대시하지 않을 수 없다.[22]

여기서 량치차오는 사람이 진리를 밝히는 데 걸림돌이 되어 학술의 발전에 장애가 되고 결국 인류 사회의 진보를 가로막는다는 이유에서 미신을 비판하고 있다. 특히 학술은 세계에서 가장 광범하고 장구한 세력으로서, 오늘날 우리가 누리는 문명의 혜택이 모두 학술에서 나온 것이라고 보았다. 량치차오가 보기에, 근대 서구문명을 선도한 두 원인은 십자군전쟁과 문예 부흥이다. 십자군전쟁으로 유럽인이 다른 종족과 접하게 되어 학문을 전습하고 지식을 증대시켰다. 또한 희랍 언어문자의 학에 종사해 아리스토텔레스 등 희랍 제현의 책을 읽어 사상이 크게 발달해 문예부흥이 일어남으로써 유럽은 더 이상 종교·미신에 속박되지 않게 되었다.[23]

량치차오는 종교·미신에 대한 비판을 전제군주제에 대한 비판으로 연계시킨다. "미신하는 자들은 오묘한 최상의 진리란 조물주만이 아는 것이고 우리는 알 수 없다고 한다. 이는 전제군주의 법률을 인민이 알 수 없다는 것과 다를 바 없다."[24] 신과 인간의 관계에서 설정된 지적 능력의 불평등이 군주와 인민 사이의 지적 불평등과 연계된다고 본 것이다. 지적 불평등은 곧 권력의 불평등으로 이어진다. "문명의 세계에서 강함이라고 하는 것은 곧 전적으로 지력의 강함이"기 때문이다.[25] 그런데 "모든 동식물과 인간 세계에서 강약이 서로 크게 차이 나는 때에는 약자에 대한 강자의 권력이 강대해지지 않을 수 없다. ……짐승에 비유하면 범과 사자는 아주 강하기 때문에 약한 짐승을 마음대로 포식한다. 사자와 범의 권력이 크고 사나운 것은 오직 강하기 때문이다. 인간의 경우도 마찬가지다."[26] 신의 강함(여기서는 지적 우월성)을 바탕으로 해 신의 권위를 빌어 강권을 행사하는 것이 신권정치라면, 치자(특히 군주)의 강함을 들어 피치자(인민)에게 강권을 행사하는 것은 전제정치라는 것이다.

량치차오는 종교를 정의하고 또 비판하면서 그것을 미신과 연계시키고 있다. 이 맥락에서 량치차오는 미신과 종교를 엄격하게 구분하지 않는다. 오히려 미신을 종교와 거의 동의어로 사용하고 있다.[27] 이는 종교와 미신의 효용을 인정하면서 적극적으로 활용하자고 주장하는 맥락에서도 동일하다.

미신·종교와 근대 국민국가의 건설

이제 량치차오가 종교·미신의 활용을 주장하는 논법을 살펴보자.

그는 인류 사회에서 종교·미신이 궁극적으로는 소멸되리라고 예측한다. 그가 보기에 "종교는 문명의 최고 원칙이 아니다".[28] 따라서 문명이 최고도로 발달하면 종교는 결국 소멸될 것이라고 본다. "종교는 오직 의식儀式을 중시하므로 자유가 제창되면 의식이 소멸되고 오직 신으로 귀결될 뿐이다. 그러므로 진리가 밝혀지면 미신은 소멸된다. 그것은 미래의 문명에서 결코 용납될 수 없다. 진화의 원리가 그렇다."[29]

량치차오는 실제로 인류 문명이 발달함에 따라 종교·미신이 쇠퇴하는 현상을 확인할 수 있다고 주장한다.

과학의 힘이 날로 성하고 미신의 힘이 날로 쇠하며, 자유의 영역이 날로 확장되고 신권의 영역이 날로 위축된다. 오늘날 예수교의 세력은 유럽에서 수백 년 전에 비해 십 분의 일이에 불과하다. 과거에는 각국의 군주가 모두 교황의 승인을 우러러 존귀해졌지만 오늘날은 황제 제도가 저절로 굴러간다. 과거에는 교황이 로마의 천부를 끼고 전 유럽을 지휘했지만 오늘날에는 이태리에 머물러 있다. 과거에는 목사와 신부에게 모두 특권이 있었지만, 오늘날에는 정치 참여를 불허한다. 정계에서만 그런 것이 아니다. 학계에서도 그렇다. 과거에는 교육 사업이 전적으로 교회에 속했지만, 지금은 국가에 귀속된다.[30]

량치차오에 따르면 종교·미신의 세력이 쇠약해진 데는 과학의 힘이 큰 역할을 했다. 코페르니쿠스의 지동설 이래 "천문학이 발달하자 과거 종교가들의 각종 오류가 더 이상 사람들을 속일 수 없게 되"었고[31], 다윈이 진화론을 주장하자 "진화론이 나오기 이전의 종교·미신의 이론이 모두 근거를 상실하게 되었다. 그래서 교회 사람들은 다윈을 몹시 미워해 그의 뇌에 마귀가 거주한다고 했다".[32]

종교·미신의 세력이 비록 쇠약해졌지만, 그렇다고 완전히 소멸한 것은 아니다. 아직 인류 문명이 최고도로 발달하지 않았기 때문이다. "오늘날 세계는 완전한 문명과는 거리가 있어서, 종교는 이 세상에 없어서는 안 된다."[33] 근대에 들어 문명의 발달에서 뒤진 중국의 경우에는 더욱 그렇다. 량치차오에 따르면 문명이 최고도로 발달하면 교육으로 종교를 대체하는 것이 가능하지만, 현재 중국은 그런 시점에 이르지 못했다.[34] 그렇다면 중국은 종교·미신을 적절하게 활용할 필요가 있다.

량치차오가 단순히 문명의 발달에서 중국이 뒤쳐져 있기 때문에 중국에 종교·미신이 필요하다고 주장하는 것은 아니다. 그가 종교(또는 미신)를 활용하고자 하는 데는 보다 근본적인 이유가 있다. 바로 종교·미신이 발휘하는 탁월한 능력 때문이다.

먼저, 종교는 사회의 통합에서 가장 중요한 요소다. 량치차오는 "종교 정신은 군대 정신이다"라고 하면서, 인민의 의지를 통일시키는 데 종교가 발휘하는 능력에 주목했다.

> 오늘날 세계 중생은 근기가 박약해 ……반드시 무언가에 의지해 통일된 연후에 멋대로 경쟁하고 범위 밖으로 벗어나고 산만해 단결하지 못하는

일이 없게 된다. 통일의 수단은 하나가 아닌데, 종교는 가장 중요한 요소다. 그러므로 사람마다 자유로운 가운데 무형의 것이 위에 있어서 정신을 한 데 결집시켜 객기를 부리지 않게 하는 것은 종교보다 뛰어난 것이 없다.[35]

또한, 종교사상이 없으면 사람은 자기제어와 절제를 할 수 없게 되며, 그러면 못할 짓이 없게 된다고 보았다. 그는 당시 중국 사회에서 서양의 학설에 대한 오해 내지 천박한 이해로 인해 일어나는 병리적인 행태를 이렇게 지적하고 있다.

오늘날 이른바 시대를 아는 준걸은 입으로는 한두 가지 신학 용어를 주워 모아서 고래로 전해오는 일체의 도덕을 버리고 경중을 따질 가치가 없다고 한다. 근래 철학자가 말하는 신도덕은 한 자락도 들여다보지 못하고 스스로는 공덕을 다한다고 하는데, 나는 그 공덕이 표현할 만한 것이 있는지 본 적이 없고 사덕은 일찍이 멸시받고 버려졌다. ……벤담의 공리주의 서적을 읽으면 오직 쾌락만 생각한다. 아담 스미스의 국부론을 읽으면 공익을 증진시키려 하지 않고 사재만 증식시킨다. 다윈의 생존경쟁 이론을 보고서는 단체를 결성하려 하지 않고 내부 투쟁만 일으킨다. 로크와 칸트의 의지자유 이론을 들으면, 놀이와 방탕으로 서로 이끌면서 나의 천부적 권리라고 말한다. 카부르와 비스마르크의 외교정책을 보면 서로 사기와 권모술수로 이끌면서 내가 일처리 하는 수단이라고 말한다.[36]

량치차오는 서양에서 이 학설들이 성행했지만 위와 같은 병폐가 없는 것은 근엄하고 확고한 종교의 제어 때문이라고 한다. "서양의 교의는 매우 천박하지만, 최후의 심판이나 천국이 가깝다는 등의 학설을 날마다 떠들썩하게 외쳐 사회에서 중하 수준에 있는 사람들이 두려워 감히 궤도에서 벗어날 수 없게 할 수 있었다"는 것이다. 그렇지만 이런 교의는 철학 원리에서는 인정할 수 없고 오래 지탱할 수 없으며, 불교의 업보설이야말로 사람의 방자한 행동을 제어하는 데 탁월할 뿐만 아니라 학문의 논리에 의해서도 결코 논파되지 않는다고 보았다.[37] 업보설을 믿으면서 "방자하고 포기하며 금일에 악업을 지어 내일에 악과를 거두"려고 하지는 않으리라는 것이다.

량치차오가 불교에 주목하는 이유는 또 있다. 량치차오에 따르면 다른 종교의 신앙에서는 교주의 지혜를 교도는 미칠 수 없다고 여겨서, 억지로 믿는 것을 궁극으로 삼는다. 전지전능한 절대자에 비하면 인간은 왜소한 존재인 것이다. 그러나 불교에서는 교도의 지혜가 교주와 평등해질 수 있다고 한다. 그래서 기신起信을 법문으로 삼지만, 불교의 신앙은 미신이 아니라 '지신智信'이다.

> 불교의 최대 강령은 자비와 지혜를 함께 닦는 것[悲智雙修]으로, 항상 미혹으로부터 깨달음으로 전환하는 것[轉迷成悟]을 핵심적인 일로 삼는다. 기독교의 초월적인 신이 일반 신자들이 미칠 수 없는 전지전능을 가진 데 비해, 불교에서는 일반 신도의 지혜가 교주의 지혜와 평등하다. 그래서 불교는 신앙하되 미신에 빠지지 않는다[信而不迷].[38]

일반적으로 "철학은 의심을 귀하게 여기고 종교는 믿음을 귀하게 여긴다".³⁹ 그러나 불교에서 말하는 깨달음은 부처의 존재를 알고 맹신하는 것을 가리키지 않는다. 각자가 불성을 깨쳐서 스스로 부처가 되는 것이다. 이는 종교·미신에 대한 비판을 전제군주제에 대한 비판과 연계하는 논의와 대비된다. 지혜의 평등을 주장하면 지적 불평등이 권력의 불평등으로 이어지는 고리가 분쇄될 수 있기 때문이다.

량치차오에 따르면 믿음에는 두 종류가 있다. 그것은 정신正信과 미신이다. 정신이든 미신이든 참된 믿음은 지극한 진실성 혹은 진정성을 가져다준다. 이 지극한 진실성은 사람과 사물을 움직이는 힘이 있다. 그래서 위대한 인물은 항상 종교에 의지해서 경천동지하는 대사업을 이룰 수 있는 것이다.⁴⁰ 신심과 열정을 갖고 자신의 사업에 헌신할 수 있게 하는 신앙의 가치를 인정하는 태도는 한참 뒤에도 변함없이 지속된다.⁴¹

한편, 량치차오는 도교와 기독교의 개인 신앙을 비판하면서 대승불교를 높이 평가한다. "불교는 인도·티베트·몽골·미얀마·태국 등에서는 늘 소승의 미신을 지녔지만, 유독 중국에 들어와서는 대승의 이론을 빛냈다"⁴²고 한다. 량치차오가 소승불교는 미신이지만 대승불교는 미신이 아니라고 주장하는 이유는, "모든 종교는 화복을 말하고, 화복이 나오는 곳은 항상 타력이며, 기도나 예배 같은 것이 모두 복을 부르는 가장 핵심적 법문"인데, "불교는 타력을 말하지 않은 것은 아니지만, 소승에서만 말하고 대승에서는 말하지 않았"기 때문이다.

량치차오는 이처럼 자력신앙으로서 개개인의 내적 깨달음을 통해 열반에 이른다는 점에서 불교를 높이 평가할 뿐만 아니라, 나아가 대승불교에서 말하는 보살심·보살행이 당시 중국 사회에 필요하다고 주장한다. 붓다는 "오직 보살행을 행하는 사람이 성불한다. 독각선을 닦는 사람은 영원히 성불할 수 없다"고 했다. 독각은 자신의 개인적 깨달음[自證自果]으로 만족하는 사람이다. 독각과 부처의 차이는 종이 한 장 차이지만, 붓다는 "나는 이승성문을 위해서는 설법하지 않겠다"라고 해 그들을 증오하고 통렬하게 거부했다. 그리고 "성불하지 않은 중생이 하나라도 있으면 나는 성불하지 않겠다"고 했다. 이것이 보살심이다. 불교에 귀의하는 사람은 성불을 최고의 희망으로 삼는다. 이제 보살은 중생을 위해 이 최대의 희망조차 희생한다. 그래서 자신을 버리고 타인을 구제하는 위대한 사업은 오직 불교만이 감당할 수 있다. "중생은 미혹에 빠져 있는데 나는 홀로 깨닫고, 중생은 고통스러운데 나는 홀로 즐거운 일은 없다. 국가에 비유하면, 내가 이미 이 나라에 태어났는데 국민은 어리석고 나만 홀로 지혜로우며 국민은 위태롭고 나만 홀로 안전하며 국민은 초췌하고 나만 홀로 영화로운 경우를 보살은 결코 용납하지 않는다."[43] 량치차오는 이처럼 대승불교에서 말하는 보살심·보살행이 국가에 대한 헌신, 애국심을 불러일으킬 수 있다는 점에 주목하고 그것을 근대 국민국가의 건설에 적극 활용하고자 한 것이다.

루쉰—미신의 옹호

"거짓 선비는 없애고 미신은 보존하는 것이 오늘의 급선무다."[44]

전투적인 계몽가 루쉰은 〈나쁜 소리를 없애자[破惡聲論]〉라는 글에서, 과학을 중시하는 관점에 입각해 미신 타파를 호소하는 계몽 지식인을 '거짓 선비'라고 비판하며 위와 같이 선언한다. 그는 왜 미신을 보존해야 한다고 주장하는 것일까. 이 물음에 대답하기 위해서는 우선 그가 말하는 '거짓 선비'가 어떤 사람들인지 알아야 한다.

루쉰은 당시 중국 사회가 소위 지사영웅들이 내는 '나쁜 소리[惡聲]'로 가득한 '시끄러운 세상[喧騷]'이라고 보았다. 그는 당시의 '나쁜 소리'를 크게 두 부류로 나눈다. "여러분은 국민입니다[汝其爲國民]"와 "여러분은 세계인입니다[汝其爲世界人]"가 그것이다. 그 내용을 세분하면, 전자는 "미신을 타파하라, 침략을 숭배하라, 의무를 다하라[破迷信也, 崇侵略也, 盡義務也]"이며, 후자는 "문자를 통일해야 한다, 조국을 버려야 한다, 일치단결을 중시해야 한다[同文字也, 棄祖國也, 尙齊一也]"이다. 양자 모두 자기 내면의 진실성에 근거하지 않고 오직 다수를 추종해 발설한 것으로, 그 결과 타인의 자유·개성을 압살한다는 점에서 똑같다.[45] 그들은 과학·진화·문명을 방패로 삼고 있지만, 사실은 그것들이 무엇인지 전혀 모르고 오직 그 미명을 빌어 자신의 명리를 꾀하는 것에 불과하다. 그래서 '거짓 선비'인 것이다.

'거짓 선비'가 거짓인 이유는 자신의 주견을 갖지 못한 채 다수를 추종하기 때문이다. "수많은 새가 부리를 가지런히 해서 울듯이 입을 맞춰 똑같이 울어댄다면, 그리고 그 울음소리도 자신의 마음을 헤아리지 않고 다만 다른 사람들을 따르며 기계처럼 낸다면, 바람에 흔들리는 나뭇잎 소리와 새소리가 시끄러워 견딜 수 없다 하더라도 그보다는 못할 것이다. 이렇게 되면 슬픔은 배가될 것이며 적막은 더욱 심해질 것이다."⁴⁶ 체화하지 못한 지식을 갖고 주장을 펴고 그 것도 다수가 주장하므로 덩달아 주장하는 '거짓 선비'의 외침은 그 저 '시끄러울' 따름이다. 당시의 시끄러운 정황은 1905년에 연재된 신소설에 나타나는 바, 서양 사상을 잘못 받아들인 자들이 보여 주 는 행태에서 잘 드러난다.

> 당시 천부인권을 잘못 이해한 자가 외국 철학의 껍데기만 표절하고 애국 과 민족보존의 구호를 빌어 집안을 멸족시키고 자신의 부모를 죽게 하기 도 했고, 위에는 일본 모자를 쓰고 아래에는 서양식 신발을 신은 채 당당 히 도시로 들어와 주색잡기를 영웅호걸의 상징인 것처럼 생각하는 자도 있었다.⁴⁷

그런데 '거짓 선비'가 만들어내는 '시끄러움'은 오히려 적막을 더욱 심화시킨다. 바로 '마음의 소리[心聲]'가 들리지 않게 하고 '내면의 빛[內曜]'을 가로막기 때문이다. "내면의 빛[內曜]이란 어둡고 캄캄함을 파괴하는 것이다. 마음의 소리[心聲]는 거짓과는 거리가 먼 것이 다. 인간 사회에 이것이 있으면, 마치 초봄에 우레가 발동하는 것과 같아서 백화가 만발하고 동녘에 먼동이 트면 깊은 밤이 물러간다."⁴⁸ 그래서 루쉰은 다수에 휩쓸리지 않고 주체적인 견해를 갖춘 지사, 곧 세상을 깊이 통찰하고 문명을 정확하게 판단하며 온 세상이 칭송 해도 흔들리지 않고 온 세상이 비난해도 두려워하지 않는 선비가 도 래하기를 희망한다. 그런 지사가 나오면 어둠 속에 서광이 비쳐 국 인들이 내면의 빛을 발해 각자 자아를 갖고 시류에 휩쓸리지 않게

되며, 그러면 중국이 굳게 설 수 있다는 것이다.[49]

　루쉰에게 개성의 해방과 정신의 각성은 기존의 가치체계에 대한 비판의 주체, 외국의 침입에 대한 저항의 주체, 인간 삶의 발전을 저해하는 악에 대한 저항의 주체, 외래문물의 전래에 대한 문화 수용자로서의 주체 등 인간 주체성의 문제로 귀결된다.[50] 그래서 루쉰은 "소리가 자신의 마음에서 발하고 자신이 자신으로 돌아가게 되면, 사람은 비로소 스스로 자기 자신을 가지게 된다. 사람들이 각자 자기 자신을 가지게 되면, 사회의 커다란 각성은 곧 이루어지게 된다"[51]라고 한다. 사람이 스스로 자기 자신을 갖게 된다는 것은 곧 자기 정체성을 갖게 된다는 말이고, 주체적 존재로서 자기 자신의 주인이 된다는 것을 의미한다. 루쉰은 각자가 자기 정체성을 지닌 주체적 존재로 설 때 사회의 각성이 이루어진다고 보았다.

　'거짓 선비'는 주체성을 결여하고 있을 뿐만 아니라 다수를 권위로 삼아 타인의 개성과 자유를 압살하려고 한다. 거짓 선비는 "마치 각양각색의 색채를 검은 색 하나로 덮어 감추듯, 사람의 자아를 압살해 감히 다름을 드러내지 못하게 해서 대중에 매몰시키고, 만약 보조를 맞추지 않는 사람이 있으면 곧 대중을 채찍으로 삼가 공격하고 핍박을 가하며 자유를 허락하지 않는다".[52] 그래서 루쉰은 "이전에는 원수에게 핍박을 받으면 대중을 불러 도움을 청하고, 폭군에게 괴로움을 당하면 대중을 불러들여 폭군을 몰아냈지만, 오늘날에는 대중에게 제재를 당하고 있으니 누구에게서 동정을 구할 것인가"라고 힐난한다. 루쉰에 따르면 과거에는 한 사람이 다수를 지배했고 그래서 간혹 다수가 이반을 할 수 있었지만, 오늘날에는 다수가 한 사람을 학대하게 되어 저항을 허락하지 않는다. "다수가 자유를 제창하고 있지만, 자유 그 자체가 진실로 초췌하고 공허하기 이를 데 없다." 그리하여 루쉰은 "백성들 속에 독재자가 있는 것은 오늘날에 이르러 시작되었다"고 선언한다.[53]

그러면 루쉰은 왜 '거짓 선비'가 주장하는 미신 타파를 비판하면서 오히려 미신을 보존해야 한다고 주장하는 걸까. 이 문제는 먼저 루쉰이 종교를 어떻게 인식하는지 살펴보면서 해답을 찾아가도록 한다.

루쉰은 "대개 사람은 하늘과 땅 사이에 살면서 지식이 혼돈되고 사유가 초라하다면 더 말할 필요도 없거니와, 물질 생활에 안주하지 않는다면 당연히 형이상의 요구를 가지게 되는 법이다"라고 한다. 종교는 이런 형이상의 욕구에 따라 베다(인도) 민족과 헤브라이 민족처럼 "향상을 바라는 민족이 유한하고 상대적인 현세를 벗어나 무한하고 절대적인 지상의 세계로 달려가고자 하는 욕망을 표현한 것이라고 할 수 있다. 사람의 마음은 반드시 의지할 데가 있어야 하는데 믿음이 아니면 사람을 바로 세울 수가 없으니, 종교가 생긴 것은 어쩔 수 없는 일"이라는 것이다.[54]

이처럼 인간의 형이상학적 욕구에 근원해 필연적으로 생겨날 수밖에 없는 종교를 당시 중국의 지사들이 '미망迷妄'이라고 하는 것은, 루쉰에 따르면 종교에 대해 무지하기 때문이며 또한 중국적 전통과 괴리되었기 때문이기도 하다. 원래 중국인은 "옛적부터 널리 숭배하는 것을 문화의 근본이라 여겨 하늘을 경외하고 땅에 예를 갖추었으며 ······하나의 풀·나무·대나무·돌에도 모두 신비한 성령이 깃들어 있고 현묘한 이치가 담겨 있다고 보았다". 그래서 루쉰은 "숭배하고 아끼는 사물이 이토록 많은 나라는 세상에서 보기 드물 것이다"라고 했다. 다만 당시 중국에는 "민생이 어려워지자 이러한 성격은 날로 엷어져서 오늘에 이르러서는 겨우 옛사람들의 기록에서나 볼 수 있을 뿐이고 타고난 성품을 아직 잃지 않은 농민에게서나 볼 수 있을 뿐이다. 사대부에게서 그것을 구한다면 거의 찾아보기 어려울 것이다."[55]

이 신앙 없는 지식인들은 "정신이 질식되어 있어서 오직 천박한 공리만을 숭상할 뿐, 육신은 존재하지만 영각을 상실한" 자들이다. 그들은 "인생에는 마음 끌리는 신비로운 것이 있음을 깨닫지 못하고, 천지만물의 질서정연한 모습을 봐도 아무런 관심을 기울이지 않는다." 뿐만 아니라 물질생활에만 마음을 빼앗겨 "단지 먹고 살기 위해 허리를 굽실거리고, 그러한 자신의 잣대로 남까지 판단하며, 타인이 신앙을 갖고 있는 것을 보고 아주 이상한 것으로 여긴다."[56]

미신 타파를 주장하는 일부 지식인들은 국민을 각성시키기 위해 교육 사업을 진흥해야 하는데, 구국사업은 잠시도 늦출 수 없는 일이기 때문에 사당이라도 점유해 교육을 실시해야 한다고 주장했다. 이에 대해 루쉰은 서양 학문에 대한 이해가 천박할 뿐 아니라 중국 문자에도 밝지 못한 자들이 신식 인사인 척하면서 학생을 호도하고 있는 당시 학교의 실상을 개혁하는 것이 급선무라고 비판했다. 재화를 낭비하고 시간을 허비하게 하기 때문에 마을 제사를 금지시키자는 개명론자들에 대해서는, 마을의 제사는 일 년간의 노동 후에 취하는 휴식의 의미를 갖는 농민의 축제이며 새로운 노동을 위한 준비 행위이므로 매우 유익한 것이라고 옹호했다.[57]

미신 타파를 주장하는 이들은 나름의 이유가 있었다. 주술적 행위들, 이른바 미신은 청말 과학에 의한 의료 기술이 소개되기 이전까지 민중들에게는 병을 치료하는 주요한 수단이었을 뿐만 아니라 예언과 제액 및 유희의 기능까지 담당하고 있었다. 그러나 청대 말에는 주술적 행위의 본래 기능이 점차 타락해 무당의 축재·음행·혹중惑衆 행위가 극에 달했다. 주술적 행위의 폐해로 금지 조치가 행해지기도 했다. 그러나 일시적이었을 뿐 큰 실효를 거두지 못한 채 미신은 더욱 민중 속으로 파고들었다. 이들이 보기에 이와 같은 미신의 폐해는 과학이 발달하지 못했기 때문에 생긴 것이었다.[58]

> 궁정에서 지방관에 이르기까지, 사대부에서 서민에 이르기까지 모두가 동조해 온 나라가 마치 미친 듯이 날로 액막이 기원에 몰두하더니, 그 나쁜 근성이 유전되어 깨뜨려지지 않는다. 오늘날 지구가 서로 통하고 과학이 발달했지만, 억만 황인종은 여전히 박약한 영혼으로 인해 올가미에 겹겹이 둘러싸여 황당무계한 말들을 만들고 여전히 미혹되니 자승자박이다. ……학식 있는 사대부도 종종 우매한 부녀자들과 식견이 같다.[59]

신소설 《소미추掃迷帚》(미신을 쓸어버리는 빗자루)에서는 당시 중국 사회에 만연한 각종 미신 현상에 대해 그 폐해를 열거하고 "중국의 진화를 막는 큰 피해로는 미신만한 것이 없으며" "중국을 구제하기 위해서는 반드시 풍속의 개혁에 착수해야 한다"고 주장했다.[60] 이는 일체의 주술적 사고를 배제하는 서양인의 실증성과 과학 방법이 그들을 강국으로 만든 중요한 요인이라고 보기 때문이다.[61]

그러나 루쉰은 과학이 모든 것을 설명해낼 수 있다는 과학만능주의scientism를 거부한다. "과학을 받들어 유일한 표준으로 삼는 무리"가 "인磷은 원소의 하나이며 도깨비불이 아니며", "인체는 세포가 합성된 것이니 어찌 영혼이 있겠는가?"라고 주장하는 데 대해, 루쉰은 "세상 이치의 신비한 변화는 결코 이과 입문서 한 권으로 망라할 수 있는 것이 아니다"라고 힐난한다.[62] 과학을 구실로 삼아 중국의 오래된 신룡에 대해 회의하는 자들이 동물학의 정리를 갖고 신룡은 절대로 존재하지 않는다고 주장하는 데 대해, 루쉰은 "원래 용이라는 동물은 우리나라 옛날 백성들의 신사神思가 창조해낸 것이며, 이것을 동물학의 범주로 운운하는 것 자체가 그 우매함을 자백하는 것이다"라고 비판한다. 또 고대 그리스와 인도의 신화를 조소하는 데 대해서도 루쉰을 중국의 전통적 '신사' 개념을 들어 반박한다(신사는 '상상력' 또는 '공상력'으로 번역할 수 있는 문학 개념이다). 원래 신화의 시초는 옛 백성이 천지만물의 불가사의를 보고 신사를 왕성하게 해 이것에 의인화를 가한 데서 비롯하는데, 이것을 믿는 것이 타당성을 잃는다고 해도 이것을 조소하는 것은 큰 잘못이라고 한다. 오히려 "태곳적 백성의 신사가 이와 같았으니, 후세인이 얼마나 경이롭게 여기고 찬탄해야 할지 모르겠다"고 높이 평가한다.[63]

루쉰이 말하는 '신사'는 낭만주의 시론의 핵심 개념으로, 두 가지 방향성이 함축되어 있다. 하나는 삼라만상의 신비에 감응해 경외나 불가사의를 느낄 수 있는 감수성이다. 이는 종교심이나 신비주의에 연결되는 경건하며 겸손한 마음이다. 루쉰은 종교의 기원 가운데 하나로 '베다의 백성'이 대자연의 힘에 접해 '두려움으로 삼가 존경하는 마음을 일으킨 것'을 들고 있다. 이는 예술 창조의 원동력이기도 하다. "옛 백성의 신사는 자연의 오묘함에 닿아 있고 삼라만상과 연결되어 있어서, 그것으로 마음을 깨닫던 때 거기에서 심성으로서의 시가 태어났"기 때문이다.[64] 다른 하나는 능동적인 정신으로, '물질 생활에 안주하지 않고 향상을 추구하는' 마음이다. 이는 바로 종교를 낳은 인간의 형이상학적 욕구이며, 또한 모든 기성의 도그마나 다수 의견에 속박되지 않는 자유로운 상상력이기도 하다.[65]

이것은 또한 과학 발전의 주요 기제이기도 하다. 과학 지식은 상상력을 사용해 가설을 세우고 실험과 관찰에 의해 건립된다. 루쉰은 "상상력이라는 측면에서 비록 옛날이 지금보다 뛰어났던 전례가 없는 것은 아니다. 그러나 학문이란 가설을 세우고 실험을 행하는 것이니, 반드시 시대의 진보와 함께 발전하는 것이므로 그것을 숨길 필요가 없다"[66]고 한다. 루쉰에게 과학과 미신은 대립하는 것이 아니라 연결되는 것이었다. 공통점은 '신사', 즉 풍부한 상상력·공상력이다. 근대 과학을 고대인의 '정신'이나 신화작가의 '상상력'과 역사적으로 연결된다고 보는 것은, 과학을 인간 주체의 정신적 산물로 여기며 과학사를 인간의 정신사로 보는 것이다. 말하자면 '새로운 철학'이었던 근대과학을 형이상학의 차원에서 보는 것이다.[67]

미신 담론에 함축된 근대 기획

지금까지 살펴보았듯, "이성이 신앙의 재판관이요 안내자로서 만물의 척도가 된 이성의 시대"에 이성의 대립면인 신앙의 영역에 속하는 미신은 종교와 더불어 비판의 대상이 되지만, 시대 상황과 문제의식에 따라 더러 용인되거나 옹호되기도 한다. 량치차오는 서구 근대 계몽사조의 영향으로 미신·종교에 대해 비판하지만, 다른 한편으로는 종교·미신을 적극적으로 활용하고자 하기도 했다. 량치차오가 종교(또는 미신)를 활용하고자 한 것은 그것이 사회의 통합에서 능력을 발휘하고 사람들로 하여금 스스로를 제어하고 절제할 수 있게 하기 때문이다. 량치차오는 특히 불교의 업보설이 자기 제어와 절제의 면에 탁월한 능력을 발휘한다고 보았다. 또한 불교는 인간을 절대자에 비해 유한하고 왜소한 존재로 설정하는 다른 종교와 달리 깨달음을 통해 교주와 평등한 지혜에 도달하게 한다(그래서 불교의 신앙은 '지신智信'이다). 더욱이 참된 믿음이 가져다주는 지극한 진실성 혹은 진정성은 사람과 사물을 움직이는 힘이 있어 위대한 사업을 이룰 수 있게 하고, 더 나아가 불교에서 말하는 보살심·보살행은 국가에 대한 헌신, 애국심을 불러일으킬 수 있다.

근대 중국에서 '미신'이라는 어휘는 처음 도입될 때부터 종교와 연용하거나 병치하는 방식으로 사용되었는데, 량치차오 또한 이 관행에서 벗어나지 않으며 때로 미신을 종교와 거의 동의어로 사용하기도 한다. 이 점이 그가 미신을 활용하자고 주장하는 데 어느 정도 영향을 미쳤을 것이다. 량치차오가 종교·미신, 특히 불교를 활용하려고 하는 목적은 분명하다. 즉 사람들이 스스로를 제어하고 절제해 국가·사회의 통합에 기여하며, 지극한 진실성·진정성을 갖고 국가와 국민을 위해 헌신하고 기꺼이 자신의 이익을 희생할 수 있게 하려는 것이다. 보다 정확하게 말하면, 근대 국가에 걸맞은 국민을 양성하고자 한 것이다.

루쉰이 "거짓 선비는 없애고 미신은 보존하는 것이 오늘의 급선무."고 할 때 미신은 바로 일상적으로 통용되는 의미의 미신superstition이었다. 루쉰이 미신을 보존해야 한다고 주장하는 이유는 마을 제사에서 볼 수 있듯이 그것이 인간 사회에서 일정한 역할을 수행하기 때문이다. 루쉰에 따르면, 미신은 '신사神思'의 산물인데, 이 '신사'는 삼라만상의 신비에 감응해 경외나 불가사의를 느낄 수 있는 감수성으로 예술 창조의 원동력이며, '물질 생활에 안주하지 않고 향상을 추구하는' 형이상학적 욕구와 더불어 종교를 낳은 심적 기반이다. 또한 '신사'는 과학지식의 건립에 필수적인 가설을 세우는 데 필요한 상상력이라는 측면에서 과학 발전의 주요 기제이기도 하다.

이처럼 루쉰은 미신에서 예술 창조의 원동력과 종교 산생의 심리적 기초를 발견해냈기 때문에 미신을 적극적으로 옹호하는데, 여기에는 물질적 이해에 골몰하는 공리주의나 도구적 이성의 과도한 팽창에 따른 과학만능주의에 매몰되지 않는 근대적 주체를 정립하고자 하는 문제의식이 함축되어 있다. 루쉰이 지향하는 인간형은 자기 정체성을 갖추고 예술적 감수성과 형이상학적 욕구를 구비하며 과학 발전에도 주요한 기제가 되는 풍부한 상상력을 갖춘 인간이었다. 여기에는 사회의 각성과 근대적 국가의 존립도 바로 이러한 인간형에 의지해서 가능하다는 믿음이 깔려 있다.

량치차오와 루쉰이 사용한 미신 개념 자체가 애초에 완전히 동일한 것은 아니었다. 량치차오는 미신을 종교와 구별하지 않고 거의 동의어로 사용하거나 비합리적인 것들을 맹목적으로 신앙하는 비이성적인 심리 상태를 지칭하는 데 사용한 데 반해, 루쉰이 옹호하는 미신은 마을제사 등과 같은 일상적인 의미의 미신superstition이었다. 그리고 양자는 미신 개념을 사용해 추구하고자 하는 바가 달랐다. 량치차오의 시선은 근대 민족국가의 건설과 그에 걸맞은 국민의 배양을 향하고 있다. 반면에 루쉰은 물질적 이해에 골몰하는 공리주의나 도구적 이성의 과도한 팽창에 따른 과학만능주의에 매몰되지 않는 개인, 자기 정체성을 갖추고 예술적 감수성과 형이상학적 욕구를 구비하며 풍부한 상상력을 갖춘 개인, 곧 주체적 인간상의 형성을 지향하고 있다. 양자가 미신 내지 종교를 활용해 추구하는 목적은 달랐지만, 미신을 일방적으로 비판하거나 배척하지 않은 점에서는 다르지 않았다. 이로부터 우리는 근대 중국에서 다층적 의미를 지닌 개념을 각자의 문제의식에 따라 선택적으로 전유해내는 양상을 확인할 수 있었다. 여기에는 서구의 근대와 구별되는 또 다른 근대 기획이 함축되어 있다는 사실도 확인할 수 있었다.

참고문헌

19세기 말 영국의 사회진화론들
— '생존경쟁의 단위'에 대한 고찰을 중심으로

기본자료

Benjamin Kidd, *Social Evolution*(1898, 초판은 1894).

Herbert Spencer, *Facts and Comments*, (1902).

Herbert Spencer, *Social Statics*, (1914, 초판은 1851).

Herbert Spencer, *The Principles of Sociology* Vol. II(1914, 초판은 1872).

Herbert Spencer, *The Study of Sociology*(1914, 초판은 1873).

Karl Pearson, "Socialism and Natural Selection," *The Fortnightly Review*, Vol. LVI. 1894.

Karl Pearson, "The Moral Basis of Socialism," in *The Ethic of Freethought and Other Addresses and Essays*, (1901, 초판은 1887).

Karl Pearson, *National Life from the Standpoint of Science*, (Adam & Charles Black, 1901).

Karl Pearson, *Social Problem: Their Treatment, Past, Present, and Future*, (1912).

Letter to M. D. Conway over the American annexation of the Phillippines, 17 July 1898, in *The Life and Letters of Herbert Spencer*, (by D. Duncan, 1908).

논저

김덕오, 김영한 편, 〈사회다윈주의〉, 《서양의 지적 운동》, 지식산업사, 1994.
김도형, 〈한말 계몽사상의 정치론연구〉, 《한국사연구》 54호, 1986.
김병곤, 〈사회진화론의 발생과 전개〉, 《역사비평》 32호, 1996년 봄호.
박찬승, 〈한말―일제시기 사회진화론의 성격과 영향〉, 《역사비평》 32호 1996년 봄호.
서정훈, 〈홉슨의 신자유주의: 국가 간섭원리의 형성을 중심으로〉, 《서양사론》 47집, 1995.
서정훈, 김영한 편, 〈제국주의〉, 《서양의 지적 운동》, 지식산업사, 1994,
서정훈, 〈19세기 중엽에 있어 영국의 대외팽창성격논쟁, 자유무역과 제국과의 관계〉, 《부산사학》 10집, 1986.
신연재, 〈스펜서의 사회진화론과 자유주의〉, 《국제정치총론》 34집, 1호, 1994
윤건차, 〈일본의 사회진화론과 그 영향〉, 《역사비평》 32호, 1996년 봄호.
정용재, 《찰스다윈, 인간 다원과 다위니즘》, 민음사, 1988.
주진오, 〈독립협회의 사회사상과 사회진화론〉, 《손보기박사 정년기념 사학논총》, 지식산업사, 1988.
M. Freeden,ed., *J. A. Hobson, A Reader*, (Unwin Hyman, 1988).
Bernard Semmel, *Imperialism and Social Reform, English Social—Imperial Thought 1895~1914*, (George Allen & Unwin, 1960).
D. P. Crook, *Benjamin Kidd, Portrait of a Social Darwinist*, (Cambridge University Press, 1984).
Greta Jones, *Social Darwinism and English Thought: The Interaction between Biological and Social Theory*, (Harverster, 1980).
J. A. Hobson, "Mr. Kidd's 'Social Evolution'", *The American Journal of Sociology*, Vol. I, 1896.
J. A. Hobson, *Imperialism, A Study*, (Unwin Hyman, 1988, 초판은 1902).
J. D. Y. Peel, *Herbert Spencer, the Evolution of a Sociologist*, (Heinemann, 1971).
J. Townshend, "J. A. Hobson and Crisis of Liberalism," *Ph.D Thesis*, (University of

Southampton, 1973).

J. W. Burrow, *Evolution and Society: A Study in Victorian Social Theory*, (Cambridge University Press, 1981).

R. Hofstadter, *Social Darwinism in American Thought, 1860~1915*, (University of Pennsylvania Press, 1944).

Social Theory, (Harverster, 1980).

동아시아의 사회진화론 재고
―중국과 한국의 '진화' 개념 형성

《유길준 전서》, 일조각, 1971.
《서우》, 한국학문헌연구소, 1976.
《태극학보》, 한국학문헌연구소, 1978
《대한자강회월보》, 한국학문헌연구소, 1976.
《淸議報》, 中華書局, 1991.
《新民叢報》, 中華書局, 2008.
《飮氷室合集》, 中華書局, 1989.
王栻 주편, 《嚴復集》, 中華書局, 1986.
박성진, 《사회진화론과 식민지 사회사상》, 선인, 2003.
스티븐 제이 굴드, 이명희 옮김, 《풀하우스》, 사이언스북스, 2004
신연재, 한국국제정치학회 편, 〈스펜서의 사회진화론과 자유주의〉, 《국제정치논총》, 1994.
신일철, 《신채호의 역사사상연구》, 고려대학교출판부, 1981.
엄복, 양일모 외 역주, 《천연론》, 소명출판, 2008.
이광린, 《한국개화사상연구》, 일조각, 1979.
전복희, 《사회진화론과 국가사상―구한말을 중심으로》, 한울아카데미, 1996.

정창인, 한국정치학회 편, 〈스펜서의 진화론적 자유주의: 스펜서의 저작에 있어서의 진화주의와 자유주의 사이의 모순을 해결하기 위한 진화론의 재해석〉, 《한국정치학회보》, 2004.

憑友蘭, 〈從赫胥黎到嚴復〉, 商務印書館編輯部 編, 《論嚴復與嚴譯名著》, 商務印書館, 1982.

山下重一, 《スペンサーと日本近代》, 御茶の水書房, 1883.

石雲艶, 《梁啓超與日本》, 天津人民出版社, 2005.

孫宏雲, 〈汪精衛 梁啓超'革命'論戰的政治學背景〉, 《歷史研究》2004년 제5기.

鄭匡民, 《梁啓超啓蒙思想的東學背景》, 上海書店出版社, 2003.

ピーター, J. ボウラー(Peter, J. Bowler), 鈴木善次 外 譯, 《進化思想の歷史》下, 朝日新聞社, 1987.

Marianne Bastid-Bruguiere, 〈中國近代國家觀念溯源—關於伯倫知理'國家論'的翻譯〉, 《近代史研究》, 1997년 제4기.

狹間直樹 編, 《梁啓超-西洋近代思想受容と明治日本》, みすず書房, 1999.

Schwartz, B., *In Search of Wealth and Power—Yanfu and the West*, (The Belknap press of havard University Press, 1964).

근대 일본에서의 진화론과 국법학의 관련성

기본자료

有賀長雄, 《社會進化論》, 東洋館書店, 1883.

有賀長雄, 〈穗積八束君帝國憲法の法理を誤る〉, 《憲法雜誌》618, 1889.

有賀長雄 편술, 《增補 國家學》, 牧野書房, 1890.

有賀長雄, 〈國法學序〉, 《國法學》上卷, 東京專門學校出版部, 1901.

加藤弘之, 〈人權新說〉, 丸屋善七, 1882.

加藤弘之, 《强者の權利の競爭》, 哲學書院, 1893.

Hiroyuki Katô, *Der Kampf ums Recht des Stärkeren und seine Entwicklungen*, 製紙分社,

1893, 1894, Vorwort Ⅱ.

加藤弘之, 《道德法律進化の理》증정3판, 博文館, 1903.

加藤弘之, 《自然界の矛盾と進化》, 金港堂, 1906.

加藤弘之, 〈自然と倫理〉, 實業之日本社, 1912.

加藤弘之, 〈國家の統治權〉, 実業之日本社, 1913.

加藤弘之, 〈責任論〉, 實業之日本社, 1915.

穗積八束, 《國民教育憲法大意》, 八尾書店, 1892.

穗積八束, 《國民教育愛國心》, 八尾書店, 1897.

穗積八束, 《帝國憲法》(東京法學院 29年度 第2年級 講義錄), 東京法學院, 1897.

穗積八束 記述, 《憲法》(中央大學法律科 1907年度 第1學年 講義錄), 中央大學, 1907.

穗積八束, 《憲法提要》上卷, 有斐閣, 1910.

穗積八束, 〈法人國及主權國〉, 《穗積八束博士論文集》, 有斐閣, 1913.

穗積八束, 〈帝國憲法の法理〉, 上杉慎吉 編, 《穗積八束博士論文集》, 有斐閣, 1913.

美濃部達吉, 《國法學 完》, 日本大學發行, 1906(慶應義塾大學圖書館所藏).

美濃部達吉, 《日本國法學》上卷, 有斐閣, 1907.

美濃部達吉, 《日本憲法》2版, 有斐閣, 1922.

美濃部達吉, 《憲法提要》3版, 有斐閣, 1926.

논문

安世舟, 〈明治初期におけるドイツ國家思想の受容に關する一考察-ブルンチュリーと加藤弘文を中心して〉, 年報政治學, 《日本における西歐政治思想》, 1975.

岩崎允胤, 〈加藤弘之の立憲主義思想—天賦人權論から進化的權利論へ〉, 阪經濟法科大學論集 76號(2000年 3月), 77號(2000年 7月).

金子洋子, 〈加藤弘之における國家と思想〉, 龍谷史壇 75號(1979年 11月).

桐村彰郎, 〈加藤弘之の轉向〉法學雜誌(大阪市立大學) 14卷 2號(1967年 11月).

國分典子, 〈美濃部達吉の'國家法人說'-その日本的特殊性〉, 法學研究(慶應義塾大學) 66卷 10號(1993年 10月).

佐々充昭, 〈韓末における'强權'的社會進化論の展開〉, 朝鮮史硏究會論文集 40號(2002年 10月).

佐藤太久磨, 〈加藤弘之の國際秩序構想と國家思想―'萬國公法體制'の形成と明治國家〉, 日本史硏究 557號(2009年 1月).

鈴木貞美, 〈明治期日本の啓蒙思想における'自由・平等'―福澤諭吉・西周・加藤弘之をめぐって〉, 日本硏究(人間文化硏究機構日本文化硏究センター) 40號(2009年 11月).

田中浩, 〈福澤諭吉と加藤弘之―西洋思想の受容と國民國家の二類型〉, 一橋論叢 100卷 2號(1988年 8月).

長尾龍一, 《日本憲法思想史》, 講談社學術文庫, 1996.

中村雄二郎, 〈加藤弘之の制度觀と自然觀(1)―家族國家思想形成との關係において〉, 《近代日本における制度と思想》, 未來社.

服部健二, 〈加藤弘之とE. ヘッケル〉, 立命館大學人文科學硏究所紀要 59號(1993年 10月).

堀松武一, 〈わが國における社會進化論と社會有機體說の發展―加藤弘之を中心として〉, 東京學芸大學紀要第1部門(敎育學) 29號(1978年 3月).

松本三之介, 〈近代日本における社會新か思想(1)〉, 駿河台法學 7卷 1號(1993年 10月).

松本三之介, 〈近代日本における社會進化思想(3): 有賀長雄の社會進化論〉, 駿河台法學 16卷 1號(2002年 10月).

間宮庄平, 〈加藤弘之の國家思想―思想轉向の深層心理を省みて(序說)〉, 産大法學 34卷 4號(2001年 2月).

村上淳一, 〈加藤弘之と社會進化論〉, 石井紫郎・樋口範雄 編, 《外から見た日本法》, 東京大學出版會, 1995.

山泉進, 〈社會進化論から國家學への變進'有賀長雄(1860~1921)〉, 峰島旭雄편, 《近代日本思想史の群像―早稻田とその周邊》, 北樹出版, 1997.

山下重一, 〈明治初期におけるスペンサ―の受容〉, 年報政治學, 日本における西欧政治思想》, 1975.

山田央子, 〈ブルンチュリと近代日本政治思想(下)〉, 東京都立大學法學會雜志 33卷 1號(1992年 1月).

山本友三郎, 〈徂來·尊德·弘之における倫理·政治の三層構造—西洋近代の社會倫理と儒敎的環境思想の結合〉, 大阪敎育大學紀要1(人文科學) 58卷 2號.

横山寧夫, 〈加藤弘之と社會的ダーウイニズム〉, 社會學論集 37號(1967年 5月).

渡邊和靖, 〈加藤弘之の初期思想—西洋的政治原理と儒敎〉, 日本思想史硏究(東北大學) 4號(1970年 8月).

渡邊和靖, 〈加藤弘之のいわゆる'轉向'—その思想史的位置づけ〉, 日本思想史硏究(東北大學) 5號(1971年 5月), 6號(1972年 12月).

단행본

家永三朗, 《日本近代憲法思想史硏究》, 岩波書店, 1967.

石田雄, 《日本近代思想史における法と政治》, 岩波書店, 1976.

堅田剛, 《独逸學協會と明治法制》, 木鐸社, 1999.

堅田剛, 《独逸法學の受容課程—加藤弘之·穗積陳重·牧野英一》, 御茶の水書房, 2010.

田中浩, 《近代政治思想史》講談社學術文庫, 1995.

田畑忍, 《加藤弘之の國家思想》, 河出書房, 1939.

田畑忍, 《加藤弘之》, 新裝版吉川弘文館, 1986.

松本三之介, 《天皇制國家と政治思想》, 未來社, 1969.

右田裕規, 《天皇制と進化論》, 靑弓社, 2009.

山下重一, 《スペンサーと日本近代》, 御茶の水選書, 1983.

吉田曠二, 《加藤弘之の硏究》, 大原新生社, 1976.

대한제국기 진보 개념의 역사적 이해
―언론 매체의 용례 분석을 중심으로

《老洲集》

《論語集註》

《大韓每日申報》

《旅軒續集》

《栗谷全書》

《皇城新聞》

《대한미일신보》

《뎨국신문》

《독립신문》

《미일신문》

金鍾俊, 《대한제국 말기(1904년~1910년) ―進會 연구》, 서울대학교 박사학위논문. 2008.

盧官汎, 〈대한제국기 張志淵의 自强思想 연구 – 團合論을 중심으로 –〉,《한국근현대사연구》47, 한국근현대사연구회, 2008.

노관범, 〈'韓國痛史'의 時代思想―自强, 人道, 革命의 삼중주―〉,《韓國思想史學》33, 한국사상사학회, 2009.

서정훈, 〈19세기 말 영국의 사회진화론들〉,《부산사학》32, 부산경남사학회, 1977.

崔起榮, 〈共進會와 反一進會 운동〉,《韓國近代啓蒙運動硏究》, 일조각, 1997.

근대 전환기 유교 담론과 도학道學 개념의 역사적 의미론

《四書》

《旅軒先生文集》

《대동학회월보》

《대한매일신보》

《대한협회회보》

《서북학회월보》

《서우》

《태극학보》

《호남학보》

김성환, 〈道學·道家·道敎, 그 화해 가능성의 재조명〉, 《도교학연구》 제16집, 2000.

김용헌, 〈도학의 형성, 점필재 김종직과 그의 문생들의 도학사상〉, 《한국학논집》 제45집, 2011.

이행훈, 〈동양 지식 체계의 계보화―강춘산의 '동양도학의 체계여하'〉, 《동양고전연구》 제46집, 2012.

호이트 틸만, 〈도통에 대한 소고: 학경의 북송 유학자에 대한 견지〉, 《대동문화연구》 52집, 2005.

홍원식, 〈포은 정몽주와 '洛中' 포은 학맥의 도학사상〉, 《포은학연구》 5권, 2010.

한국고전종합DB http://db.itkc.or.kr/itkcdb/mainIndexIframe.jsp 2012.10.23 검색.

한국사 데이터베이스 http://db.history.go.kr/

근대 중국에서 중학·서학의 위상 변화와 중체서용
―장지동의 《권학편》을 중심으로

기본자료

梁啓超, 《飮冰室合集》(1932), 北京: 中華書局, 1989; 2008 5쇄.

梁啓超, 《중국 근대의 지식인: 梁啓超의 淸代學術槪論》(1921), 전인영 옮김, 혜안, 2005.

魏源, 《海國圖志》(1843~1852), 鄭州: 中州古籍出版社, 1999.

張之洞, 《勸學編》(1898), 鄭州: 中州古籍出版社, 1998.

鄭觀應, 《盛世危言》(1894), 北京: 華夏出版社, 2002.

馮桂芬, 《校邠廬抗議》(1898), 上海: 上海書店出版社, 2002.

Chang Chih-tung, *China's only hope*, translated by Samuel I. Woodbridge, Boston and Chicago: United Society Christian Endeavor, 1900.

논문

김월회, 〈배타적으로 빛나는 중화—인문, 예 그리고 '문명한 상태'의 표지〉, 《인물과 사상》 2009년 7월호.

김형종, 〈近代中國에서의 傳統과 近代—淸末民初 西學受容 試論〉, 《인문논총》 제50집, 2003.

민두기, 〈중체서용론고〉, 《동방학지》 18집, 1978.

박병석, 〈중국의 국가, 국민 및 민족 명칭 고찰〉, 《사회이론》 26, 2004.

박상환, 〈청대 근대화이론이 대한 이론적—실천적 반성: 중체서용적 논리구조 분석을 중심으로〉, 《한독사회과학논총》 제8호, 1998.

박상환, 〈동아시아의 선택: 전통과 근대?—중체서용적 절충주의 해석 비판〉, 《유교사상연구》 제22집, 2005.

신정근, 〈중화주의와 '중국 철학'의 동행〉, 《동양철학》 제23집, 2005.

姚傳德, 〈張之洞의 《勸學篇》 분석〉, 《중국사연구》 제64집, 2010.

윤영도, 〈중국 근대 초기 서학 번역 연구〉, 연세대 박사학위논문, 2005.

장의식, 〈淸末 張之洞(1837~1909)의 中體西用論과 敎育思想—《勸學篇》을 중심으로〉, 《역사학보》 제147집, 1995

차태근, 〈19세기 중국 西學 그룹과 담론의 네트워크〉, 《대동문화연구》 제52집, 2005.

차태근, 〈19세기말 중국의 서학과 이데올로기〉, 《중국현대문학》 제33호.

차태근, 〈20세기 초 중국 '문학주의' 형성〉, 《아시아문화연구》 제13집, 2005.

甘陽, 〈八十年代文化討論的幾個問題〉, 《文化: 中國與世界》 第1輯, 北京: 三聯書店, 1987.

方維規, 〈論近代思想史上的'民族, Nation'與'中國'〉, 《二十一世紀》 網絡版 2002年 6月號(總第3號).

謝放, 〈中體西用: 轉型社會的文化模式〉, 《華中師範大學學報(哲學版)》, 1996年 第3期.

戚其章, 〈從'中本西末'到'中體西用'〉, 《中國社會科學》 1995年 第1期, 1995.

向天淵,, 〈中學,西學與東學〉, 《東方論壇》 2006年 第1期. 2006.

단행본

김정호, 《도전과 응전의 정치사상》, 모시는 사람들, 2005.

신승하·유장근·장의식, 《19세기 중국사회: 서양의 충격과 대응》, 신서원, 2000.

진관타오·류칭펑, 양일모·송인재·한지은·강중기·이상돈 옮김, 《관념사란 무엇인가》1, 푸른역사, 2010.

葛兆光, 《中國思想史》第2卷, 上海: 復旦大學出版社, 2001.

金觀濤·劉青峰, 《觀念史硏究: 中國現代重要政治術語的形成》, 香港: 中文大學出版社, 2008.

羅志田, 《權勢轉移: 近代中國的思想·社會與學術》, 武漢: 湖北敎育出版社, 1999.

薛化元, 《晚淸中體西用思想論(1861~1900)—官定意識形態的西化理論》, 臺北: 稻鄕出版社, 1991.

王爾敏, 《中國近代思想史論》, 北京: 社會科學文獻出版社, 2003.

熊月之, 《西學東漸與晚淸社會》, 上海人民出版社, 1995.

丁偉志·陳崧, 《中西體用之間: 晚淸中西文化觀述論》, 東方出版社, 1995.

Lydia H. Liu, *The Clash of Empires: The Invention of China in Modern World Making*, (Cambridge, Massachusetts: Harvard University Press, 2004).

동학·천도교에서 '천天' 개념의 전개
―천天에서 신神으로, 신神에서 생명生命으로

기본자료

《萬歲報》

《天道敎會月報》

夜雷 李敦化 編述, 《天道敎創建史》, 天道敎中央宗理院, 1933.

夜雷 李敦化, 《水雲心法講義》, 1926.

李敦化, 〈眞理의 根底를 誤解치 勿ᄒ라〉, 《天道敎會月報》 52, 1914.11.

李敦化, 〈最高消遣法〉, 《天道敎會月報》 58, 1915. 5.

李敦化, 〈人生은 神에 出ᄒᆞ야 神에 歸홈 故 人生의 目的은 道를 覺홈에 在〉, 《天道敎會月報》 61, 1915. 08.

李敦化, 〈人生〉, 《天道敎會月報》 77, 1916. 12.

李敦化, 《人乃天要義》, 天道敎中央宗理院布德課, 1924.

李敦化, 《新人哲學》, 天道敎中央宗理院信道觀, 1931.

논저

高建鎬, 〈韓末 新宗敎의 文明論: 東學·天道敎를 中心으로〉, 서울대 종교학과 박사학위논문, 2002.

金用天, 《東學思想 展開의 諸問題》, 2004.

김경재, 〈최수운의 神 개념〉, 이현희 편, 《동학사상과 동학혁명》, 청아출판사, 1984.

김형기, 《후천개벽사상 연구》, 한울아카데미, 2004.

목정균, 〈동학운동의 구심력과 원심작용—동학교단의 컴뮤니케이션을 중심으로〉, 이현희 편, 《동학사상과 동학혁명》, 청아출판사, 1984.

배영순, 민족문화연구소 편, 〈동학사상의 기본구조—본주문 '시천주조화정'의 체용론적 분석을 중심으로〉, 《동학사상의 새로운 조명》, 영남대학교 출판부, 1998.

윤석산, 《주해 東學經典—동경대전·용담유사》, 동학사, 2009.

이철호, 〈한국 근대문학의 형성과 종교적 자아 담론—靈, 生命, 新人 담론의 전개 양상을 중심으로〉, 동국대학교 대학원 국어국문학과 박사학위논문, 2006.

천도교중앙총부교서편찬위원회, 2006, 《천도교약사》

崔起榮·朴孟洙 편, 《韓末 天道敎資料集》 1, 國學資料院, 1997.

최제우, 김용옥 역주, 《도올심득 東經大全》 1, 통나무, 2004

표영삼, 《동학 1—수운의 삶과 생각》, 통나무, 2004

표영삼, 《동학 2—해월의 고난 역정》, 통나무, 2005

허수, 《이돈화 연구—종교와 사회의 경계》, 역사비평사, 2011

근대 중국의 미신 비판과 옹호
─ 량치차오와 루쉰을 중심으로

기본자료

魯 迅, 〈科學史敎篇〉, 《魯迅全集》 제1권, 北京: 人民文學出版社, 1981.
魯 迅, 〈摩羅詩力說〉, 《魯迅全集》 제1권, 北京: 人民文學出版社, 1981.
魯 迅, 〈破惡聲論〉, 《集外集拾遺補編》, 《魯迅全集》 제8권, 北京: 人民文學出版社, 1981.
梁啓超, 〈國家論〉, 《淸議報》 제25책, 光緖 25년 7월 21일.
梁啓超, 〈論支那宗敎改革〉, 《飮冰室合集》 文集3, 中華書局, 1988.
梁啓超, 〈論强權〉, 《飮冰室合集·文集》 9, 中華書局, 1988.
梁啓超, 〈論佛敎與群治之關系〉, 《飮冰室合集·文集》 10, 中華書局, 1988.
梁啓超, 〈論宗敎家與哲學家之長短得失〉, 《飮冰室合集·文集》 9, 中華書局, 1988.
梁啓超, 〈論中國學術思想變遷之大勢〉, 《飮冰室合集·文集》 7, 中華書局, 1988.
梁啓超, 〈論學術之勢力左右世界〉, 《飮冰室合集·文集》 6, 中華書局, 1988.
梁啓超, 〈保敎非所以尊孔論〉, 《飮冰室合集·文集》 9, 中華書局, 1988.
梁啓超, 〈評非宗敎同盟〉, 《飮冰室合集》 文集 38, 중화서국, 1988.
劉 敞, 《公是集》, 四庫全書 集部 別集類 6.
張 浚, 《紫巖易傳》, 四庫全書 經部 易類 2.
周紹良·趙超 주편, 《唐代墓志彙編續集》, 上海古籍出版社, 2001.

논저

김복례, 〈계몽주의 시대의 엘리트 문화와 민중문화─인간은 기본적으로 문화적인 존재이다〉, 《역사문화연구》 28, 한국외국어대학교 역사문화연구소, 2007.
김상조, 〈한자에 대한 미신과 과신〉, 《영주어문》, 영주어문학회, 2001.
김성우, 〈로크의 계몽적 이성주의의 종교적 콘텍스트에 대한 고찰〉, 《시대와 철학》 13-2, 한국철학사상연구회, 2002.

문정진, 〈文明과 迷信─淸末 新小說에 나타난 文明과 反迷信運動의 의미〉, 《中國現代文學》 제21호, 한국중국현대문학학회, 2001.

서양근대철학회, 《서양근대철학》, 창작과비평사, 2001.

유세종, 《루쉰식 혁명과 근대 중국─고독한 반항자, 영원한 혁명가 루쉰》, 한신대학교출판부, 2008.

巴斯蒂, 〈中國近代國家觀念溯源─關於伯倫知理〈國家論〉的翻譯〉, 《近代史研究》, 1997年 第4期.

陳熙遠, 〈'宗敎'──一個中國近代文化史上的關鍵詞〉, 《新史學》 13~14, 2002.

沈潔, 〈"反迷信"話語及其現代起源〉, 《中國近代史》 2007년 제2기, 中國人民大學書報資料中心.

陳玉芳, 〈迷信觀念於淸末民初之變遷〉, 《東亞觀念史集刊》 제2기, 臺北, 2012.

黃克武, 〈中國近代思想中的'迷信'〉, 《東アジアにおける知的交流》, 國際日本文化硏究センター─第44回 國際硏究集會 資料集, 2012.11.13~17.

伊藤虎丸, 최문영 옮김, 〈초기 노신의 종교관─과학과 미신〉, 중국학논총 제23집, 고려대학교 중국학연구소, 2008.

주석

19세기 말 영국의 사회진화론들
—'생존경쟁의 단위'에 대한 고찰을 중심으로

[1] 주진오, 〈독립협회의 사회사상과 사회진화론〉,《손보기박사 정년기념 사학논총》, 지식산업사, 1988, 770~779쪽. 김도형, 〈한말 계몽사상의 정치론연구〉,《한국사연구》, 54호, 1986, 77~88쪽.

[2] 김덕오, 김영한 편, 〈사회다원주의〉,《서양의 지적 운동》, 지식산업사, 1994, 570쪽. 김병곤 역시 같은 논지를 전개했다. "일반적으로 사회진화론은 개인주의를 주된 교의로 삼는 자유방임주의적 자본주의체제의 정당화 이념으로 인식된다." 김병곤, 〈사회진화론의 발생과 전개〉,《역사비평》, 32호, 1996년 봄호, 305쪽.

[3] 김덕오, 〈사회다원주의〉, 568~569쪽. 윤건차도 그동안 유행한 사회진화론이 종종 제국주의적 지배를 정당화하기 위한 이데올로기적 산물로 설명되어 왔다고 지적했다. 윤건차,〈일본의 사회진화론과 그 영향〉,《역사비평》, 32호, 1996년 봄호, 314쪽.

[4] 우리는 이 논문에서 전자를 '개인주의적' 내지 '자유방임 지향적' 사회진화론으로, 그리고 후자를 '집단주의적' 내지 '국가 간섭지향적' 사회진화론으로 구분하고자 하며 이러한 차이가 발생하게 된 과정을 고찰할 것이다.

5 필은 "다윈주의의 장점이, 투쟁 개념을 제외한다면, 그것이 거의 모든 형태를 취하나 내용은 없다는 점이라"고 지적했는데, 이는 다윈주의의 공통된 핵심이 '생존투쟁을 통한 진보'라는 것이며 그 나머지는 논자에 따라서 다양한 모습과 내용을 담을 수 있다는 것을 시사한다. J. D. Y. Peel, *Herbert Spencer, the Evolution of a Sociologist*, (Heinemann, 1971), p. 234.

6 유길준, 《경쟁론》, 1883; 박찬승, 〈한말—일제시기 사회진화론의 성격과 영향〉, 《역사비평》 32호 1996년 봄호, 342쪽에서 재인용.

7 생존투쟁의 단위가 무엇인가의 문제는 '적합성fitness'의 기준 문제와 함께 다윈주의의 모호한 부분으로 남아 있다. 그것은 다윈이나 스펜서 등 다윈주의의 창시자들이 종들 사이의 투쟁과 개체들 사이의 투쟁을 명백히 구분하지 않은 채, 대체로 양자를 혼용하면서 전체 문맥상에서 어느 한 쪽을 강조하는 경향을 보였다는 데에서 비롯된 것으로 보인다. 이러한 점에서 '생존투쟁의 단위가 개인들인지 아니면 계급들인지, 민족들이나 종족들인지를 구분하는 확실한 진술'이 없다는 필의 지적은 적절하다. J. D. Y. Peel, *Herbert Spencer, the Evolution of a Sociologist*, p. 234. 김덕오도 다윈의 생존 투쟁의 단위에 대한 다양한 해석의 가능성을 지적했다. 〈사회다윈주의〉, 575쪽.

8 J. W. Burrow, *Evolution and Society: A Study in Victorian Social Theory*, (Cambridge University Press, 1981), p. 20.

9 Herbert Spencer, "A Theory of Population, Deduced from the General Law of Animal Fertility," "The Development Hypothesis," R. Hofstadter, Social *Darwinism in American Thought, 1860~1915*, (University of Pennsylvania Press, 1944), pp. 24~25에서 참조. 다윈은 자신의 '자연선택natural selection' 개념과 스펜서의 '적자생존survival of the fittest' 개념이 거의 동일한 개념으로서 후자가 더욱 '적절하고 편리'하다는 점을 인정하고 그것을 사용하기를 권장했다. 이러한 다윈의 언급은 스펜서 이론의 독창성을 시사하고 있다. 김덕오, 〈사회다윈주의〉, 576쪽에서 참조. 버로우는 진화적 사회이론이 《종의 기원》의 단순한 산물들이 아니며 스펜서에 의해 다윈과 명백히 독립적으로 이미 등장했음을 지적하면서 '사회 다윈주

의'라고 칭하는 것만큼 '스펜서주의'라고 칭하는 것 역시 타당할 것이라고 주장했다. J. W. Burrow, *Evolution and Society*, pp. 20~21. 필은 버로우보다 더욱 강력하게 스펜서의 독창성을 주장했다. 즉 그는 '사회 다윈주의'라고 명명된 것은 대체로 스펜서로부터 이끌어낸 것이며 사회과학은 원래의 다윈주의로부터 매우 적은 부분만을 끌어왔다는 점을 지적하고 특히 스펜서가 다윈주의를 사회의 연구에 적용했다는 주장이 스펜서에 대한 가장 일반적인 잘못된 해석이라고 강조했다. J. D. Y. Peel, *Herbert Spencer : The Evolution of a Sociologist*, p. 131. 이에 비해 존스는 보다 신중한 태도를 보였다. 즉 그는 다윈이 없었어도 콩트와 스펜서에 의해 사회과학의 생물학적 토대는 마련되었을 것임을 인정하면서도 사회과학에 대한 다윈의 영향력에 대한 기존의 평가들이 지나치게 과장되었거나 축소되었다고 주장하면서 중용의 해석을 제안했다. Greta Jones, *Social Darwinism and English Thought: The Interaction between Biological and Social Theory*, (Harverster, 1980), p. 4.

10 신자유주의자들에 대한 스펜서의 영향력은 그 대표적 인물 가운데 한 사람인 홉슨이 "오늘날 우리는 싫거나 좋거나 간에 모두 스펜서주의자이다"라는 선언에 잘 나타난다. "Herbert Spencer", *South Place Magazine*, (1904), in *J. A. Hobson, A Reader*, (ed., M. Freeden, Unwin Hyman, 1988), p. 61. 그러나 이들은 스펜서의 이론으로부터 개인주의적 요소를 배제한 채 그의 진화적, 유기적 사회관을 수용했다. 스펜서의 미국에 대한 영향력에 대해서는 R. Hofstadter의 *Social Darwinism in American Thought, 1860~1915*, pp. 18~22.

11 Herbert Spencer, *The Study of Sociology*(1914, 초판은 1873), p. 174.

12 Herbert Spencer, *The Study of Sociology*, pp. 175~176.

13 Herbert Spencer, *The Principles of Sociology* Vol. II(1914, 초판은 1872), p. 241.

14 스펜서는 "여러 세대 동안 완전한 평화가 지속되었던 작은 규모의 후진적 사회에서는 정부라고 칭할 만한 것이 존재하지 않았음"을 지적했다. *Man versus the State*(초판은 1884), p.334.

15 Herbert Spencer, *The Principles of Sociology* Vol. II, p. 241.

16 Herbert Spencer, *The Principles of Sociology* Vol. II, p. 664.

[17] Herbert Spencer, *The Principles of Sociology* Vol. II, pp. 664~665. 제국의 지속성에 대한 스펜서의 이러한 의문제기는 19세기 중엽 대영제국의 해체를 주장했던 '소영국주의자Little Englander'들과 쾌를 함께 하는 것으로 그의 강력한 반제국주의를 반영하고 있다. 서정훈, 〈19세기 중엽에 있어 영국의 대외팽창성격논쟁, 자유무역과 제국과의 관계〉, 《부산사학》, 10집, 1986, 95~100쪽.

[18] Herbert Spencer, *The Principles of Sociology* Vol. II, p. 606.

[19] Herbert Spencer, *The Principles of Sociology* Vol. II, pp. 606~607.

[20] 생산적인 산업 사회의 대두로 장차 더 이상 전쟁이 없어지리라는 낙관적인 믿음은 스펜서뿐만 아니라 코브던 등 19세기 중엽 영국의 많은 자유주의자들에게서 보이는 공통된 현상이었다. 이들은 한정되어 있는 토지에 부의 생산을 주로 의지하기 때문에 제로섬게임을 벌일 수밖에 없었던, 그래서 호전적이기 마련이었던 봉건 사회와는 달리 근대 산업자본주의 사회는 그 자체 내부에서 무한한 생산이 가능하기 때문에 더 이상 약탈전쟁을 수행할 필요가 없다고 보았다. 이들의 이러한 믿음은 맨체스터 학파의 자유무역주의, 반제국주의로 표출되었다. 서정훈, 〈19세기 중엽에 있어 영국의 대외팽창성격 논쟁(1830~1860), 자유무역과 제국과의 관계〉, 96~97쪽.

[21] Herbert Spencer, *The Principles of Sociology* Vol. II, pp. 664~665. *The Study of Sociology*, p. 180.

[22] 스펜서는 국가 개입에 의한 빈민구제를, 즉 개인적 생존투쟁에 대한 간섭을 반대하면서 무자비한 자연선택을 강조했다. "만약 그들이 생존하기에 충분히 완벽하다면, 그들은 생존할 것이고 그들이 살아야 한다는 것은 잘된 일이다. 만약 그들이 생존하기에 충분히 완벽하지 않다면, 그들은 죽을 것이고 또 그들이 죽어야 한다는 것은 가장 잘된 일이다. ……그 평균적 효과는 이런 면 혹은 저런 면에서 본질적으로 결점이 있는 사람들로부터 사회를 정화하는 것이다." Herbert Spencer, *Social Statics*, p. 206.

[23] Herbert Spencer, *The Principles of Sociology* Vol. II, p. 610.

[24] Herbert Spencer, *Man versus the State*, p. 361. *The Study of Sociology*, Vol. II, p. 608~610.

25 타운센트는 스펜서가 '보이지 않는 손'을 '보이지 않는 주먹invisible fist'으로 대체함으로써 생물학에 의해 아담 스미스를 부활시켰다고 평가했다. J. Townshend, "J. A. Hobson and Crisis of Liberalism," *Ph.D Thesis*, (University of Southampton, 1973), p. 79.

26 스펜서가 사회를 유기체로 간주하면서도 개인 이해와 사회 이해를 대립된 것으로 보고 개인에 대한 사회유기체의 방임을 주장한 점은 그의 이론에 들어 있는 중대한 모순으로 지적되어 왔다. 홉슨은 스펜서가 '과학적 사유보다 정치적 사유에서 덜 자유로웠기 때문에' 그의 사상에서 일관성을 보일 수 없었다고 비판했다. 이는 스펜서의 사상에서 사회유기체론이 개인주의적 자유주의의 완성을 위한 도구에 불과했음을 시사한다. 서정훈, 〈홉슨의 신자유주의: 국가 간섭원리의 형성을 중심으로〉, 《서양사론》, 47집, 1995, 16~17쪽. 신연재, 〈스펜서의 사회진화론과 자유주의〉, 《국제정치총론》, 34집, 1호, 1994, 210~211쪽.

27 Letter to M. D. Conway over the American annexation of the Phillippines, 17 July 1898, in *The Life and Letters of Herbert Spencer*, (by D. Duncan, 1908), p. 410.

28 스펜서는 "그들이 계속해서 다른 민족들을 정복하고 이들을 복속시키려고 하는 한, 그들은 쉽사리 그들의 개인적 자유를 국가 권력에 통합해 버리고, 그 이후부터 제국주의에 수반되는 노예적 상태를 받아들이게 될 것이다"라고 말해 제국주의를 통한 국가권력의 강화와 이에 대한 개인의 예속을 우려했다. Herbert Spencer, "Imperialism and Slavery," in *Facts and Comments*, 1902. p. 171.

29 D. P. Crook, *Benjamin Kidd, Portrait of a Social Darwinist*, (Cambridge University Press, 1984), p. 52. Bernard Semmel, *Imperialism and Social Reform, English Social—Imperial Thought 1895~1914*, (George Allen & Unwin, 1960), p. 31. 세멀은 키드가 이 책 이외에 몇 권의 책들을 더 저술했지만 처음 주장을 거의 되풀이했다면서 그를 '책 한 권의 저술가a man of one book'라고 불렀다.

30 이 페이지 표시는 키드의 *Social Evolution*의 페이지를 나타낸다. 이 책은 1894년 초판이 나왔지만 여기서는 1898년에 발행된 3판을 사용했다.

31 정용재, 《찰스다윈, 인간 다윈과 다위니즘》, 204~205쪽. D. P. Crook, *Benjamin*

Kidd, *Portrait of a Social Darwinist*, pp. 36~38. 크룩은 바이즈만의 비판을 계기로 생물학계가 다윈파 내지 바이스만파와 라마르크파 내지 스펜서파로 양분되었다고 말했다.

32 키드가 사용한 '기회 평등'의 개념은 신자유주의자들에 의해 국가 간섭을 정당화하는 중대한 전거로 사용되었다. 그것은 고전적 자유주의의 '제약의 부재'라는 의미의 '소극적 자유'와 대비되는 '기회의 현존'이라는 의미의 '적극적 자유'를 실현시키는 중대한 개념이다. 서정훈, 〈홉슨J. A. Hobson의 신자유주의, 국가 간섭원리의 형성을 중심으로〉, p. 39. 키드는 '기회의 평등'이라는 용어를 자신이 처음 개발했다고 주장해 자신의 독창성을 주장한 바 있다. D. P. Crook, *Benjamin Kidd*, p. 62에서 참조.

33 산업자본주의시대의 문제점들을 이에 앞선 봉건주의시대의 유제로 돌리는 일은 자유주의자들의 논의에서 드물지 않게 발견된다. 예컨대 슘페터는 제국주의적 성향을 봉건적 절대왕정의 격세유전이라고 주장한 바 있다. 서정훈, 김영한 편, 〈제국주의〉, 《서양의 지적 운동》, 지식산업사, 1994, 618쪽.

34 키드는 "인민의 정치적 참정권의 완성으로 국가는 근본적인 변화를 겪게 될 것"이며 "국가와 인민과의 관계는 역사상 어느 때와도 다를 것임에 틀림없다"라고 말해 인민이 국가권력의 주체가 될 것임을 강력히 시사했다. 이러한 국가는 부유층을 희생해 빈민을 지원하는 정책을 펼칠 수 있을 것이다. *Social Evolution*, p. 238.

35 키드는 사회주의자였던 리프크네히트Leibknecht의 다음과 같은 말을 인용하면서 자신의 국가 간섭에 대한 지지가 사회주의가 아닌 일종의 국가사회주의state socialism임을 암암리에 시사했다. 리프크네히트는 "사회민주주의가 그것에 대한 공포가 지시하는 데로 생겨난, 그리고 조그만 양보와 완화책으로 노동계급에 대한 그것의 장악을 오직 잠식하는 것을 겨냥한 임시변통의 수단들의 체계인 이른바 국가사회주의와는 공통점이 없다. 사회민주주의는 본질적으로 혁명이나 국가사회주의는 보수적이다. 그 자체로서 그것들은 화해할 수 없이 대립되어있다"고 말했다. *Social Evolution*, p. 209. 리프크네히트의 이러한 지적은 키드의 국가 간섭에 대한 지지의 의표를 정확히 찌르고 있는 것처럼 보이며 바로 이러한 점 때

문에 키드가 이를 인용했을 것이라는 추론을 가능하게 한다. 키드는 사회주의의 대두 가능성에 대한 현실적 우려에서 여덟 시간 노동제와 누진세 등 국가의 진보적인 정책들, 다시 말해 국가사회주의를 주장했기 때문이다.

36 헉슬리는 그의 저서 *Evolution of Ethics*(1893)에서 생물의 진화 과정을 우주적 과정과 윤리적 과정으로 구분하고 동물과 원시인의 진화 과정을 우주적 과정으로, 문명인의 경우를 윤리적 과정으로 규정했다. 그에 따르면 인간 의식을 성장시키는 사회적 진보는 점차 우주적 과정을 억제하며, 그것을 윤리적 과정으로 대체한다. Karl Pearson, "Socialism and Natural Selection," *The Fortnightly Review*, Vol. LVI. 1894, pp. 5~6에서 참조. 키드는 헉슬리의 견해가 매우 불충분하고 근시안적이라고 비판하고 윤리적, 도덕적 과정이 우주적 과정과 떨어져서는 의미를 갖지 못하며 그것의 일부일 뿐이라고 주장했다. *Social Evolution*, p. 339.

37 크룩은 키드의 비합리주의, 즉 이성에 대한 반란이 1890년대의 분위기에 어울리는 것이었으며 키드는 여러 면에서 베르그송Bergson과 소렐Sorel, 융Jung과 같은 사상가들을 미리 암시했다고 말했다. D. P. Crook, *Benjamin Kidd*, p. 2.

38 L. M. Bristol, *Social Adaptation*,(1915), pp. 85~92, D. P. Crook, *Benjamin Kidd*, p. 56에서 재인용.

39 J. A. Hobson, "Mr. Kidd's 'Social Evolution'," *The American Journal of Sociology*, Vol. I, 1896. p. 303.

40 Bernard Semmel, *Imperialism and Social Reform*, pp. 29~31.

41 D. P. Crook, *Benjamin Kidd*, p. 68, p. 119에서 참조.

42 D. P. Crook, *Benjamin Kidd*, p. 8, p. 65.

43 B. Semmel, *Imperialism and Social Reform*, pp. 35~36에서 재인용.

44 그는 "사회주의가 애써 구하고자 하는 개인들의 평등이 불가능하다는 것을, 그리고 그것이 실제로 존속하는 개인들의 필연적 불평등에 대해 화해할 수 없는 대립 상태에 있다는 것을 다른 어떤 과학 이론보다 유전 이론이 더욱 분명하게 선언한다"라고 강조했다. E. Haekel, *Freie Wissenschaft und Lehre*, (1892), Karl Pearson, "Socialism and Natural Selection," *The Fortnightly Review*, Vol. LVI. 1894, p. 3에서

재인용. 진화론의 원조였던 다윈도 이 문제와 관련해 "자연선택을 통한 진화와 사회주의와의 연관성에 대한 어리석은 관념이 독일에서 유행하고 있는 것처럼 보인다"고 말해 헤켈의 주장에 동조했다. Karl Pearson, "Socialism and Natural Selection," p. 1에서 재인용.

[45] Karl Pearson, "Socialism and Natural Selection," p. 3.

[46] Karl Pearson, "The Moral Basis of Socialism," in *The Ethic of Freethought and Other Addresses and Essays*, (1901, 초판은 1887), p. 303.

[47] Karl Pearson, "The Moral Basis of Socialism," p. 303.

[48] Karl Pearson, "The Moral Basis of Socialism," p. 303. 피어슨은 현존하는 국가의 정부가 개인들과 계급들의 노골적인 투쟁장이었기 때문에 국가에 대한 존경심은 질식되었다고 말하고 사회주의의 일차적인 과제는 '국가를 민주화하는 동시에 그것의 귀족화'를 달성해야 한다고 주장했다. p. 306.

[49] Karl Pearson, "Socialism and Natural Selection", p. 1.

[50] 피어슨은 "그들이 허약자가 파멸되거나 번식하지 못하도록 유도하는 자연선택의 한 특수한 요인, 즉 동일한 집단의 개인들 사이에서의 경쟁에 대해서만 언급하고 있다는 점이 필히 기억되어야 한다. 사회주의에 반대하는 그들 논증의 유일한 토대는 바로 이러한 집단 내부의 투쟁이었다"라고 강조한 것은 그가 이러한 언급을 그의 주된 논박의 대상으로 삼았음을 알려준다. Karl Pearson, "Socialism and Natural Selection," p. 11.

[51] 여기서 물리적 선택은 물질적 환경에 대한, 그리고 질병과 기후 및 물리적 마모에 대한 집단의 투쟁을 의미한다. Karl Pearson, "Socialism and Natural Selection," pp. 11~12.

[52] Karl Pearson, *National Life from the Standpoint of Science*, (1901), pp. 52~53.

[53] Karl Pearson, "Socialism and Natural Selection," p. 12. 그러나 사회주의가 물리적 선택, 즉 질병 등에 대한 투쟁에 영향을 미치지 않을 것이라는 피어슨의 주장은 유지되기 어려울 것이다. 사회주의는 의료보험 등의 보다 나은 의료 기회를 의미한다고 볼 수 있기 때문에 허약자에 대한 물리적 도태력을 현저하게 약화시킬 수

있다. 사회주의의 이러한 취약점은 피어슨이 강조한 우생학에 의한 부적자의 도태에 의해 해소될 것이다.

[54] Karl Pearson, "Socialism and Natural Selection," p. 17.

[55] Karl Pearson, *National Life from the Standpoint of Science*, p. 48. 피어슨은 영국이 이제까지 집단 내부의 경쟁에 지나치게 몰두해 왔기 때문에 민족들 사이의 생존 투쟁에서 패배할 가능성이 크다고 우려했다. Karl Pearson, "Socialism and Natural Selection," p. 6.

[56] Karl Pearson, "Socialism and Natural Selection," p. 2, 4, 8.

[57] Karl Pearson, "Socialism and Natural Selection," pp. 14~15.

[58] Karl Pearson, "Socialism and Natural Selection," p. 6.

[59] Karl Pearson, "Socialism and Natural Selection," p. 17.

[60] Karl Pearson, *National Life from the Standpoint of Science*, p. 21.

[61] Karl Pearson, *National Life from the Standpoint of Science*, pp. 23~25.

[62] Karl Pearson, *National Life from the Standpoint of Science*, pp. 45~46, "Socialism and Natural Selection," p. 9.

[63] 피어슨의 이러한 예측은 정확히 들어맞아 열강의 세계 분할 완료는 곧 1차 세계대전으로 이어졌다.

[64] Karl Pearson, "Socialism and Natural Selection," p. 16.

[65] Karl Pearson, "The Moral Basis of Socialism," p. 312.

[66] 피어슨은 "사회주의가 성공적인 경쟁에 대한 보상을 파괴함으로써 근본적인 사회적 가치를 지닌 개인적 에너지에 대한 동기를 약화시킬 것"이라는 비판에 대한 반론으로서 유능한 개인에게 '국가의 대우'와 '공적인 인정'을 부여하거나 '생산재가 아닌 소비재의 제공' 등의 방식을 사회주의적 경쟁에 대한 보상책으로 제시했다. "The Moral Basis of Socialism," pp. 313~314. 여기서 국가의 대우와 공적 인정은 북한의 '공훈배우'와 유사한 의미인 것으로 추정된다. 피어슨의 기대와는 달리 최근 사회주의체제의 붕괴는 이러한 유인책이 큰 효과를 거두지 못했음을 입증한 것으로 볼 수 있다.

67 Karl Pearson, "Socialism and Natural Selection," p. 16.

68 Karl Pearson, *National Life from the Standpoint of Science*, p. 26. 홉슨은 부적자의 출산을 막는 피어슨의 예방적인 우생학적 선택 방식을 비합리적 자연에 의한 무자비한 방식 보다 훨씬 합리적이고 인간적인 방식이라고 찬양했다. 그러나 그는 피어슨이 이러한 합리적 선택 방식을 오직 민족 사회에만 적용하고 이를 인류 사회에 확대 적용하기를 거부한 것이 그의 한계라고 비판했다. 즉 피어슨은 인류 사회를 여전히 비합리적인 선택 방식, 달리 말해 제국주의에 내맡겼다는 것이다. J. A. Hobson, *Imperialism, A Study*, (Unwin Hyman, 1988, 초판은 1902), pp. 163~164.

69 Karl Pearson, *National Life from the Standpoint of Science*, p. 55.

70 Karl Pearson, "Socialism and Natural Selection," p. 21.

71 Karl Pearson, *Social Problem: Their Treatment, Past, Present, and Future*,(1912), p. 4.

동아시아의 사회진화론 재고
—중국과 한국의 '진화' 개념 형성

1 1877년 모스가 도쿄대학에서 진화론을 주제로 한 연속 강의를 제자인 이시카와 치요마쓰石川千代松가 필기해 《동물진화론》(1883)이라는 제목으로 간행했다. 스펜서의 저작 중에서 일본에서 번역된 몇 가지를 들어 보면 다음과 같다. 《權利提綱》(尾崎行雄 역, *Social Statics*의 부분 번역), 《代議政體論》(鈴木義宗 역, 翠濤軒, 1878), 《斯氏敎育論》(尺振八 역, 文部省, 1880, Education), 竹內正志 역, 《萬物進化要論》(松本淸壽·西村玄道 역. 民德館, 1884, First Principles), 《哲學原理》(山口松五郎 역, 加藤正七 간행, 1884, First Principles). 메이지 일본에서 번역된 스펜서의 저작은 山下重一, 《スペンサーと日本近代》, (御茶の水書房, 1883), 5~6쪽, 〈ベンサム, ミル, スペンサー邦譯書目錄〉《參考書誌研究》10, 1974)을 참조. 페놀로사는 도쿄 대학 외국인 교사로서 도쿄 대학에 스펜서의 사회진화론을 소개했으며, 오카쿠라 텐신岡倉天心과 아리가 나가오有賀長雄는 그의 제자였다.

²《서유견문》,〈태서 학술의 내력〉,《유길준 전서》1권, 일조각, 1971.

³ 헉슬리의 *On Origin of Species*(London, 1862)는 이자와 슈지伊澤修二(1851~1917)가《生種原始論》(森重遠, 1879)이라는 제목으로 번역했다. 다윈의《인간의 유래》는 고즈 센사부로神津尊三朗(1852~1897)에 의해《인조론人祖論》(山中市兵衛, 1871)으로 번역되었다.《종의 기원》은 일본에서는 立花銑三郎 역의《生物始源: 一名種源論》(經濟雜誌社, 1896)로 번역되었으며, 중국에서는 마쥔우馬君武가 일본어 번역을 토대로《종의 기원》의 4장만을 번역한《達爾文天擇篇》(文明書局, 1903)을 간행했고, 1919년에 그가 완역판으로《達爾文物種原始》(中華書局)을 간행했다.

⁴ *Der Kampf ums Recht des Stärkeren und seine Entwicklung*. 오카쿠라 텐신의《동양의 이상The Ideals of the Eas》이 영어로 출판되었듯이, 동아시아인이 서양의 언어로 저술 활동을 하기 시작했다.《독립신문》의 영어판 또한 이러한 흐름의 하나일 것이다.

⁵ 량치차오와 한국의 관계에 대해서는 최근까지 많은 연구가 이루어져 왔다. 이광린,〈구한말 진화론의 수용과 그 영향〉,《한국개화사상연구》, 일조각, 1979. 신일철,《신채호의 역사사상연구》, 고려대학교출판부, 1981. 신연재,〈동아시아 3국의 社會進化論 受容에 관한 研究: 加藤弘之, 梁啓超, 申采浩의 사상을 중심으로〉, 서울대학교 대학원 박사학위논문, 1991. 신승하,〈구한말 애국계몽운동시기 양계초 문장의 전입과 그 영향〉,《아세아연구》41~42, 1998. 백영서,〈양계초의 근대성 인식과 동아시아〉,《아시아문화》19, 1999. 엽건곤,《양계초와 구한말문학》, 법전출판사, 1980. 이만열,〈개화기 언론과 중국-양계초를 중심으로〉(위암장지연선생기념사업회),《한국근대언론의 재조명》, 커뮤니케이션북스, 2001. 박찬승,〈1920년대 신채호와 양계초의 역사연구방법론 비교—E. 베른하임을 참고해〉,《인문과학논문집》34, 2002. 우림걸,〈20세기초 양계초 애국계몽사상의 한국적 수용〉, 중한인문과학연구회, 2002. 박노자,《우승열패의 신화》, 한겨레신문사, 2005. 전동현,〈대한제국시기 중국 양계초를 통한 근대적 민권개념의 수용—한국언론의 "신민"과 "애국" 이해〉,《중국근현대사연구》21, 2005.

⁶《종의 기원》초판에서는 'transmutation(변이)'을 사용되었고 6판 이후에

'evolution'이 등장한다. 다윈은 1871년에 발표한《인류의 유래》에서 'evolution'이라는 단어를 처음으로 사용했다. 그는 evolution이라는 단어를 좋아하지는 않았지만, 스펜서가 쓴 이 용어가 일반적으로 많이 통용되었기 때문에 사용했다. 스티븐 제이 굴드,《풀하우스》, 이명희 옮김, 사이언스북스, 2004, 190쪽 참조.

7 〈原强修訂考〉, 王栻 주편,《嚴復集》제1책, 中華書局, 1986, 16~17쪽. 이하 옌푸의 인용은 이 판본에 의거한다.

8 위의 책, 23쪽.

9 〈天演進化論〉,《嚴復集》제2책, 309쪽.

10 위와 같음.

11 옌푸는 스펜서의 진화의 운동 방향을 다음과 같이 설명하고 있다. "진화란 닫힘 작용에서 물질[質, matter]이 모이고, 열림 작용에서 운동력[力, motion]이 분산하는 것을 말한다. 이를 사물에 적용하면, 사물은 단순에서 복잡으로, 유동[流]에서 응고[凝]으로, 혼란[渾]에서 질서[劃]로 변화해 나간다. 물질과 운동력이 섞이는 상호 작용을 통해 변화가 일어난다."《천연론》〈도언 2〉〈옌푸의 해설〉. 스펜서가《종합철학체계》(옌푸는 天人會通論으로 번역)에서 밝힌 보편적 발전이론에 관해서는 정창인, 〈스펜서의 진화론적 자유주의: 스펜서의 저작에 있어서의 진화주의와 자유주의 사이의 모순을 해결하기 위한 진화론의 재해석〉, 한국정치학회,《한국정치학회보》, 2004을 참조.

12 ピーター, J, ボウラー(Peter, J. Bowler), 鈴木善次 등역,《進化思想の歷史》下, 朝日新聞社, 1987, 466쪽. 신연재, 〈스펜서의 사회진화론과 자유주의〉, 한국국제정치학회,《국제정치논총》, 1994.

13 〈옌푸의 해설〉,《천연론》〈도언 1〉.

14 〈옌푸의 해설〉,《천연론》〈도언 3〉.

15 〈옌푸의 해설〉,《천연론》〈도언 5〉.

16 《천연론》〈도언 18〉.

17 옌푸의 후기 문장이라고 할 수 있는 〈천연진화론〉(1913,《嚴復集》2책)에서는 "모든 진화는 천연에서 비롯된다"고 설명하고 있으며, '남녀부부의 진화' 혹은 '남녀

결혼의 진화' 등을 말하고 있다. 당시 이미 일본을 경유한 '진화'라는 용어가 중국 사회에 상당히 널리 유포되어 있었지만, 옌푸는 '천연'과 '진화'를 구별해 사용하고 있다.

18 《群學肄言》, 〈옌푸의 해설〉, 《嚴復集》 4책, 345쪽. 《군학이언群學肄言》은 스펜서의 The Study of Sociology(1873)을 옌푸가 1903년 중국어로 번역한 책이다.

19 〈論世變之亟〉, 《嚴復集》 제1책.

20 Schwartz, B., *In Search of Wealth and Power – Yanfu and the West*, (The Belknap press of havard University Press, 1964), p. 239.

21 憑友蘭, 商務印書館編輯部 편, 〈從赫胥黎到嚴復〉, 《論嚴復與嚴譯名著》, 商務印書館, 1982.

22 〈옌푸의 해설〉, 《천연론》 〈논 15〉.

23 〈梁啓超致嚴復書〉(1897년 3월, 《嚴復集》 5책), 1566쪽. 이 편지는 《음빙실문집》 제1책에도 수록되어 있다. 옌푸가 량치차오에게 《천연론》의 원고를 보내는 사정은 〈與梁啓超書 1〉(《嚴復集》 4책, 515쪽)에 보인다.

24 실제로 량치차오가 《지신보知新報》에 발표한 〈설군說群〉은 옌푸의 영향을 단적으로 보여 주고 있다.

25 1901년 《청의보》에는 〈홉스 학안〉, 〈스피노자 학안〉, 〈루소 학안〉이 발표되었으며, 1902년부터 발간된 《신민총보》에는 〈아리스토텔레스의 정치학설〉, 〈진화론의 혁명가 키드의 학설〉, 〈근세 문명의 시조 2 대가의 학설(베이컨 학설, 데카르트 학설)〉, 〈천연학 시조 다윈의 학설과 간략한 전기〉, 〈법리학 대가 몽테스키외의 학설〉, 〈공리[樂利]주의의 태두 벤담의 학설〉, 〈근세 제일의 대 철학자 칸트의 학설〉 등이 발표되었고, 1903년에는 〈정치학 대가 블룬츨리의 학설〉이 발표되었다.

26 〈국가학〉은 《청의보》 11책(1899.04.10), 15(1899.05.20), 16(1899.05.30), 17(1899.06.08), 18(1899.06.18), 19(1899.06.28), 23(1899.08.06), 25(1899.08.26), 31(1899.10.25)에 연재되었다.

27 Marianne Bastid—Bruguiere, 〈中國近代國家觀念溯源—關於伯倫知理'國家論'的翻譯〉, 《近代史硏究》, 1997년 제4기. 《청의보》에 게재된 《국가학》의 저본 문제에 관

해서는 狹間直樹, 〈新民說'略論〉, 《梁啓超-西洋近代思想受容と明治日本》, みすず書房, 1999, 91쪽. 孫宏雲, 〈汪精衛・梁啓超'革命'論戰的政治學背景〉, 《歷史研究》, 2004년 제5기. 鄭匡民, 《梁啓超啓蒙思想籍的學背景》, 上海書店出版社, 2003, 제6장. 石雲艷, 《梁啓超與日本》, 天津人民出版社, 2005, 276~280쪽 참조.

28 平田東助·平塚定二郎, 《國家論》, 春陽堂, 1899.

29 伯崙知理, 吾妻兵治 역, 《國家學》, 善鄰書館·國光社, 1899.

30 〈進化論革命者家頡德之學說〉, 《신민총보》 18호, 1902년 10월 28일.

31 《신민총보》 32호(1903년 5월 25일), 38·39호(1903년 10월 4일).

32 이 두 표현은 모두 〈論變法必自平滿漢之界始〉 《청의보》 1책, 1898년 12월)에 보인다.

33 〈自由書·放棄自由之罪〉, 《飮冰室合集》 2책.

34 《천연론》, 《嚴復集》 5책, 1324쪽.

35 〈新民說·論進步〉, 《飮冰室合集》 4책.

36 유길준이 제시하고 있는 경쟁의 개념이 사회진화론이 아니라 서구의 자유주의적 경쟁 개념이라는 것은 이미 종래의 연구에서 지적된 바 있다. 전복희, 《사회진화론과 국가사상─구한말을 중심으로》, 한울아카데미, 1996, 112쪽.

37 《유길준 전서》 4권, 일조각, 1971.

38 《서유견문》 〈개화의 등급〉, 《유길준 전서》 1권, 일조각, 1971.

39 《서유견문》 〈인세의 경쟁과 면려〉, 《유길준 전서》 1권, 일조각, 1971.

40 전복희, 위의 책, 105~106쪽.

41 박성진, 《사회진화론과 식민지 사회사상》, 선인, 2003, 32쪽.

42 〈본회 취지서〉, 《서우》 제1호, 1906년 6월 1일. 이 밖에도 "現今時代는 生存競爭을 天演이라 論ᄒ며 弱肉强食을 公例라 謂ᄒᄂ지라."(〈自强能否의 問答〉, 《대한자강회월보》 4호, 1906년 10월 25일). "西儒之言에 生存競爭은 天演야요 優勝劣敗는 公例야라 하니"(朴辛鎔, 〈敎育이 不明이면 生存을 부득〉, 《태극학보》 10호, 1907년 5월 24일).

43 장지연, 〈團體然後 民族可保〉, 《대한자강회월보》, 1908년 11월 25일.

44 장지연, 〈자강주의〉, 《대한자강회월보》 4호, 1906년 10월 25일.

45 이광린, 앞의 논문.

46 신일철, 위의 책, 64쪽.

47 《태극학보》, 1906년 11월 24일.

근대 일본에서의 진화론과 국법학의 관련성

1 다나카 히로시田中浩에 따르면 "사회진화론은 근대 정치·사회에 관한 사상사 교과서에는 오늘날 거의 언급되지 않는다"(田中浩, 《近代政治思想史》 講談社學術文庫, 1995, 78쪽).

2 佐々充昭, 《韓末における'强權'的社會進化論の展開》, 朝鮮史研究會論文集 40号, 2002년 10월, 185쪽.

3 가토의 진화론 및 국가관에 관해서 이하의 각주에 기재한 문헌 외에, 田畑, 《加藤弘之の國家思想》, 河出書房, 1939. 田畑, 《加藤弘之》, 新裝版吉川弘文館, 1986. 吉田曠二, 《加藤弘之の研究》, 大原新生社, 1976. 堅田剛, 《独逸學協會と明治法制》, 木鐸社, 1999. 堅田剛, 《独逸法學の受容課程―加藤弘之·穗積陳重·牧野英一》, 御茶の水書房, 2010. 山下重一, 《スペンサーと日本近代》, 御茶の水選書, 1983, 143 이하. 山下重一, 〈明治初期におけるスペンサーの受容〉, 年報政治學, 《日本における西欧政治思想》, 1975, 97쪽 이하. 安世舟, 〈明治初期におけるドイツ國家思想の受容に關する一考察―ブルンチュリーと加藤弘文を中心して〉, 年報政治學, 《日本における西欧政治思想》, 1975, 113쪽 이하. 岩崎允胤, 〈加藤弘之の立憲主義思想―天賦人權論から進化的權利論へ〉, 大阪經濟法科大學論集 76호(2000년 3월), 1쪽 이하 및 77호(2000년 7월) 1쪽 이하. 村上淳一, 〈加藤弘之と社會進化論〉, 石井紫郎·樋口範雄 편, 《外から見た日本法》, 東京大學出版會, 1995, 415쪽 이하. 横山寧夫, 〈加藤弘之と社會的ダーウイニズム〉, 社會學論集 37호(1967년 5월) 1쪽 이하. 桐村彰郎, 〈加藤弘之の轉向〉 法學雜誌(大阪市立大學) 14

권 2호(1967년 11월), 111쪽 이하. 渡邊和靖,〈加藤弘之の初期思想―西洋的政治原理と儒教〉, 日本思想史研究(東北大學) 4호(1970년 8월) 59쪽 이하. 渡邊和靖,〈加藤弘之のいわゆる'轉向'―その思想史的位置づけ〉, 日本思想史研究(東北大學) 5호(1971년 5월) 18쪽 이하. 渡邊和靖,〈加藤弘之の後期思想―近代日本に於ける'儒教'の運命〉, 日本思想史研究(東北大學) 6호(1972년 12월), 1쪽 이하. 堀松武一,〈わが國における社會進化論と社會有機體說の發展―加藤弘之を中心として〉, 東京學芸大學紀要第1部門(敎育學) 29호(1978년 3월), 15쪽 이하. 金子洋子,〈加藤弘之における國家と思想〉, 龍谷史壇 75호(1979년 11월), 48쪽 이하. 田中浩,〈福澤諭吉と加藤弘之―西洋思想の受容と國民國家の二類型〉, 一橋論叢 100권 2호(1988년 8월), 284쪽 이하. 服部健二,〈加藤弘之とE. ヘッケル〉, 立命館大學人文科學研究所紀要 59호(1993년 10월), 274쪽 이하. 間宮庄平,〈加藤弘之の國家思想―思想轉向の深層心理を省みて(序說)〉, 産大法學 34권 4호(2001년 2월), 810쪽 이하. 山本友三郎,〈徂來・尊德・弘之における倫理・政治の三層構造―西洋近代の社會倫理と儒教的環境思想の結合〉, 大阪敎育大學紀要1(人文科學) 58권 2호, 77쪽 이하. 佐藤太久磨,〈加藤弘之の國際秩序構想と國家思想―'萬國公法體制'の形成と明治國家〉, 日本史硏究 557호(2009년 1월), 26쪽 이하. 鈴木貞美,〈明治期日本の啓蒙思想における'自由・平等'―福澤諭吉・西周・加藤弘之をめぐって〉, 日本硏究(人間文化硏究機構日本文化硏究センター) 40호(2009년 11월), 377쪽 이하 등을 참조.

4 加藤弘之, 植手通有 編,〈人權新說〉,《日本の名著》34卷, 中央公論社, 1984, 413쪽.

5 위의 책, 413쪽.

6 위의 책, 438쪽.

7 위의 책, 462쪽.

8 위의 책, 460쪽.

9 위의 책, 462쪽.

10 이 점에 착목한 것으로 佐々充昭,《韓末における'强權'的社會進化論の展開》, 189쪽, 松本三之介,〈近代日本における社會新か思想(1)〉, 駿河台法學 7권 1호(1993

년 10월), 220쪽 이하 등을 참조.

[11] 이 문제에 관해서는 右田裕規, 《天皇制と進化論》, 靑弓社, 2009 등을 참조.

[12] 加藤弘之, 《强者の權利の競爭》, 哲學書院, 1893, 108쪽.

[13] 위의 책, 〈序論〉, 3쪽. 또한 독일어 판본에서는 이외에 Lilienfeld, Henne—Ann Rhyn, Tylor, Post 등의 이름을 들고 있다(Hiroyuki Katô, *Der Kampf ums Recht des Stärkeren und seine Entwicklungen*, 1894, Vorwort Ⅱ).

[14] 위의 책, 54쪽.

[15] 위의 책 54쪽 이하.

[16] 山田央子, 〈ブルンチュリと近代日本政治思想(下)〉, 東京都立大學法學會雜誌 33권 1호(1992년 1월), 240쪽 이하 등을 참조.

[17] 이 점에 관해서 위의 책 236쪽에서는 가토가 당초 전편을 완역하려고 했었다고 지적하면서 번역 순서에서 일정한 "가토의 관심 우선순위의 투영"을 읽을 수 있다고 한다.

[18] 中村雄二郎, 〈加藤弘之の制度觀と自然觀(一)―家族國家思想形成との關係において〉, 《近代日本における制度と思想》, 未來社, 1967, 183쪽.

[19] 위의 책, 188쪽.

[20] 加藤弘之, 〈人權新說〉, 植手通有 편, 《日本の名著》34권, 中央公論社, 1984, 421쪽.

[21] 위의 책, 422쪽.

[22] 위와 같음.

[23] 위의 책, 448쪽 이하.

[24] 加藤弘之, 〈自然と倫理〉, 上田勝美・福嶋寬隆・吉田曠二, 《加藤弘之文書》3권, 同朋舍出版, 1990, 475쪽.

[25] 위의 책, 475쪽.

[26] 위의 책, 625쪽.

[27] 加藤弘之, 〈責任論〉, 《加藤弘之文書》3권, 673쪽.

[28] 위의 책, 677쪽.

[29] 위의 책, 507쪽 이하. 이 점에 대해서는 加藤弘之, 《道德法律進化の理》증정3판, 博

文館, 1903 및 《自然界の矛盾と進化》, 金港堂, 1906 등에도 상세한 설명이 있다.
30 加藤弘之, 〈自然と倫理〉, 上田勝美·福嶋寬隆·吉田曠二, 《加藤弘之文書》 3권, 同朋舍出版, 1990, 515쪽 이하.
31 加藤弘之, 《道德法律進化の理》 증정3판, 博文館, 1903, 208쪽에서 그는 "나의 공리주의는 다른 학자와 크게 다른 점이 없는 것은 아니다"라고 하면서 스스로 공리주의 입장임을 표명하고 있다.
32 위의 책, 217쪽 이하 및 248쪽 이하 등을 참조.
33 위의 책, 220쪽 이하.
34 加藤弘之, 〈自然と倫理〉, 上田勝美·福嶋寬隆·吉田曠二, 《加藤弘之文書》 3권, 同朋舍出版, 1990, 620쪽.
35 加藤弘之, 《道德法律進化の理》 증정3판, 博文館, 1903, .334쪽 이하. 이 점에 관해서는 앞에 나온 《近代日本における制度と思想》, 236쪽을 참조.
36 위의 책, 336쪽 이하.
37 加藤弘之, 〈自然と倫理〉, 上田勝美·福嶋寬隆·吉田曠二, 《加藤弘之文書》 3권, 同朋舍出版, 1990, 598쪽.
38 加藤弘之, 〈佛敎に所謂善惡の因果應報は眞理にあらず〉, 《加藤弘之文書》 3권, 187쪽 이하.
39 加藤弘之, 〈自然と倫理〉, 上田勝美·福嶋寬隆·吉田曠二, 《加藤弘之文書》 3권, 同朋舍出版, 1990, 597쪽.
40 위의 책, .618쪽 이하에서는 양자의 특징을 정면에서 비교하고 있다.
41 가토의 논의에서 천부인권설과 국가유기체설의 결부에 관해서는 松本三之介, 《天皇制國家と政治思想》, 未來社, 1969, 215쪽 이하, 그리고 블룬칠리의 영향에 관해서는 앞에 나온 山田央子, 〈ブルンチュリと近代日本政治思想(下)〉, 235쪽 이하, 앞에 나온 堅田, 《獨逸學協會と明治法制》, 226쪽 이하 등을 참조.
42 石田雄, 《日本近代思想史における法と政治》, 岩波書店, 1976, 161쪽 이하에서는 일본의 국가유기체설에 관해서 유기체설과 법인설의 구별이 곤란함을 지적하고, 가토에 대해서는 177쪽 이하에서 그의 법인설 비판이 관철되어 있지 않음을 지적

하고 있다.

43 加藤弘之, 〈自然と倫理〉, 上田勝美·福嶋寬隆·吉田曠二, 《加藤弘之文書》 3권, 同朋舍出版, 1990, 523쪽 이하.

44 위의 책, 525쪽.

45 加藤弘之, 〈國家の統治權〉, 《加藤弘之文書》 3권, 633쪽.

46 위의 책, 633쪽 및 655쪽. 市村光惠에 대한 비판을 서술한 앞에 나온 〈自然と倫理〉 596쪽에서도 "군주를 통치기관으로 칭하고 최상기관으로 보아도 굳이 곤란함은 없는 것 같"으나 "다른 기관들과는 원래 큰 차이가 있다"는 점에서 기관설은 취할 수 없다는 설명에 그친다. 이 점에 대해서 앞에 나온 《日本近代思想史における法と政治》 178쪽 이하를 참조.

47 加藤弘之, 〈人權新說〉, 植手通有 편, 《日本の名著》 34권, 中央公論社, 1984, 445쪽 이하. 여기서는 "전제의 대권력을 장악하는 최대 우등자"가 일어나고 비로소 "방국邦國", "우리의 권리"가 생긴다고 하며 또한 "방국도 우리의 권리도 서로 떨어져서 하나만 성립할 수 없으며 우리의 권리도 방국도 서로 떨어져서 하나만 생길 수 없다. 그러므로 방국과 우리의 권리는 실은 부득이한 경우에 모든 사람들 및 각 개인의 안전을 추구하기 위해서 전제자가 처음에 이를 설립한 것이라고 할 수 있다."(같은 책 445쪽)라고 한다. 이 점과 관련해서는 앞에 나온 《近代日本における制度と思想》, 232쪽 이하를 참조.

48 이 점과 관련해서는 "전향" 전의 가토의 이론에도 같은 경향이 있었음을 앞에 나온 《天皇制國家と政治思想》, 229쪽 이하를 참조.

49 家永三朗, 《日本近代憲法思想史硏究》, 岩波書店, 1967, 132쪽.

50 아리가는 법인설의 관점에서 호즈미 야쓰카를 비판했다. 有賀長雄, 〈穗積八束君帝國憲法の法理を誤る〉, 松本三之介, 《明治思想集 Ⅱ》 近代日本思想大系 31, 筑摩書房, 1977, 73쪽 이하를 참조.

51 아리가의 진화론에 대해서는 松本三之介, 〈近代日本における社會進化思想〉(三): 一有賀長雄の社會進化論, 駿河台法學 16권 1호(2002년 10월) 87쪽 이하, 앞에 나온 《スペンサーと日本近代》 171쪽 이하 등을 참조.

52 山泉進, 〈社會進化論から國家學への變進 有賀長雄(1860~1921)〉, 峰島旭雄 편, 《近代日本思想史の群像―早稻田とその周邊》, 北樹出版, 1997, 65쪽 참조.

53 《社會學 卷之一》로 출판된《社會進化論》, 東洋館書店, 1883 앞부분의〈社會學全部予匠〉에 의하면《社會學》은 이들 세 권에《政體進化論》,《儀式進化論》,《産業進化論》을 더한 여섯 권을 예정하고 있었던 듯하다.

54 有賀長雄 편술,《增補 國家學》, 牧野書房, 1890, 25쪽.

55 위의 책,〈凡例〉, 2쪽.

56 위의 책, 248쪽.

57 위의 책, 105쪽.

58 위의 책, 460쪽 이하.

59 위의 책, 429쪽 이하. 인용은 p.429쪽 및 p.461쪽.

60 위의 책, 437쪽.

61 위의 책, .11쪽.

62 有賀長雄 편술,《增補 國家學》, 牧野書房, 1890, 26쪽. 그 안에서《社會進化論》을 저술했을 때에는 스펜서 등 영국 학자 중에 사회와 국가의 구별에 대해 명료한 논의가 없었으므로 국가와 사회를 구별하지 않았다고 아리가 자신이 서술하고 있다.

63 위의 책,〈第一版 小引〉, 3쪽.

64 위의 책, 28쪽.

65 위의 책, 28쪽 이하.

66 위의 책, 30쪽.

67 위의 책, 31쪽.

68 위의 책, 34쪽 이하.

69 위의 책, 35쪽.

70 위의 책, 7쪽의 표 참조.

71 위의 책, 47쪽 이하.

72 위의 책, 52쪽 이하.

73 有賀長雄,〈國法學序〉,《國法學》上卷, 東京專門學校出版部, 1901.

74 위의 책, 1쪽.

75 위의 책, 196쪽 및 199쪽.

76 穗積八束,《憲法提要》上卷, 有斐閣, 1910, 3쪽.

77 위와 같음.

78 위의 책, 3쪽 이하.

79 穗積八束,〈法人國及主權國〉,《穗積八束博士論文集》, 有斐閣 1913, 724쪽 이하.

80 長尾龍一,《日本憲法思想史》, 講談社學術文庫, 1996, 40쪽 참조.

81 이 점에 대해서는 졸고〈美濃部達吉의'國家法人說'―その日本的特殊性〉, 法學硏究(慶應義塾大學) 66권 10호(1993년 10월), 39쪽 이하에서 언급했다.

82 石田雄,《日本近代思想史における法と政治》, 岩波書店, 1976, 182쪽 이하.

83 穗積八束,《國民敎育憲法大意》, 八尾書店 ,1892, 2쪽.

84 穗積八束,《帝國憲法》(東京法學院 29年度 第2年級 講義錄), 東京法學院, 1897, 23쪽.

85 〈三二年度講義〉라고 쓰여 있는 복사본의 穗積八束,《帝國憲法》全, 275쪽(출판사, 출판연도 불명, 이하〈三二年度講義〉라고 함) 가운데 14쪽.

86 위의 책, 15쪽.

87 위의 책, 17쪽 이하 참조.

88 穗積八束 기술,《憲法》(中央大學法律科 1907年度 第1學年 講義錄) 中央大學 1907, 19쪽 이하.

89 穗積八束 기술,《憲法》(中央大學法律科 1908年度 第1學年 講義錄), 中央大學, 1908, 21쪽.

90 穗積八束,《憲法提要》上卷, 有斐閣, 1910, 44쪽 이하.

91 美濃部達吉,《日本國法學》上卷, 有斐閣, 1907, 30쪽.

92 여기서는 최종적으로 "국가는 일정한 지역을 기초로 하는 법인(단체인격자)으로서 자기에게 고유한 통치권을 가진다"라고 정의되어 있다(위의 책, 31쪽).

93 "인격이라는 것은 순연한 법률상 관념으로 단지 법률상에서만 존재한다. 자연에 존재하는 바의 사실에는 없다. 이 점에서 자연인과 법인 사이에 다를 바가 없다.

만약 법인이라고 하는 말로 법률상 인격자라는 의미로 해석할 때에는 자연인도 또한 법인이다"라고 설명한다(위의 책, 33쪽).

94 위의 책, 5쪽 이하.

95 위의 책, 12쪽 이하. 또한 옐리네크의 이론을 수용했다고 하는 미노베는 이후의 《憲法講話》에서 국가는 "최고의 권력을 가지는 영토단체이다", "국가는 일정한 토지를 기초로 하는 단체로 자기 의사에 기초해 스스로 제한을 가하는 외에 다른 자에 의해서 그 의사를 제한받지 않을 힘을 가진다"고 정의했다. "국가는 하나의 법인이라고 말씀드립니다. 법인이란 법률상의 사람이라는 것으로 즉 법률상 사람과 동일시될 수 있음을 말합니다. 앞에서도 말한 것처럼 모든 단체는 자기 자신에 생존 목적을 가지며 활동력을 가지는 것으로 이런 점에서 단체는 마치 인간과 같은 성질을 가지는 것이므로 법률상 견지에서도 단체 자신이 마치 한 사람인 것처럼 간주하고 이를 법인이라고 하는 것입니다"라고 언급한다(美濃部達吉, 《憲法講話》, 有斐閣, 1912, 16쪽).

96 美濃部達吉, 《日本國法學》上卷, 有斐閣, 1907, 18쪽 이하.

97 "거기에서 근거한 사상은 본디 정당하다고 할지라도 유기체 관념을 정밀하게 정의하는 것은 매우 어려울 뿐 아니라 국가를 유기체라고 함으로써 표현되는 사상은 국가는 단체라고 함으로써 표현할 수 있는 사상의 범위를 넘지 못한다. 국가유기체설에서 정당한 점은 국가단체설에서 이미 완전하게 언명했다. 따라서 국가를 유기체라고 함은 틀린 것은 아니지만 국가를 단체라고 설명할 수밖에 없어 이와 같이 명료하지 못하므로 오해를 불러일으키기 쉬운 명칭을 사용할 이유가 없다"라고 서술한다(위의 책, 19쪽).

98 위의 책, 19쪽.

99 美濃部達吉, 《日本憲法》2版, 有斐閣, 1922, 120쪽 이하.

100 위의 책, 121쪽.

101 위와 같음.

102 위의 책, 139쪽 이하. 유사한 기술은 《憲法提要》에도 있는데 "단체설의 주안점은 국가가 단순히 현재의 국민만 아니라 멀리 조상으로부터 생명을 받아서 후대 자

손에게 그 생명을 전하는 국민 전체의 결합으로 이루어진 단일체로서 그 분자인 국민 각 개인의 생명과는 달리 영구적인 생활체를 이룬"다(美濃部達吉, 《憲法提要》3版, 有斐閣 1926, 12쪽)고 나온다.

103 穗積八束, 〈帝國憲法の法理〉, 上杉慎吉 편, 《穗積八束博士論文集》, 有斐閣, 1913(같은 논문의 초출은 1889년), 14쪽.

104 위의 책, 594쪽 이하.

105 加藤弘之, 〈國家の統治權〉, 上田勝美·福嶋寬隆·吉田曠二, 《加藤弘之文書》3권, 同朋舍出版, 1990, 627쪽 이하. 그 앞머리에는 그것이 "군주기관설을 배척하고 군주주체설을 주장한"〈自然と倫理〉의 44장 보충이라고 서술되어 있다(같은 책, 829쪽, 〈國家の統治權小序〉을 참조).

106 加藤弘之, 〈國家の統治權〉, 上田勝美·福嶋寬隆·吉田曠二, 《加藤弘之文書》3권, 同朋舍出版, 1990, 634.쪽

107 石田雄, 《日本近代思想史における法と政治》, 岩波書店, 1976, 182쪽 이하.

108 加藤弘之, 〈自然と倫理〉, 上田勝美·福嶋寬隆·吉田曠二, 《加藤弘之文書》3권, 同朋舍出版, 1990, 497쪽 이하.

109 加藤弘之, 《道德法律進化の理》증정3판, 博文館, 1903, 236쪽 참조.

110 위의 책, 217쪽 이하 및 248쪽 이하 참조.

111 加藤弘之, 〈自然と倫理〉, 上田勝美·福嶋寬隆·吉田曠二, 《加藤弘之文書》3권, 同朋舍出版, 1990, 599쪽. 여기서는 기독교 논리가 "심령계"를 중시하고 "육체계"를 경시한 결과 "혈족의 사랑까지 경시하게 된" 것, "부자 관계를 부부 관계보다 경시해 부모의 인자함과 자녀의 효를 부부 간의 사랑에 비교해 보다 가벼운 것으로 여기"고 있는 점에서 "국가 생존에 매우 유해"하다고 본다.

112 위의 책, 598쪽. 다만 앞의 문장에서는 "유교와 같은 것은 능히 이러한 고유한 인성에 적합한 도덕을 세우고 특히 충효를 덕의의 지극으로 삼으며 대의명분을 국가 신민의 지덕으로 세웠다. 본디 유교에서는 충효에 그다지 경중을 두지 않는다고 할 때에도 효를 혹은 충보다 더 중한 것으로 하는 듯한 부분이 있는데 그 점은 감복하기 어려우며 나는 충이 가장 중하며 그 다음 정도가 효라고 인정하며

이는 이미 논한 바 있다"(같은 책, 597쪽 이하)라고 해 군주에 대한 충을 중시했다. 덧붙여 앞에 나온 〈國家の統治權〉의 646쪽에서는 "우리나라 특수의 '자연력'"으로서 그는 "일본인의 충애심"을 들고 있다.

[113] 穗積八束, 《國民敎育愛國心》, 八尾書店, 1897, 59쪽.
[114] 위의 책, 59쪽 이하.
[115] 위의 책, 62쪽.
[116] 위의 책, 63쪽 이하.
[117] 有賀長雄, 《社會進化論》, 東洋館書店, 1883, 429쪽.
[118] 위의 책, 437쪽.
[119] 美濃部達吉, 《國法學 完》, 日本大學發行(慶應義塾大學図書館所藏의 같은 책에는 출판연도가 기입되어 있지 않고 〈39年度法科講義錄合本〉이라고 날인되어 있다), 19쪽.
[120] 애초에 호즈미나 가토의 사상을 "유교사상"이라고 봐도 좋은지에 대해서는 논의가 있을 것이다. 그런 의미에서 "일본적 서양사상 수용에 의한 서양적 근대국가관의 패러다임 전환"이라고 말할 수 있을지도 모르겠다.

대한제국기 진보 개념의 역사적 이해
—언론 매체의 용례 분석을 중심으로

[1] 이 글은 2011년 4월 28일 한림대학교 한림과학원 제4회 심포지엄 〈근대 동아시아에서 진보의 재발견〉에 제출한 발표문을 보완한 것이다. 당일 심포지엄에서 유익한 내용을 발표한 한림과학원 소속의 여러 개념사 전문가들, 그리고 필자의 발표에 대한 토론을 담당한 한남대 박종린 교수에게 감사를 표한다.
[2] 〈進步〉, 《大漢和辭典 11》, 95면. '涵養須是敬, 進學則在致知, 此二言者, 實學者立身進步之要.'
[3] 〈進步〉, 《漢語大詞典 10》, 982면. '爲學須先尋得一箇路逕, 然後可以進步, 可以觀

書, 不然則書自書人自人.'

4 〈爲政〉, 《論語集註》. '孔子自言其進德之序如此者, 聖人未必然, 但爲學者立法, 使之盈科而後進, 成章而後達耳.'

5 張顯光, 〈景遠錄〉, 《旅軒續集》권10, 附錄. "先生嘗謂余曰, 讀書須當務以虛心徐究, 曉得文義, 而聖人立言旨趣, 逐字討過, 勿以穿鑿附會, 壞了本意, 自有進步處."

6 吳熙常, 〈行狀〉, 《老洲集》권27, 附錄. "聖人之言, 潔淨精微, 當隨其地頭, 活絡看出, 彼支離繾綣於箋註者, 反晦本旨, 學者須玩心高明, 方有進步處."

7 李珥, 〈經筵日記〉, 《栗谷全書》권29, 97면. "珥見朴淳曰, 時事無可進步處, 苟免禍敗足矣, 朝廷不和, 是可深憂, 年少士類, 疑懼太甚, 須使安定可也."

8 《미일신문》, 광고, 1898년 4월 13일.

9 《독립신문》, 논설, 1898년 4월 14일자.

10 《皇城新聞》, 雜報 〈進明趣旨〉, 1904년 11월 29일자.

11 《皇城新聞》, 廣告, 1902년 8월 30일자.

12 《皇城新聞》, 本社告白, 1898년 9월 5일~12월 29일자.

13 《皇城新聞》, 論說 〈嶠南의 曙光〉, 1909년 2월 3일자.

14 《皇城新聞》, 論說, 1898년 12월 13일자.

15 《皇城新聞》, 論說 〈舊學問家의 眞誠熱力〉, 1910년 3월 4일자.

16 《皇城新聞》, 廣告, 1901년 2월 22일~6월 29일자.

17 《皇城新聞》, 雜報 〈開進長書〉, 1906년 4월 2일자.

18 《皇城新聞》, 論說 〈名實相反〉, 1908년 4월 18일자.

19 《皇城新聞》, 論說 〈敬告社會上僉君子〉, 1909년 1월 29일자.

20 《皇城新聞》, 外報 〈康有爲氏〉, 1899년 7월 27일자.

21 《皇城新聞》, 論說 〈保守와改進〉, 1907년 4월 24일~26일자.

22 《皇城新聞》, 論說 〈警告各團體社會〉, 1907년 3월 30일자.

23 《大韓每日申報》, 論說 〈韓國之進化程度〉, 1907년 9월 29일자; 《대한미일신보》, 론셜 〈한국의 진보흘 정도〉, 1907년 10월 1일~2일자.

24 《大韓每日申報》, 論說 〈進化와 降衰〉, 1908년 8월 13일자; 《대한미일신보》, 론셜

〈진보와 강쇠〉, 1908년 8월 13일.

25 《大韓每日申報》, 論說〈競爭進化論의 大槪〉, 1909년 8월 11일자;《대한미일신보》, 론셜〈경징의 진보〉, 1909년 8월 11일자.

26 예를 들어 1909년 8월 11일자《大韓每日申報》의 논설〈競爭進化論의 大槪〉와 1909년 8월 11일자《대한미일신보》의 론셜〈경징의 진보〉를 비교해 보자. 국한문 판에서는 다윈이 출현해 우주의 진리를 탐구하며 역사의 공례를 추론해 인류는 원래 진화요 퇴화가 아님을 발견했다고 했다. 반면, 국문판에서는 진화를 '진보하는 것', 퇴화를 '퇴보하는 것'이라고 풀어 주었다. 또한 국한문판에서는 금일 물류와 인류는 태고의 물류와 인류가 아니니 모두 진화해 이 같은 상태가 되었다고 했다. 반면에 국문판에서는 '진화해'를 '진보가 되어'라고 바꿨다. 국한문판에서는 세계는 일진일화日進日化하는 것이라고 했다. 반면 국문판에서는 일진일화를 '날마다 진보하고 달마다 변화하는' 것이라고 풀어 주었다. 요컨대 다윈의 진화론과 관련된 전문 용어로 진화를 사용해야 할 경우조차 진보로 풀이했다.

27 《皇城新聞》, 廣告, 1908년 4월 15일자. 5월 14일까지 한 달간 게재되었다.

28 《독립신문》, 논설〈진보론〉, 1899년 8월 5일자.

29 서정훈,〈19세기 말 영국의 사회진화론들〉,《부산사학》32, 부산경남사학회, 1997, 191~203쪽.

30 《皇城新聞》, 論說〈警告全國同胞〉, 1906년 9월 26일자.

31 《독립신문》, 논셜, 1896년 4월 7일자.

32 《독립신문》,〈신문 갑 의론〉, 1898년 9월 5일자.

33 《뎨국신문》, 고빅, 1898년 8월 10일자.

34 《뎨국신문》, 고빅, 1898년 8월 12일자. 13일

35 《미ㅣ일신문》, 론셜, 1898년 4월 9일자.

36 《미ㅣ일신문》, 론셜, 1898년 4월 15일자.

37 《皇城新聞》, 本社告白, 1898년 9월 5일~12월 29일자.

38 《皇城新聞》, 論說, 1898년 10월 12일자.

39 《皇城新聞》, 論說, 1898년 9월 12일자.

40 《皇城新聞》, 論說, 1899년 5월 30일자.

41 《皇城新聞》, 論說, 1898년 12월 14일자.

42 《독립신문》, 〈중흥론〉, 1899년 8월 8일자.

43 위와 같음

44 《皇城新聞》, 論說, 1899년 8월 23일자.

45 《皇城新聞》, 論說, 1899년 4월 27일자.

46 《皇城新聞》, 論說〈國務大臣의 責任〉, 1905년 5월 1일자.

47 《皇城新聞》, 別報, 1898년 11월 5일자.

48 《皇城新聞》, 論說, 1898년 9월 13일자; 《皇城新聞》, 論說, 1898년 9월 24일.

49 《皇城新聞》, 論說, 〈凡人之成無異於穀之成〉, 1900년 10월 18일자.

50 《皇城新聞》, 論說, 〈一世多外飾〉, 1901년 8월 7일자.

51 《皇城新聞》, 別報〈一進會趣旨書〉, 1904년 9월 2일,

52 《皇城新聞》, 雜報〈進步景況〉, 1904년 11월 16일,

53 金鍾俊, 《대한제국 말기(1904년~1910년) 一進會 연구》, 서울대학교 박사학위논문, 2008, 20쪽.

54 崔起榮, 〈共進會와 反一進會 운동〉, 《韓國近代啓蒙運動研究》, 일조각, 1997, 121~137쪽.

55 《皇城新聞》, 雜報〈進明趣旨〉, 1904년 11월 29일자.

56 《皇城新聞》, 雜報〈共進榜告〉, 1904년 12월 6일자.

57 《皇城新聞》, 雜報〈教育設會〉, 1905년 5월 23일자.

58 《皇城新聞》, 雜報〈東洋開進教育會規則〉, 1905년 5월 23일자.

59 《皇城新聞》, 雜報〈開進長書〉, 1906년 4월 3일자.

60 《皇城新聞》, 雜報〈一進宣言〉, 1906년 3월 5일자.

61 《皇城新聞》, 雜報〈一進演說〉, 1906년 3월 24일자.

62 《大韓自強會月報》1, 〈大韓自強會趣旨書〉 1906년 7월.

63 《大韓自強會月報》1, 〈本會會報〉 1906년 7월.

64 《大韓自強會月報》1, 〈大韓自強會趣旨書〉 1906년 7월.

[65] 자강사상이란 흔히 스스로 강자가 되겠다는 사회진화론적인 표현으로 이해되고 있지만, 남의 힘에 의지하지 않고 스스로의 힘으로 분발해 실력을 양성한다고 하는 고전적인 '자강불식'의 주체성에 주안점이 있는 사상이었다. 자강주의를 제창하고 창립된 상기한 대한자강회는 'society for the self-help'라고 영역되고 있는데, 'self-strengthening'이 아닌 'self-help'라는 의미에서의 자강은 대한제국 후기 일본의 보호에 의지하지 않고 스스로 실력 양성을 추구했던 사회운동의 기본 정신이었다(盧官汎, 〈대한제국기 張志淵의 自强思想 연구―團合論을 중심으로―〉, 《한국근현대사연구》 47, 한국근현대사연구회, 2008; 노관범, 〈'韓國痛史'의 時代思想― 自强, 人道, 革命의 삼중주―〉《韓國思想史學》 33, 한국사상사학회, 2009).

[66] 《皇城新聞》, 雜報 〈英語研成會趣旨書〉, 1906년 8월 25일자.

[67] 위와 같음.

[68] 《皇城新聞》, 雜報 〈三淸洞私立講敎院趣旨書〉, 1907년 10월 13일자.

[69] 《皇城新聞》, 雜報 〈普校大振〉, 1907년 3월 29일자.

[70] 《皇城新聞》, 廣告, 1907년 5월 8일자.

[71] 《皇城新聞》, 雜報 〈果是有志〉, 1907년 6월 7일자.

[72] 《皇城新聞》, 雜報 〈蔚山新校〉, 1908년 3월 18일자.

[73] 《皇城新聞》, 論說 〈妙鄉山의 晚翠風景〉 1908년 7월 3일자.,

[74] 《皇城新聞》, 論說 〈學界進化〉, 1908년 6월 23일자.

[75] 《皇城新聞》, 論說 〈學界進化〉, 1908년 6월 23일자.

[76] 《대한미일신보》, 쵹긔셔, 1907년 5월 23일자.

[77] 《皇城新聞》, 雜報 〈進明婦人開會式盛況〉, 1907년 6월 17일자.

[78] 《대한미일신보》, 긔셔 〈남녀동등〉, 1907년 7월 9일자.

[79] 《대한미일신보》, 론셜 〈한국의 진보홀 정도〉, 1907년 10월 2일자.

[80] 《皇城新聞》, 論說 〈勞動者下에 士大夫〉, 1908년 3월 5일자.

[81] 《皇城新聞》, 論說 〈學界進化〉, 1908년 6월 23일자.

근대 전환기 유교 담론과 도학 개념의 역사적 의미론

[1] '道學'의 용례는 《한국문집총간》에서 3,419건, 《조선왕조실록》에서 377건이 검색된다. 왕조별로는 태조(0), 정종(1), 태종(5), 세종(11), 문종(1), 단종(0), 세조(1), 예종(1), 성종(9), 연산군(0), 중종(42), 인종(3), 명종(12), 선조(39), 선조수정(20), 광해군일기[중초본](12), 광해군일기[정초본](9), 인조(15), 효종(14), 현종(1), 현종개수(5), 숙종(45), 숙종보궐정오(8), 경종(3), 경종수정(2), 영조(28), 정조(42), 순조(9), 헌종(3), 철종(2), 고종(33), 순종(1), 순종부록(0) 이다(한국고전번역원, 〈한국고전종합DB〉).

[2] 홍원식, 〈포은 정몽주와 '洛中' 포은 학맥의 도학사상〉, 《포은학연구》 5권, 2010; 김용헌, 〈도학의 형성, 점필재 김종직과 그의 문생들의 도학사상〉, 《한국학논집》 제45집, 2011을 참조.

[3] 강인택은 동양철학사를 정리하면서, 서양의 철학과 비견되는 동양 도학의 계보와 특색을 고유성과 정체성의 측면에서 조명했다. 이행훈, 〈동양 지식 체계의 계보화—강춘산의 '동양도학의 체계여하'〉, 《동양고전연구》 제46집, 2012를 참조.

[4] 일제는 1907년 신문지법, 보안법 등을 만들어 언론 탄압을 획책했고, 근대 공론장을 주도하며 일제에 항거했던 《대한매일신보》는 1910년 국권 강탈과 함께 조선총독부의 기관지로 변질되었다. 결국 《매일신보》의 유교 담론은 태생적으로 친일적 성향을 지닐 수밖에 없었고 더 이상 공론장으로서의 기능을 갖지 못했기 때문에 여기서는 다루지 않았다. 1910년대 《매일신보》의 유교 담론에 대해서는 김현우의 〈1910년대 《매일신보》에 비친 유교의 모습〉(《儒敎文化硏究》 20집, 2012), 친일 황도유림에 대해서는 권인호의 〈타카하시 토오루高橋亨의 皇道儒學—李滉, 高橋亨, 朴鍾鴻의 朱子性理學과 중앙집권·국가주의 비판〉(《大同哲學》 제55집, 2011)을 참조.

[5] 김성환은 "'道學'은 오늘날 도가 혹은 도교와의 관련성보다 宋明理學을 지칭하는 용어로 더 널리 이해되고 있다. 그러나 최근 학계에서는 유학에 대응하는 도가의 학설, 혹은 노자의 道論을 이론적 근간으로 하는 도가·도교·선학을 포괄하는

모든 문화적 계통을 '도학'으로 칭하거나, 도가 문화에 관한 연구를 학술적 측면에서 '도학'으로 부를 것 등을 제안하는 사례가 늘고 있다. 도학 개념의 최종적 귀착 문제에 지나치게 얽매일 필요는 없겠지만, 어쨌든 도학이 곧 리학을 지칭한다는 통념에 대한 반성적 검토 정도는 있어야 할 것으로 보인다"고 지적했다(김성환, 〈道學·道家·道敎, 그 화해 가능성의 재조명〉, 《도교학연구》 제16집, 2000, 2~3쪽).

6 한국개념사 연구가 간과할 수 없는 영역으로 전통 개념을 꼽을 수 있다. 현재 한국개념사 연구는 주로 19세기 중반부터 20세기 중반에 걸쳐 진행된 서양의 사회·정치적 개념의 번역과 수용 양상에 초점을 맞춰 수행되고 있다. 최근에는 일상 영역뿐만 아니라 그 대상 시기도 점차 20세기 후반까지 확대되는 추세이기는 하지만, 학술용어나 전통 개념에 대한 관심은 상대적으로 부족하다. 여기서 논의하고자 하는 '도학' 개념은 이러한 문제의식과도 관련된다.

7 김성환, 〈道學·道家·道敎, 그 화해 가능성의 재조명〉, 《도교학연구》 제16집, 2000, 8쪽.

8 〈中庸章句序〉, 《中庸集註》.

9 호이트 틸만, 〈도통에 대한 소고: 학경의 북송 유학자에 대한 견지〉, 《대동문화연구》 52집, 2005, 471~473쪽.

10 도학의 개념과 범주에 대해서는 오석원의 《한국 도학파의 의리사상》(성균관대학교 출판부, 2005)에서 217~225쪽을 참조.

11 張顯光, 《旅軒先生文集》 卷6 〈雜著〉, 〈學部名目會通旨訣〉, "學者, 學是道也. 故曰道學. 道是本然當然之理. 故曰理學. 道理之學, 不出於心, 故曰心學. 明此理體此道, 治心之學, 學莫正焉, 故曰正學. 所謂學者, 學而至乎聖者也. 故曰聖學."

12 《독립신문》, 〈분수를 직힐 것〉, 1899년 6월 15일자.

13 《독립신문》, 〈교회론〉, 1899년 8월 19일자.

14 《미일신문》, 〈론셜〉, 1898년 9월 16일자.

15 《대한매일신보》, 〈유교동포에게 경고함〉, 1908년 1월 15일자.

16 《皇城新聞》, 〈愛身不愛國循私不循公〉, 1900년 5월 3일자.

17 呂炳鉉,〈新學問의 不可不修〉,《대한협회회보》제8호(1908년 11월 25일), 11~12쪽.

18 寓支那 上海 美國 李佳白, 朴殷植 역술,〈廣新學以輔舊學說〉,《서우》제3호(1907년 2월 1일), 16쪽.

19 《대한매일신보》,〈유교에 대한 의론〉, 1909년 2월 28일자.

20 三雲 鄭應卨,〈宜有頑固〉,《호남학보》제1호(1908년 6월 25일), 42쪽.

21 邊昇基,〈新舊同義〉,《호남학보》제2호(1908년 7월 25일), 13~14쪽.

22 안외순은 한국 유교가 식민지적 문명에 대한 이해에 따라 셋으로 분기했다고 보았다. 첫째, 식민적 근대 문명을 거부하면서 국권 수호 투쟁이 곧 전통 유교적 가치관과 삶을 보수하는 유교 수호의 길이라 해서 무장투쟁을 전개한 저항 유림(최익현, 유인석). 이들은 조선과 유교 정치 질서야말로 진정한 문명 세계이고 일본과 서양은 조선을 '개화-독립-보호-주권 박탈로 귀결시킨 야만으로 인식했다. 둘째, 국가 수호보다는 유교 수호에 더 가치를 부여해 무장투쟁에는 가담하지 않지만 식민적 근대 문명을 거부하고 조선의 성리학적 전통을 보수하고 전승하는 길을 택했던 탈정치적 은둔유림(전우, 곽종석). 이들은 유교의 시세론時勢論과 자정론自靖論을 전개하면서 사실상 조선의 식민지적 근대 전개라는 정치 현실에 대해 소극적으로 대응했다. 셋째 국권 수호와 유교 수호는 일치하되 다만 유교의 말폐적 성격은 유교혁신운동을 통해 유교 본래의 정신으로 회복해야 하며, 이러한 유교는 근대의 보편적 가치와 조화되는 것으로 인식한 계몽적 저항유림(박은식, 이승희). 이들은 도덕적 유교 문명관이 제국주의적 근대 문명관은 물론 물질주의적 근대 문명관에 대해서도 그 대안이 될 것이라고 확신했다(《식민지적 근대문명에 대한 한국 유교의 분기와 이념적 지형》,《東方學》제17집, 2009 참조).

23 朴殷植,〈平壤과 開城의 發達〉,《서우》제9호(1907년 8월 1일), 2~3쪽.

24 특기할 만한 사항으로 김종직, 김굉필, 정여창, 김인후, 이언적, 조광조, 이황, 이이, 성혼, 김장생, 김집, 송시열, 송준길을 도학가로 구분하고, 유형원, 김육, 정약용은 경세에 필수적인 저술을 남긴 정치학으로 구분하며, 장유, 이식, 이정구, 신흠, 최립, 차천락, 박지원, 홍석주, 홍길주, 김매순 등을 문장가로 구분한 점을

들 수 있다. 문장은 도를 실어 나르는 것이고 유교가 도학 정치를 표방한다는 점에서 도학가와 문장가와 정치가의 구분은 유가 사상에서 보면 적합하다고 할 수 없다. 서양 학술 개념의 수용이 통합적인 전통 지식체계 영향을 준 것으로 볼 수 있다. 이는 도학으로 수렴되었던 유교 지식체계의 해체와 영역이 축소되며 의미상으로도 균열이 발생하고 있는 도학의 위상 변화를 보여 준다.

[25] 一惺子, 〈我韓敎育歷史〉, 《서우》 제16호(1908년 3월 1일), 3~8쪽.

[26] 謙谷 朴殷植, 〈東洋의 道學源流〉, 《서북학회월보》 제16호, 1909년 10월 1일자, 56~57쪽.

[27] 姜荃, 〈國文便利 及 漢文弊害의 說 (前號續)〉, 《태극학보》 제7호(1907년 2월 24일), 19~20쪽.

[28] 도학의 무기력함에 대한 성토가 이어지는 한편에서는 오히려 도학 정신에 기반해 국내외에서 의병항쟁을 벌이거나 간재와 같이 후진 양성에 주력한 경우도 있지만 여기서는 다루지 않았다. 이들이 보여 준 도학의 의미는 세세한 차이에도 불구하고 조선 성리학의 연장선상에 있다고 판단했기 때문이다.

[29] 白岳 張膺震, 〈良心論〉, 《태극학보》 제12호(1907년 7월 24일), 3~8쪽.

[30] 유도儒道를 體體로 삼고 신학문을 용用으로 삼아 신구사상을 통합한다는 목적으로 1907년 설립된 대동학회는 1908년 2월 대동전문학교를 설립하고 이어 《대동학회월보大東學會月報》를 발행했다. 여기에는 김윤식, 여규형, 신기선, 민병석, 서정순, 이재곤, 남정철, 김가진, 조중응, 유길준, 유승겸, 김대희, 김택영, 정만조 등이 필진으로 참여했다. 창간 취지에서 밝힌 바와 같이 구사상(유교)의 입장에서 신사상을 소개하는 계몽적이고 학술적인 글들이 《대동학회월보》에 주로 실렸다.

[31] 申箕善, 〈道學源流〉, 《대동학회월보》 제1호(1908년 2월 25일), 34쪽. "道學者, 何物也. 人生斯世日用動息之間, 莫不皆有當行之則, 如行者之必由路也, 故謂之道也. 以今之俗語喩之, 則所謂義務者, 近之矣."

[32] 이 말은 임형택 외, 《흔들리는 언어들》(성균관대학교 대동문화연구원, 2008)에서 일부 차용한 것이다.

33 申箕善, 〈道學源流〉, 《대동학회월보》 제1호(1908년 2월 25일); 제2호(1908년 3월 25일).

34 藕山居士, 〈道學擬論〉, 《대동학회월보》 제2호(1908년 3월 25일). "道德是未發之道學, 道學是已發之道德也. 未發與已發不同, 而其實道德道學豈容有小異哉."

35 《독립신문》, 〈나라의 근본〉, 1899년 9월 12일자.

36 1904년 7월 영국인 배설襄說(E.T, Bethell)이 발행한 《대한매일신보》는 양기탁이 총무를, 박은식이 주필을 맡았고, 신채호, 최익, 장달선 등이 필진으로 참여했다.

37 《대한매일신보》, 〈국한문의 경중〉, 1908년 3월 22일자; 1908년 3월 24일자.

38 《皇城新聞》, 〈道學源流辨〉, 1908년 4월 4일자.

39 《皇城新聞》, 〈勸告大東學會〉, 1908년 8월 22일자.

40 《皇城新聞》, 〈舊學改良이믄 第一着手處〉, 1909년 2월 13일자. 이외에도, "我韓學派는 以獨善自重으로 爲一副法門ㅎ고 偃臥山林ㅎ야 坐致束帛으로 爲畢生事業ㅎ니 彼其經世의 志가 無ㅎ 故로 經世의 學이 無ㅎ고 經世의 學이 無ㅎ 즉 엇지 救時의 功이 有ㅎ리오 其所謂 學問은 性心理氣와 禮說起問而已오 其所謂 實習은 鄕飮 鄕射而已라 古今政治史와 天下大勢와 當時 要務에는 夢想도 不及ㅎ얏스니 엇지 通達時務ㅎ는 知識이 有ㅎ며 엇지 救濟民國홀 力量이 有ㅎ리오"《皇城新聞》, 〈存乎其人〉, 1909년 4월 24일자)와 같이 조선 성리학의 폐단을 지적한 기사를 확인할 수 있다.

41 《皇城新聞》, 〈警告儒林諸君〉, 1909년 6월 16일자.

42 《皇城新聞》, 〈國家의 政治機關〉, 1910년 7월 13일자.

43 《대한매일신보》, 〈유교를 확장하는데 대한 의론〉, 1909년 6월 16일자.

44 〈유교구신론〉, 《서북학회월보》 제10호(1909년 3월).

45 《대한매일신보》, 〈잡보〉, 1908년 1월 19일자; 《대한매일신보》, 〈잡보〉, 1908년 1월 21일자; 《대한매일신보》, 〈잡보〉, 1908년 2월 13일자; 《대한매일신보》, 〈잡보〉, 1908년 2월 16일자; 《대한매일신보》, 〈잡보〉, 1908년 2월 18일자; 《대한매일신보》, 〈잡보〉, 1908년 3월 5일자; 《대한매일신보》, 〈잡보〉, 1908년 3월 6일자.

46 《대한매일신보》, 〈일본의 큰 충노 세 사람〉, 1908년 4월 8일자.

47 《대한매일신보》, 〈기서〉, 1909년 7월 6일자.

48 《대한매일신보》, 〈논설〉, 1909년 10월 8일자.

49 개념사의 이론 탐색기를 거쳐 현재 한국개념사 연구는 독일개념사의 방법론을 이끌어 한국 근대 시기에 수용된 서양 개념의 유통 양상에 집중하고 있다. 나아가 중국과 일본을 경유하면서 발생한 개념의 굴절과 변용을 동아시아 근대 정치 역학의 변동과 연관해 인식하려는 시도도 증가하는 추세다. 한림과학원이 출판하고 있는 한국개념사총서에서도 개별 개념 연구를 진행하면서 부딪는 한국개념사 연구의 특수한 조건과 고려해야 할 요소들에 대한 고민이 언급되고 있다. 그런데 한국개념사의 지형도를 반쪽짜리로 만들지 않으려면 새롭게 수용된 개념뿐만 아니라 있어 왔던 개념에도 주의를 기울여야 한다. 이는 과거의 문제가 아니라 현재 진행형의 문제이기 때문이다. 중국은 급속한 경제 성장을 기반으로 문명국가 이미지를 제고하기 위해 유교 연구를 지원해 중국뿐만 아니라 주변국가를 아울러 현대판 사고전서를 집대성하는 '유장儒藏' 사업을 벌이고 있다. 또한 2010년 10월 세계 70여 개 국이 채택한 나고야의정서名古屋議定書(Nagoya Protocol)는 생물유전자원뿐만 아니라 그와 관련된 전통지식도 제공국가와 경제적 이익을 나누도록 규정해 한의학의 원천 지식을 둘러싼 한중 간의 분쟁이 예상되고 있다. 문화를 기반으로 했던 종래 사대질서에 대해서도 근대적 국가 개념을 덧씌워 종속성을 일방적으로 부각하는 역사 왜곡이 이른바 동북공정의 일환으로 진행되고 있어 이에 대한 개념사 연구가 시급한 실정이다.

근대 중국에서 중학·서학의 위상변화와 중체서용
─장지동의 《권학편》을 중심으로

1 중체서용론에 대한 통사적 연구로는 薛化元의 《晚淸中體西用思想論(1861～1900)─官定意識形態的西化理論》(臺北: 稻鄉出版社, 1991)이 대표적이다. 이 책에서는 도기론과 체용론 등 중체서용론의 사상구조적 연원과 위원魏源부터 장지

동까지의 문화관을 검토하며 중체서용 개념의 형성사를 고찰하고 있다. 또한 丁偉志·陳崧의《中西體用之間: 晩淸中西文化觀述論》(東方出版社, 1995)도 비슷한 시기 문화 관념 변천에서 중국과 서양의 관계를 서술하고 있다. 한국의 연구 중 민두기의〈중체서용론고〉,《동방학지》18집, 1978)는 청대 말의 중체서용론 전반을 정리하고 있다. 김형종,〈近代中國에서의 傳統과 近代―淸末民初 西學受容 試論〉(《인문논총》제50집, 2003)은 근대 중국에서 중학과 서학의 위상 변화와 관련된 주요 선행 연구들을 일목요연하게 정리해 중체서용 개념 형성의 논리적 역사적 전개 과정을 소개하고 있다. 이 글은 이 선행 연구들에서 많은 도움을 받았음을 밝혀둔다.

2 그 사례는 戚其章,〈從'中本西末'到'中體西用'〉,《中國社會科學》1995년 第1期.

3 민두기의〈중체서용론고〉,《동방학지》18집, 1978을 참조.

4 姚傳德,〈張之洞의 '勸學篇' 분석〉,《중국사연구》제64집, 2010, 162쪽. 이 글의 서두에서는 장지동이 중체서용론을 제기했을 당시 량치차오, 옌푸嚴復, 허치何啓·후리위안胡禮垣, 루쉰魯迅의 비판과 최근의 긍정적 재평가를 소개해 중체서용 개념과 관련된 사상사적 쟁점을 소개하고 있다.

5 姚傳德의 위의 논문에서《권학편》의 전체 내용이 개괄적으로 소개되고 있다. 보다 간략한 소개는 한림과학원 편,《동아시아 개념연구 기초문헌해제》, 선인, 2010, 193~196쪽을 참조.

6 교육이라는 측면에서 중체서용론에 관심을 둔 경우는 장의식,〈淸末 張之洞(1837~1909)의 中體西用論과 敎育思想―勸學篇'을 중심으로〉,《역사학보》제147집, 1995를 참조. 이 논문에서는 장지동의 중체서용론이 중학과 서학의 균형, 즉 중서겸비의 논리라고 주장해 기존의 중학 중심적 이해를 다시 보는 계기를 제공한다.

7 曾廉,〈上杜先生書〉,《蠡庵集》卷13. 甘陽,〈八十年代文化討論的幾個問題〉,《文化: 中國與世界》第1輯, 北京: 三聯書店, 1987, 6쪽 재인용.

8 梁啓超,《飮冰室文集之三十九》(1922),〈五十年中國進化槪論〉,《飮冰室合集》(1932), 北京: 中華書局, 1989; 2008 5쇄, 43~45쪽.

9 梁啓超, 1921,《중국 근대의 지식인: 梁啓超의 淸代學術槪論》(원저 1921), 전인영

옮김, 혜안, 2005, 215쪽을 참조.

[10] 위의 책, 190쪽.

[11] 김정호, 《도전과 응전의 정치사상》, 모시는 사람들, 2005.

[12] 박상환, 〈청대 근대화이론이 대한 이론적-실천적 반성: 중체서용적 논리구조 분석을 중심으로〉, 《한독사회과학논총》 제8호(1998); 〈동아시아의 선택: 전통과 근대?—중체서용적 절충주의 해석 비판〉, 《유교사상연구》 제22집, 2005.

[13] 민두기의 〈중체서용론고〉, 《동방학지》 18집, 1978.

[14] 차태근, 〈19세기말 중국의 서학과 이데올로기〉, 《중국현대문학》 제33호(2005).

[15] 金觀濤·劉靑峰, 《觀念史硏究: 中國現代重要政治術語的形成》, 香港: 中文大學出版社, 2008. 한국어 번역서는 진관타오·류칭펑, 《관념사란 무엇인가》 1, 양일모·송인재·한지은·강중기·이상돈 옮김, 푸른역사, 2010. 이 책 전체에서는 데이터베이스 검색과 예문 분석을 통해 새로운 시대 구분의 타당성 검증을 시도하고 있다.

[16] 간략히 소개하자면, 1830~1895년을 선택적 학습의 단계, 1895~1915년을 학습의 단계, 1915년 이후를 재구성의 단계로 구분한다. 진관타오·류칭펑은 이중에서 두 번째인 학습의 단계에서 서양을 가장 개방적으로 학습했다고 주장한다. 이에 대한 논의는 위의 책, 44~46쪽을 참조.

[17] 위의 책, 174~175쪽을 참조.

[18] 위의 책, 62쪽을 참조.

[19] 이들은 중서이분이원론 이데올로기가 "서양의 도구적 이성과 현대 사상을 학습하고 전통문화의 현대적 전환을 실행하는 기본틀"이었다고 주장한다. 위의 책, 68쪽을 참조.

[20] 선교사가 들어오기 전 서학은 경사京師의 서쪽에 있는 교육기관을 가리켰다. 그러다가 《西學凡》·《西學修身》·《西學持家》 등의 책제목에서 서양 학문과 관련된 의미를 새롭게 획득하게 되었다. 윤영도, 〈중국 근대 초기 서학 번역 연구〉, 연세대 박사학위논문, 2005, 30쪽을 참조.

[21] 이무夷務라는 말은 대표적으로 함풍 연간(1851~1861)의 《籌辦夷務始末》에서 주로 사용되었다. 신승하, 〈19세기 중국의 서양인식과 세계관의 변화〉, 신승하·유

장근·장의식,《19세기 중국사회: 서양의 충격과 대응》, 신서원, 2000, 30쪽을 참조.《籌辦夷務始末》이 도광·함풍·동치 연간(1821~1874)의 대외관계 자료 모음집임을 감안하면 19세기 중반에 사용된 이무는 외무外務라고 해석할 수 있다.

22 이학夷學과 관련된 사항은 熊月之,《西學東漸與晚淸社會》, 上海人民出版社, 1995, 729쪽을 참조.

23 '이'라는 호칭을 둘러싼 영국인과 중국인들의 대립은 신승하, 〈19세기 중국의 서양인식과 세계관의 변화〉, 신승하·유장근·장의식,《19세기 중국사회: 서양의 충격과 대응》, 신서원, 2000, 27~29쪽 참조.

24 〈중영천진조약〉 영문판 조항은 〈天津條約〉, http://baike.baidu.com/view/112501.htm(2010년 3월 26일 검색)을 참조.

25 중화의 문명론적 배타성에 대해서는 김월회, 〈배타적으로 빛나는 중화─인문, 예 그리고 '문명한 상태'의 표지〉,《인물과 사상》2009년 7월호 참조.

26 리디아 리우의 '이'와 barbarian에 대한 논의는 Lydia H. Liu, Chapter 2. "The Birth of a Super-sign", The Clash of Empires: *The Invention of China in Modern World Making*, (Cambridge, Massachusetts: Harvard University Press, 2004)을 참조. 윤영도는 리디아 리우의 지적을 거론하면서도 '이夷'가 'foreign'과 'barbarian' 사이의 어느 정도에 위치해 있었던가는 논쟁의 여지가 많고, 적어도 서구열강과의 전쟁과 패배 이후로 '이'라는 용어가 외세에 대한 멸시적인 의미를 담고 있었을 가능성이 높다고 추정한다. 윤영도, 2005, 앞의 논문, 30쪽.

27 魏源, 〈海國圖志原敍〉,《海國圖志》(1843~1852), 鄭州: 中州古籍出版社, 1999, 67쪽.

28 전반적인 내용은 馮桂芬, 〈采西學議〉,《校邠廬抗議》(1898), 上海: 上海書店出版社, 2002 참조.

29 전반적인 내용은 鄭觀應, 〈西學〉,《盛世危言》(1894), 北京: 華夏出版社, 2002 참조.

30 熊月之,《西學東漸與晚淸社會》, 上海人民出版社, 1995, 729쪽.

31 張之洞, 〈外篇·設學第三〉,《勸學編》(1898), 鄭州: 中州古籍出版社, 1998, 121쪽.(이하《勸學編》의 출처는 편명만 표기하겠다.)

32 范思祖, 〈華人宜習西學仍不能廢中學論〉,《皇朝經世文新編續集》卷12. 熊月之,

《西學東漸與晚清社會》, 上海人民出版社, 1995, 730쪽 재인용.

33 蔡培, 〈西學宜名爲新學說〉, 《皇朝經世文新編續集》卷12. 熊月之, 《西學東漸與晚清社會》, 上海人民出版社, 1995, 730쪽 재인용.

34 근대 이전 학문 명칭에 대해서는 윤영도, 〈중국 근대 초기 서학 번역 연구〉, 연세대 박사학위논문, 2005, 31쪽; 차태근, 〈20세기 초 중국 '문학주의' 형성〉, 《아시아문화연구》 제13집, 2007을 참조.

35 일례로, 마테오 리치의 《건곤체의乾坤體義》와 우르시스의 《표도설表度說》·《간평의설簡平儀說》이 〈자부子部·천문산법류天文算法類〉에, 《태서수법泰西水法》이 〈자부子部·농가류農家類〉에, 쥴리오스 알레니의 《직방외기職方外紀》와 페르비스트의 《건곤도설乾坤圖說》이 〈사부史部·지리류地理類〉에 각각 분류되어 《사고전서四庫全書》에 수록되어 있다. 그 외 다수 서양선교사들의 저서가 사고전서에 수록되어 있다.

36 박병석, 〈중국의 국가, 국민 및 민족 명칭 고찰〉, 《사회이론》 26, 2004, 21쪽 참조.

37 方維規, 〈論近代思想史上的'民族', 'Nation'與'中國'〉, 《二十一世紀》網絡版 2002년 6월호(總第3號) 참조.

38 근대 이전 '중국'의 의미는 王爾民, 《中國近代思想史論》, 北京: 社會科學文獻出版社, 2003, 370~400쪽; 박병석, 〈중국의 국가, 국민 및 민족 명칭 고찰〉, 《사회이론》 26, 2004, 11~21쪽 참조. 여기서 왕얼민은 '중국'이라는 명칭이 중화민족이 생성 발전하는 과정에서의 자아의식이자 중국인 정체성의 기본적 상징이라고 의미를 부여한다. 박병석은 왕조나 국가를 일컫는 '중국'이 고유 호칭이 아니었고 주변에 대한 지리적·정치적·문화적 의미에서 중심이라는 의미였고 한 왕조의 통치범위를 포괄하는 개념으로는 천하가 사용되었다고 지적한다. 둘 다 '중국'이라는 명칭에 국가의 고유명사를 뛰어넘는 문화적 의미를 부여하고 있다.

39 《徂徠石先生文集》卷10, 中華書局, 1984, 116쪽. 葛兆光, 《中國思想史》第2卷, 上海: 復旦大學出版社, 2001, 362쪽 재인용.

40 鄭觀應, 〈西學〉(1894), 《盛世危言》, 華夏出版社, 2002, 111쪽.

41 위의 책, 111~112쪽을 참조. 서양 지식에 중국 국적을 부여하는 '서학중원'적 사

유는 명말청초 서양 지식에 대응하는 하나의 방법이었다. 강희제도 서학중원적 관점을 채택해서 새로운 지식에 대한 개방적 태도를 보호하면서 중국인의 민족적 자존을 보전하려 했다. 葛兆光, 《中國思想史》 第2卷, 上海: 復旦大學出版社, 2001, 367쪽을 참조.

42 이러한 평가와 《성세위언》의 저술 상황에 대한 언급은 차태근, 〈19세기 중국 西學 그룹과 담론의 네트워크〉, 《대동문화연구》 제52집, 2005, 28쪽 을 참조.

43 참고로 1900년에 미국에서 출판된 영어판 《권학편》에서는 이 구절을 다음과 같이 해석한다. "The old is to form the basis and the new is for practical purpose" Chang Chih-tung, "Part Ⅱ-Practical, Ⅲ. Establishment of schools", *China's only hope*, translated by Samuel I. Woodbridge, (Boston and Chicago: United Society Christian Endeavor), 1900, 101쪽.

44 〈外篇·設學第三〉, 121쪽. 구학이 중국의 기존 지식을 가리키고 신학이 서양의 근대적 지식을 가리킨다는 점을 들며 간단히 이를 '중학위체, 서학위용'으로 환원시키는 사례도 있다. 하지만 이제까지 '서학'의 명칭 변천과 그에 상응한 '중학'의 등장과 변천을 감안했을 때 이러한 환원에 머무른다면 장지동의 중체서용론에서 중학과 서학 대신 구학과 신학을 사용한 의미와 맥락이 선명하게 드러나지 않는다. 또한 '中學爲體, 西學爲用'이라는 구절이 장지동 《권학편》에 단 한 번도 나오지 않는다는 점이 일찍부터 여러 번 지적되었지만, 이것마저 확인하지 않은 채 마치 그 구절이 《권학편》의 구절인 양 간주하는 사례도 적지 않다. 이에 대해서는 이 지면에서 일일이 거론하지 않는다.

45 向天淵, 〈中學, 西學與東學〉, 《東方論壇》 2006年 第1期, 51쪽.

46 羅志田, 《權勢轉移: 近代中國的思想·社會與學術》, 武漢: 湖北教育出版社, 1999, 63쪽.

47 〈序〉, 40쪽.

48 〈序〉, 41쪽.

49 〈序〉, 43쪽.

50 〈內篇·宗經第五〉, 78쪽.

51 〈序〉, 43쪽.

52 〈外篇·鐵路第十三〉, 157쪽.

53 〈外篇·非彌兵第十四〉, 164쪽.

54 〈外篇·設學第三〉, 122쪽.

55 〈外篇·設學第三〉, 121쪽. "新舊兼學. 四書五經中國史事政書地圖爲舊學. 西政西藝西史爲新學. 舊學爲體, 新學爲用, 不使偏廢".

56 영어 번역본에서는 이 구절을 "Chinese learning is moral. Western learning is practical"이라고 번역했다. 내학과 외학을 각각 moral과 practical로 번역하면서 그 속성을 좀 더 선명히 했다. Chang Chih-tung, "Part Ⅱ-Practical, Ⅸ. Comparative study", *China's only hope*, translated by Samuel I. Woodbridge, (Boston and Chicago: United Society Christian Endeavor, 1900), p.137.

57 〈外篇·會通第十三〉, 161쪽. "中學爲內學, 西學爲外學. 中學治身, 西學應世事. 不必盡索之於經文, 而必無悖於經義. 如其心聖人之心, 行聖人之行, 以孝弟忠信爲德, 以尊主庇民爲政, 雖朝運汽機夕馳鐵路, 無害爲聖人之徒也. 如其昏惰無志, 空言無用, 孤陋不通, 傲很不改. 坐使國家顚隮, 聖教滅絕, 則雖弟佗其冠, 神禪其辭, 手注疏而口性理, 天下萬世皆將怨之詈之. 曰此堯舜孔孟之罪人而已矣".

58 〈外篇·農工商學第九〉, 146쪽. "荀卿盛稱儒效, 而謂儒不能知農工商之所知. 此末世科目章句之儒耳. 烏覩所謂效哉".

59 〈外篇·變科擧第八〉, 138쪽.

60 〈外篇·變科擧第八〉, 138쪽.

61 〈外篇·益智第一〉, 111~112쪽 참조.

62 〈外篇·益智第一〉, 112쪽. "夫政刑兵食國勢邦交, 士之智也. 種宜土化農具糞料, 農之智也. 機器之用, 物化之學, 工之智也. 訪新地, 創新貨, 察人國之好惡, 較各國之息耗, 商之智也. 船械營壘, 測繪工程, 兵之智也. 此教養富強之實政也, 非所謂奇技淫巧也."

63 〈外篇·農工兵學第九〉, 143쪽.

64 〈外篇·游學第二〉, 116쪽.

65 〈外篇·廣譯第五〉, 127쪽.
66 〈外篇·閱報第六〉, 131쪽.
67 〈外篇·閱報第六〉, 132쪽.
68 《권학편》에서 제시한 교육모델이 실질적으로 서학을 점점 확장시키고 중학은 점점 축소시킨다는 견해는 다음 논문에서도 확인할 수 있다. 謝放, 〈中體西用: 轉型社會的文化模式〉, 《華中師範大學學報(哲學版)》 1996年 第3期, 4~6쪽.
69 〈外篇·變法第七〉. 135쪽.
70 〈外篇·會通第十三〉, 159~160쪽을 참조.
71 신정근, 〈중화주의와 '중국 철학'의 동행〉, 《동양철학》 제23집(2005), 115쪽.

동학·천도교에서 '天' 개념의 전개
―천天에서 신神으로, 신神에서 생명生命으로

1 현존하는 목판본 《동경대전》은 1883년에 간행한 계미판癸未版(경주판)과 1888년에 간행한 무자판戊子版이 있는데, 무자판 《동경대전》이 1880년에 최초로 간행된 경진판庚辰版을 대본으로 중간重刊한 것이라서 가장 초기형태에 가까운 것으로 평가되고 있다(표영삼, 《동학 1―수운의 삶과 생각》, 통나무, 2004, 139쪽 참조). 표영삼은 자신의 저서에서 《동경대전》과 《용담유사》에 수록된 수운의 글을 인용할 때 《동경대전》의 내용은 무자판을, 《용담유사》 내용은 계미판을 당시의 표기대로 제시하는 등 가급적 원문에 충실한 소개 방식을 취하고 있다. 따라서 특별한 경우가 아니면 이 글에서는 《동경대전》과 《용담유사》 내용을 제시할 때 원문은 표영삼의 《동학 1》에 실린 자료를, 해석은 천도교중앙총부에서 발행한 《天道教經典》(제5판, 2001년)을 기준으로 삼고자 한다.
2 《용담유사》 계미판(1883)에는 'ᄒᆞᄂᆞᆯ님'이 22번, '하늘님'과 'ᄒᆞ날님'이 각각 1번 나온다.(최제우, 김용옥 역주, 《도올심득 東經大全 1》, 통나무, 2004, 150쪽). 이처럼 표기가 세 종류로 나뉘지만 이 글에서는 가장 많이 나오는 'ᄒᆞᄂᆞᆯ님'으로 통일

해 표기한다.

3 '상제'는 《동경대전》에서 두 번, 《용담유사》에서 두 번 나오며, '天主'는 《동경대전》에서만 13번, 'ᄒᆞᄂᆞᆯ님'은 《용담유사》에서만 24번 나온다(표영삼, 《동학 1―수운의 삶과 생각》, 통나무, 2004, 108~113쪽). '至氣'는 《동경대전》에만 세 번에 걸쳐 나온다.

4 이러한 인식으로는 김경재가 말하는 '범재신론汎在神論'이 대표적이다(김경재, 〈최수운의 神 개념〉, 이현희 편, 《동학사상과 동학혁명》, 1984, 청아출판사).

5 "有何仙語 忽入耳中 ……日勿懼勿恐 世人謂我上帝 汝不知上帝耶".

6 "身多戰寒 外有接靈之氣 內有降話之敎 視之不見 聽之不聞 心尙怪訝 修心正氣而問曰 何爲若然也 曰吾心卽汝心也".

7 "ᄂᆞ는도시 밋디말고 ᄒᆞᄂᆞᆯ님을 미덧셔라 네몸의 모셔시니 ᄉᆞ근춰원 ᄒᆞ단말가".

8 배영순, 〈동학사상의 기본구조―본주문 '시천주조화정'의 체용론적 분석을 중심으로―〉, 민족문화연구소 편, 《동학사상의 새로운 조명》, 영남대학교 출판부, 1998, 71~73쪽.

9 김경재, 〈최수운의 神 개념〉, 이현희 편, 《동학사상과 동학혁명》, 1984, 청아출판사 127~128쪽.

10 "ᄒᆞᄂᆞᆯ님 ᄒᆞ신 말슴 기벽 후 오만 년의 네가 쏘ᄒᆞᆫ 첨이로다. ᄂᆞ도ᄯᅩᄒᆞᆫ 기벽이후 노이무공 ᄒᆞ다가셔 너를 만ᄂᆞ 셩공ᄒᆞ니".

11 "기벽시 국초일을 만지장셔 ᄂᆞ리시고".

12 "십이제국 괴질운수 다시 기벽 안일넌가".

13 "츈삼월 호시졀의 팃평ᄀᆞ 불너보세".

14 "츈삼월 호시졀의 쏘 다시 만ᄂᆞ볼가".

15 "츈삼월 호시졀의 놀고보고 먹고보세".

16 "십이제국 괴딜운수 다시 기벽 안일넌가".

17 "ᄒᆞ원갑 지ᄂᆡ거든 상원갑 호시졀의".

18 목정균, 〈동학운동의 구심력과 원심작용―동학교단의 컴뮤니케이션을 중심으로―〉, 이현희 편, 《동학사상과 동학혁명》, 청아출판사, 1984, 228쪽. 여기서 목

정균은 《용담유사》에 수록된 8편 가사 중 '운수'는 58회, '하늘님'은 30회, '군자'는 19회가 나온다고 언급했다. 참고로 이 '운수'의 빈도수에는 '天運', '時運', '盛運', '身數', '成運', '衰運', '氣運', '明運', '天運', '家運', '門運' 등 '넓은 의미의 운수' 20개가 포함된 것이다.

[19] 위의 책, 228쪽.

[20] "運自來而復之 古今之不變兮". 이 원문에 대한 해석은 표영삼의 해석이 더 적절한 것 같아서 그의 저서(표영삼, 《동학 1—수운의 삶과 생각》, 통나무, 2004, 280쪽)를 따랐다.

[21] 배영순, 〈동학사상의 기본구조—본주문 '시천주조화정'의 체용론적 분석을 중심으로—〉, 민족문화연구소 편, 《동학사상의 새로운 조명》, 영남대학교 출판부, 1998, 78~80쪽.

[22] 김형기는 1910년대 초에 '후천개벽'이 처음 등장했다고 했으나(김형기, 《후천개벽사상 연구》, 한울아카데미, 2004, 93쪽), 표영삼에 따르면 '후천개벽'이라는 용어는 해월 최시형 대인 1892년 1월, 도인들의 건실한 수행을 권면하는 통유문에서 처음 사용되었다.(표영삼, 《동학 2—해월의 고난 역정》, 통나무, 2005, 182쪽). 그런데 '후천개벽'은 동학농민혁명 당시에는 별로 사용되지 않다가 1910년대 초에 많이 거론된다. 실제 혁명 당시에는 보국안민을 위한 대의를 선전하고 명분에서 관군에게 밀리지 않고 백성들을 동원하기 위해, '후천개벽'과 같은 과격한 표현보다는 유교적 언사 등을 앞세웠다. 해월 대의 '후천개벽'이란 용어도 교단 내부용으로 그것도 한두 번 사용한 것에 불과했다.

[23] "만고 업는 무극디도 여몽여각 득도로다".

[24] "어화세상 사람들아 무극지운 다친쥬를 너의 엇지 알가보냐".

[25] "무극디도 닥가너니 오만 년지 운수로다".

[26] "꿈일넌ㄱ 잠일넌ㄱ 무극디도 바다너야".

[27] "만고업는 무극디도 바다노코 즈랑ᄒ니".

[28] "무극흔 이닉도는 닉 아니 갈으쳐도".

[29] "만고업는 무극디도 여몽여각 바다너야".

30 "셩경이쯔 디켜닉야 ᄎᄎᄎᄎ 닥가닉면 무극되도 안일넌가".

31 "무극ᄒᆞᆫ 이닉 도는 삼년불셩 되게더면".

32 "무극되도 닥가닉야 오는 스름 효유ᄒᆡ셔".

33 "만고 업는 무극되도 이 세상의 창건ᄒᆞ니".

34 "만고업는 무극되도 이세상의 날거시니".

35 "이세상 무극되도 견디무궁 안일넌가".

36 "自五帝之後 聖人以生 日月星辰 天地度數 成出文卷而以定天道之常然 ……道則 天道 德則天德".

37 "夫天道者 如無形而有迹 地理者如廣大而有方者也".

38 "日然則何道以名之 日天道也".

39 "日同道言之則 名其西學也 日不然 吾亦生於東 受於東 道雖天道 學則東學".

40 "元亨利貞 天道之常 惟一執中 人事之察".

41 高建鎬, 〈韓末 新宗敎의 文明論: 東學·天道敎를 中心으로〉, 서울대 종교학과 박사학위논문, 2002, 108~114쪽.

42 趙基周, 《東學의 原流》, 1979, 230~232쪽. 이 내용은 광고로 실렸다고 되어 있으나 《동학의 원류》에는 광고가 실린 신문의 이름과 면, 기사의 크기 등이 언급되지 않았다.

43 《萬歲報》, 〈巡督說敎〉, 1906년 11월 23일자 2면. 이 기사에 따르면 천도교 교구 순독巡督 이병호 등은 평양군 만수대에서 교인 이천 명과 방청인 천 명 등을 모아놓고 설교장을 열었으며, 여기서 이병호가 '천도교역사天道敎歷史'를 연설했다. 이 연설 내용이 기사에 소개되었는데 천도교로의 개칭에 관한 언급이 여기에 들어 있다.

44 崔起榮·朴孟洙 편, 《韓末 天道敎資料集 1》, 國學資料院, 1997, 277쪽.

45 夜雷 李敦化 編述, 《天道敎創建史》, 天道敎中央宗理院, 1933, 231쪽.

46 천도교중앙총부교서편찬위원회, 《천도교약사》, 2006, 128쪽.

47 허수, 《이돈화 연구―종교와 사회의 경계》, 역사비평사, 2011, 229~230쪽.

48 이와 관련한 선행연구의 세부 정보는 허수, 위의 책, 43~55쪽을 참조.

49 허수, 위의 책, 54쪽.

50 李敦化, 〈眞理의 根底를 誤解치 勿ᄒᆞ라〉, 《天道敎會月報》 52(1914년 11월), 7쪽.

51 같은 글, 10쪽.

52 李敦化, 〈人生〉, 《天道敎會月報》 77(1916년 12월), 23쪽.

53 李敦化, 〈人生은 神에 出ᄒᆞ야 神에 歸홈 故 人生의 目的은 道를 覺홈에 在〉, 《天道敎會月報》 61(1915년 8월), 17쪽.

54 허수, 《이돈화 연구―종교와 사회의 경계》, 역사비평사, 2011, 63~70쪽.

55 '소견법'이란 '마음을 붙이어 세월을 보내는 방법'을 뜻한다. 여기서는 종교를 의미한다.

56 李敦化, 〈最高消遣法〉, 《天道敎會月報》 58(1915년 5월), 25~27쪽.

57 "噫 如斯之忖度兮 由其然而看之則 其然如其然 探不然而思之則 不然于不然 何者 太古兮 天皇氏 豈爲人 豈爲王 斯人之無根兮 胡不曰 不然也 ……夫如是則 不知不然故 不曰不然 乃知其然故 乃恃其然者也 於是而揣其末 究其本則 物爲物理爲理之大業 幾遠矣哉 ……比之於究其遠則 不然不然 又不然之事 付之於造物者則其然其然 又其然之理哉"(굵은 글자 - 인용자).

58 윤석산, 《주해 東學經典―동경대전·용담유사》, 동학사, 2009, 175~199쪽을 참조.

59 이미 1910년대 초반 종교발달론에 관한 글에서 이돈화는 천도교단에서 선배 세대에 속하는 이관, 오지영과는 달리 '불연기연'에 주목하는 경향을 보였는데(허수, 위의 책, 169~171쪽), 이러한 차이가 서양 근대철학에 대한 세대별 감수성의 정도를 상징적으로 드러내는 것이라고 말할 수 있다.

60 김형기, 《후천개벽사상 연구》, 한울아카데미, 2004, 79~94쪽.

61 허수, 제2부 〈종교적 사회개조론의 형성과 전개(1920~1926)〉, 《이돈화 연구―종교와 사회의 경계》, 역사비평사, 2011을 참조.

62 위의 책, 151~158쪽.

63 이철호, 〈한국 근대문학의 형성과 종교적 자아 담론―靈, 生命, 新人 담론의 전개 양상을 중심으로〉, 동국대학교 대학원 국어국문학과 박사학위논문, 2006, 106~116쪽.

64 李敦化,《人乃天要義》, 天道敎中央宗理院布德課, 1924, 107쪽.

65 위의 책, 113쪽.

66 허수,《이돈화 연구—종교와 사회의 경계》, 역사비평사, 2011, 제4장 참조.

67 위의 책, 제4~6장 참조.

68 《인내천요의》, 44~45쪽.

69 夜雷 李敦化,《水雲心法講義》, 1926, 21~22쪽;《천도교창건사》, 43~49쪽.《수운심법강의》에서는 수운의 종교체험을 '有神 → 無神 → 新有神'의 3단계로 구분하지만 이후《천도교창건사》로 가면 다시《인내천요의》와 같은 2단계로 돌아간다.

70 《수운심법강의》의 장절 구성과 그 비중은 다음과 같다.

주요 내용	분량(쪽)	세부 내용	분량(쪽)
1장. 覺道 이전의 행적	8		
2장. 天使問答	5		
3장. 覺道	20		
4장. 道理 1(守心正氣)	26		
5장. 道理 2(後天開闢)	39	1. 후천개벽과 天皇氏	2
		2. 今不問 古不問……	2
		3. 천도와 재래종교……	2
		4. 후천생활과 참회	1
		5. 후천생활과 선악	1.5
		6. 후천의 숙명관	2.5
		7. 사람이 생긴 원인	4
		8. 사람성 무궁	3
		9. 사람성 자연과 同歸一體	6
		10. 大神師의 死生觀	5.5
		11. 대신사의 귀신관	1
		12. 지상천국의 의의	9
6장. 道理 3(新宗敎의 素質)	17		
7장. 海月先生 講話	20		
8장. 東經章解	43		

71 《수운심법강의》, 99쪽.

72 《수운심법강의》, 101쪽.

73 李敦化, 《新人哲學》, 天道敎中央宗理院信道觀, 1931, 1~3쪽.

74 《수운심법강의》, 39쪽.

75 《천도교창건사》, 57쪽 참조.

76 허수, 《이돈화 연구―종교와 사회의 경계》, 역사비평사, 2011, 237쪽.

77 《천도교창건사》, 55쪽.

78 허수, 《이돈화 연구―종교와 사회의 경계》, 역사비평사, 2011, 239~240쪽.

79 《수운심법강의》, 106쪽.

80 《신인철학》, 232쪽.

81 《동학지인생관》, 20~21쪽.

근대 중국의 미신 비판과 옹호
― 량치차오와 루쉰을 중심으로

1 김성우, 〈로크의 계몽적 이성주의의 종교적 콘텍스트에 대한 고찰〉, 《시대와 철학》 13-2, 한국철학사상연구회, 2002.

2 김복례, 〈계몽주의 시대의 엘리트 문화와 민중문화―인간은 기본적으로 문화적인 존재이다〉, 《역사문화연구》 28, 한국외국어대학교 역사문화연구소, 2007.

3 진관타오·류칭펑은 이런 통설적인 견해에 반론을 제기한다. 통설적인 견해에 따르면, 근대 중국의 대응은 한 마디로 학습 과정이고 단지 학습의 내용만 바뀐 것이다. 그러나 진관타오는 학습의 중간 단계일 뿐이며, 그 앞뒤로 '선택적 흡수'와 '창조적 재구성'이라는 단계가 있다고 주장한다. 진관타오·류칭펑, 양일모 외 옮김, 《관념사란 무엇인가》 1~2, 푸른역사, 2010을 참조.

4 "僞士當去, 迷信可存, 今日急也." (魯迅, 〈破惡聲論〉, 《集外集拾遺補編》, 《魯迅全集》 제8권, 28쪽). 〈破惡聲論〉은 1908년 12월 5일 일본 도쿄에서 간행된 월간 《河

南》 제8기에 실렸다.

5 "既下車, 聞有僧道攣屬火於頂, 加鉗於頸, 以苦行惑民, 人心·大迷信."(周紹良·趙超 주편,《唐代墓志彙編續集》, 上海古籍出版社, 2001, 909~911쪽). 강조된 굵은 글씨는 필자가 한 것이며, 이하 인용문에서 동일함.

6 "君唱臣和先之則迷信. 是說也, 君唱而非其道, 從而隨之可乎?"(張浚,《紫巖易傳》권9, 四庫全書 經部 易類 2).

7 "至于今而忽迷信天命之固然兮, 亦人事之未盡非驕氣與矜色兮, 謬伯陽之所徇黨修身以飾智兮, 惑任公之幽訓不捐盡而絕學兮, 傷萊子之深咎時滑稽而倨傲兮."(劉敞,《公是集》, 四庫全書 集部 別集類 6).

8 "佛教不似天主耶穌教人不祀父母祖宗以從之, 相傳數千年, 與儒教本可並行不悖. 若謂迷信, 是謂凡人故後, 即毫無知覺. 此與天主耶穌教所言何異? 即今確無見聞知覺, 亦豈爲人子孫所敢言所忍言. 古人愼終追遠民德歸厚, 祭如在, 祭神如神在, 何等哀慕懇切. 本至誠至孝之思, 爲荐新荐熟之敬. 又家必有廟, 廟必有主, 即庶人亦必祭於寢, 務使人人觸目驚心, 如見祖宗父母之同處一室, 莫敢或忘.."(劉聲木,《萇楚齋隨筆續筆三筆四筆五筆》, 四筆 권7).

9 "耶教以一神萬能, 創造萬物爲立足點. 深惡因果之說, 蓋因果之義明, 則上帝失其威權. 因果以善惡爲標準, 善必善報, 非上帝所得貸而美奧, 惡必惡報, 非上帝所得赦而幸免, 而此義適與彼教相反, 一經道破其信條之虛僞妄謬, 昭然若揭. 如此教義而謂能感化群衆, 有是理哉? ……聞有一二人又不能深入彼教, 察知其底蘊, 指明其凝結所在, 無以阻國人之盲從迷信. 於是西方流毒濡染及於中土, 洪揚之徒且以政治宗教并爲一談, 舉舊有之禮教, 悉推翻之."(劉錦藻,《續皇朝文獻通考》권352, 外交考 16, 傳敎 4, 宣統元年).

10 劉錦藻,《續皇朝文獻通考》권98, 學校考 5, 祀祭褒贈錄後, 光緒 32년.

11 樊增祥,《樊山政書》권16,〈批興安府黨守稟〉; 권19〈批同官縣稟〉.

12 沈潔,〈"反迷信"話語及其現代起源〉,《史林》제2기, 上海, 2006; 같은 제목으로《中國近現代史》2007년 제2기(中國人民大學書報資料中心)에도 실림. 이 글에서는 후자를 이용했다.〈論歐洲現情〉에서 핵심적인 구절은 "剛暴無謀奮激士人迷信宗教

之心, 遂以紊世局之靜謐也."이며, 미신을 종교와 병치하며 맹목적인 신앙이라는 의미로 사용하고 있다. 이는 1888년《申報》에서의 '미신'의 용법과 일치한다.

13 陳玉芳,〈迷信觀念於清末民初之變遷〉,《東亞觀念史集刊》제2기, 臺北, 2012.

14 黃克武,〈中國近代思想中的'迷信'〉,《東アジアにおける知的交流》, 國際日本文化研究センター— 제44회 國際研究集會 자료집, 2012년 11월 13~17일. 이 국제연구집회에 참석하고 자료집을 가져와 제공한 허수 교수에게 이 지면을 빌어 감사의 뜻을 전한다.

15 위의 책.

16 '宗敎'라는 어휘가 일본에 처음 등장한 것은 1874년이며, 1884년에는 superstition의 번역어로 정착되었다고 한다. 陳熙遠,〈宗敎——個中國近代文化史上的關鍵詞〉,《新史學》13-4, 2002.

17 沈潔, 앞의 논문.

18 梁啓超,〈論支那宗敎改革〉,《飮冰室合集》文集 3, 中華書局, 1988, 54~61쪽.

19 梁啓超,〈保敎非所以尊孔論〉,《飮冰室合集》文集 9, 52쪽. 여기서 기신起信은 종교 신자가 믿음을 발동하는 것을 가리키고, 복마伏魔는 이단 내지 이교에 대한 배척을 의미한다.

20 위의 책, 52쪽.

21 위의 책, 54쪽.

22 梁啓超,〈論宗敎家與哲學家之長短得失〉,《飮冰室合集》文集 9, 49쪽.

23 梁啓超,〈論學術勢力左右世界〉,《飮冰室合集》文集 6, 110~111쪽.

24 梁啓超,〈論佛敎與群治之關係〉,《飮冰室合集》文集 10, 46쪽.

25 梁啓超,〈論强權〉,《飮冰室合集》專集 9, 30쪽.

26 위의 책, 31쪽.

27 《청의보淸議報》제25책(光緖 25년[1899] 7월 21일)에는 블룬칠리의《국가론國家論》이 실려 있다. 여기서 블룬칠리는 미신을 종교와 동일한 영역에 귀속시키고 모두 근대 이성주의·과학주의에 배치되는 것으로 간주하는 한편, 근대 이성주의를 무기로 종교 미신에 대한 비판을 중세의 신권정치에 대한 비판과 연계시키고

있다. 이러한 블룬칠리의 관점은 량치차오와 정확하게 일치하므로, 량치차오가 그로부터 영향을 받았을 가능성이 크지만, 확실한 증거는 찾기 어렵다. 블룬칠리의 국가론이 한역되는 과정에 대해서는 巴斯蒂, 〈中國近代國家觀念溯源—關於伯倫知理 '國家論'的翻譯〉, 《近代史研究》, 1997년 제4기를 참조.

28 梁啓超, 〈論佛敎與群治之關係〉, 《飮氷室合集》 文集 10, 45쪽.
29 梁啓超, 〈保敎非所以尊孔論〉, 《飮氷室合集》 文集 9, 57쪽.
30 위의 책, 53쪽.
31 梁啓超, 〈論學術勢力左右世界〉, 《飮氷室合集》 文集 6, 111쪽.
32 위의 책, 114쪽.
33 梁啓超, 〈論佛敎與群治之關係〉, 《飮氷室合集》 文集 10, 45쪽.
34 위와 같음.
35 梁啓超, 〈論宗敎家與哲學家之長短得失〉, 《飮氷室合集》 文集 9, 46쪽.
36 위의 책, 47~48쪽.
37 이 대목은 앞에서 살펴본 바, 예수교의 유일신 신앙이 불교의 인과응보설과 모순된다고 비판한 리우진자오劉錦藻의 논의를 상기시킨다(각주 9 참조). 이런 논의가 당시 상당히 널리 퍼져 있었던 듯하다.
38 梁啓超, 〈論佛敎與群治之關係〉, 《飮氷室文集》 10, 46쪽.
39 梁啓超, 〈論宗敎家與哲學家之長短得失〉, 《飮氷室文集》 9, 49쪽.
40 위와 같음.
41 "信仰是神聖的, 信仰在一個人爲一個人之元氣, 一個社會爲一個社會的元氣. 中國人現在最大的病根, 就是沒有信仰."(梁啓超, 〈評非宗敎同盟〉, 《飮氷室合集》 文集 38, 24쪽).
42 梁啓超, 〈論中國學術思想變遷之大勢〉, 《新民叢報》 제3호, 光緖 28년 2월 1일, 45쪽.
43 梁啓超, 〈論佛敎與群治之關係〉, 《飮氷室文集》 10, 47쪽.
44 "僞士當去, 迷信可存, 今日急也."(魯迅, 〈破惡聲論〉, 《集外集拾遺補編》, 《魯迅全集》 제8권, 28쪽).
45 魯迅, 〈破惡聲論〉, 26쪽.

46 위의 글, 24쪽.

47 頤瑣(湯寶榮), 《黃繡球》 제10회, 《新小說》 제24호, 1905; 文丁振, 〈文明과 迷信—淸末 新小說에 나타난 文明과 反迷信運動의 의미〉(《中國現代文學》 제21호, 한국중국현대문학학회, 2001)에서 재인용.

48 魯迅, 〈破惡聲論〉, 24쪽.

49 위의 글, 25쪽.

50 유세종, 《루쉰식 혁명과 근대 중국 – 고독한 반항자, 영원한 혁명가 루쉰》, 한신대학교출판부, 2008, 80쪽.

51 魯迅, 〈破惡聲論〉, 24쪽.

52 위의 글, 26쪽.

53 위와 같음. 개인에 대한 다수의 조직적 지배, 대중이라는 '다수'나 '전체'에 의거한 개인의 억압을 거부하는 루쉰의 입장을 후지카와는 '니체풍의 극단적 개인주의'에 가까우며 '개체가 전체(다수)에 우선한다'라는 관점이라고 보았다(伊藤虎丸, 최문영 역, 〈초기 노신의 종교관 – 과학과 미신〉, 중국학논총 제23집, 고려대학교 중국학연구소, 2008).

54 魯迅, 〈破惡聲論〉, 27쪽.

55 위의 글, 27~28쪽.

56 위의 글, 28쪽.

57 魯迅, 〈破惡聲論〉, 29쪽.

58 文丁振, 〈文明과 迷信—淸末 新小說에 나타난 文明과 反迷信運動의 의미〉(《中國現代文學》 제21호, 한국중국현대문학학회, 2001).

59 壯者, 《掃迷帚》 제2회, 《繡像小說》 제44호, 1905.

60 위와 같음.

61 "서양인의 실증성을 보면, 실험에 의거하고 헛된 것에는 의거하지 않으며, 일체의 귀신이나 요괴의 견해도 철저히 제거한다. 그래서 하늘도 관측할 수 있고 바다도 항해할 수 있으며 산도 뚫을 수 있는 것이다. 이로 인해 길이 모두 통해 만물을 조사할 수 있고 모든 일을 할 수 있어 마침내 강국이 될 수 있었으니, 그 차이

가 하늘과 땅만큼 벌어져 있다. 그러므로 중국을 구하려면 반드시 습속을 개혁하는 데서 착수해야 한다."(壯者, 《掃迷帚》 제1회).

62 魯迅, 〈破惡聲論〉, 28쪽.
63 위의 글, 30~31쪽.
64 魯迅, 〈摩羅詩力說〉, 《魯迅全集》 제1권, 86쪽.
65 伊藤虎丸, 최문영 역, 〈초기 노신의 종교관 – 과학과 미신〉, 중국학논총 제23집, 고려대학교 중국학연구소, 2008.
66 魯迅, 〈科學史敎篇〉, 《魯迅全集》 제1권.
67 伊藤虎丸, 최문영 역, 〈초기 노신의 종교관 – 과학과 미신〉, 중국학논총 제23집, 고려대학교 중국학연구소, 2008.

찾아보기

【숫자】

《19세기구주문명진화론》 141
3·1운동 220
3대개벽 239
5·4신문화운동 194, 198, 256

【ㄱ】

가토 히로유키 10, 69~71, 84, 86, 100~103, 105~108, 113, 115, 122, 125, 127
갑오개혁 144, 145, 152, 155
《강자의 권리의 경쟁》 72, 85, 101
개량진보 11, 139, 140, 158
개명진보 11, 138, 143~147, 158
《개벽》 238~240
개인들 사이의 생존투쟁 34, 54
개인적 생존투쟁 50, 51
개인주의 24~26, 38, 46, 53, 84
개인주의적 사회진화론 34~36, 38, 51, 54, 57, 64
개진改進 11, 140, 158
개진開進 11, 158, 159
개혁진보 139, 140, 158
게르버 116
경려 89
경쟁 struggle for existence 88
계몽운동 255
계몽주의 87, 89, 131
계왕성개래학 182
고문사학 5
고전적 자유주의 84
골턴 62
공례 86, 92
공리주의 47, 84, 105, 282

《공시집》 257
공자 136, 165, 186
공진 159
공진문명 148
공진회 147, 148
《교양인을 위한 독일 국가학》 84
구본신참舊本新參 172
국가 간섭 26, 36, 38, 43~45, 61, 65, 66
국가 간섭 지향적 사회진화론 38, 44, 48, 65
국가 숭배 54
국가 인격설 119
《국가론》 83, 84
국가유기체설 83, 107, 119, 123
《국가의 통치권》 122
국가주의 24, 25, 34~36, 65, 165
《국가학》 108, 110, 111
《국민교육 헌법대의》 115
《국민교육애국심》 125
《국법범론》 84, 102
《국법학》 108, 112
군사적 유형의 사회 41
군주기관설 122
굼플로비치 102
궁리窮理 175
《권학편》 12, 193, 195~198, 202, 203, 207~209, 215, 216
기독교 270
기회의 평등 42, 43, 66
김기전 238
김억 241
김택영 92

【ㄴ】

난징조약 204
내학 13
《논어》 136
〈논학문〉 229, 232, 233, 243, 247, 248
《농민》 239
느슨한 개인적 경쟁 60
니체 84

【ㄷ】

다시개벽 226
다윈 23, 24, 71, 73, 74, 76, 77, 83, 84, 91, 92, 96, 140, 267, 268
대내적 사회진화론 48
대내적 투쟁 50, 51
대동교 186
대동학회 181, 185, 186, 88, 189
《대동학회월보》 184, 185
대불황 37
대승불교 270, 271

대신사大神師 243, 245
대외적 사회진화론 48
대외적 투쟁 51
대자연 239
《대종정의》 234
대한국국제大韓國國制 145
《대한매일신보》 90, 140, 141, 154, 183, 184, 186, 188, 189
대한자강회 152, 153
데카르트 83
《뎨국신문》 143
도교 270
《도덕경》 169
도즉천도道則天道 233
도학 167~171, 177~179, 181~183, 190, 191
도학군자 171, 173
도학선생 173, 180
〈도학원류변〉 184
《독립신문》 138, 141~145, 183
독립협회 146
독일 국법학 10
독일 법실증주의 121
《동경대전》 222, 227, 232, 233, 236, 247~249
동도서기 166, 172, 190
《동방잡지》 261

동시성 6~8
동아개진교육회 139, 147, 148
동중서 80
동학 147, 219~221, 225, 230~234, 235, 245
동학농민혁명 220
《동학지인생관》 252

【ㄹ】
라마르크 73, 77
라마르크주의 40
라반트 114
량치차오 9, 10, 14, 69, 72, 82~86, 93~96, 194, 195, 261~270, 280~282
러일전쟁 11, 256
로크 268
루소 83, 85, 95
루쉰 14, 256, 271~275, 278, 279, 281, 282
리카도 84

【ㅁ】
마르크스 84, 243
마르크스주의 38, 39, 239, 242, 244, 245
《ㅁㅣ일신문》 137, 143
《맹자》 79

메이지유신 256
멜서스 84, 96
모리슨 201
모스 69, 70
몽테스키외 83
무극대도無極大道 227
무술변법 69, 82, 194, 195
문명개화 166
문명진보 11, 137, 143, 150, 153, 155, 156, 158
문명진화 142
물경 76, 86
물리적 선택 55
미노베 다쓰키치 10, 119~123, 127
미망迷妄 275
미신 14, 53, 255, 257~263, 265~267, 271, 272, 275~277, 280~282
미언迷言 260
〈민족개조론〉 240
민족국가 31, 36, 58
민족주의 239, 241, 248
밀 84

박은식 69, 177, 179, 185, 186
반대일치反對一致의 진리 252
배원설 39
버나드 쇼 240
법실증주의 127
법인 116, 117
법인 실재설 117
법인 의제설 117
법인설 107, 111~113, 115
베이컨 83
벤담 83, 84
변법자강론 93
《별건곤》 239
보이지 않는 손 66
보이지 않는 주먹 66
보창학교 153
보호무역주의 37
불교 269~271
블룬칠리 83~85, 102, 103, 107, 110
《블룬칠리 국가학》 84
비스마르크 268
비어차우 52

【ㅂ】
바이즈만 39, 40, 45
박순 137
박영효 69

【ㅅ】
사람성性주의 239
사범강습소 153
《사서집주》 136

사이四夷 205
사회계약론 84
사회다원주의 24~28, 77
사회라마르크주의 77
사회적 능률 48~50
사회적 협동 30
사회제국주의 59, 66
사회주의 37, 45, 46, 51~54, 56, 59, 61, 63, 65, 84, 239, 244, 248
사회주의적 진화론 57~59
사회주의화된 자본주의 51, 66
사회진화론 9, 23, 24, 27, 28, 31, 36, 38, 39, 47, 66, 67, 69~74, 77, 79, 82, 87~89, 93, 94, 96, 97, 99, 105, 111, 140, 142, 179, 250
《사회진화론》83, 84, 108~110
산업혁명 37
삼강오륜 211
삼세설 69
상등 사회 155, 156, 179, 189
상원갑上元甲 225, 237
상제 222~224
생명 13, 219, 239, 241, 242, 244, 247, 249, 251
생명무궁주의 241, 249
생존경쟁 10, 26, 27, 83, 92, 97, 268
생존투쟁 25, 27, 29~32, 35, 49, 56~ 59, 62, 64, 66, 67, 105, 109, 114, 125
서세동점西勢東漸 255
《서양 각국의 성쇠 강약 일람표》103
《서유견문》71
서재필 69, 89, 183
서학 13, 198, 199, 202, 204~209, 212~215, 224
서학동점 194
서학중원西學中源 206
석계 205
선천개벽 238
섬너 71
성리학 167, 169
《성세위언》202, 206
성학聖學 170, 171
세멸 48, 50
셰플레 102
《소미추》277
소승불교 270
손병희 147
솔성率性 169
송병준 189
《송사》170
수구완고 145, 146
수운 최제우 220, 222, 224, 230, 238, 243, 245

찾아보기 353

《수운심법강의》 239, 242, 244, 249
수운주의 239, 245, 248, 249
슈타인 110
스펜서 9, 10, 23, 24, 27~31, 33, 35, 36, 39~41, 44, 48, 49, 51, 53, 54, 57, 59, 64~66, 69, 70, 73, 75~77, 78, 81, 84, 101, 102, 105, 109~112, 140, 142, 179
스피노자 83
《시무보》 82, 259, 260
시천주侍天主 227, 230, 249, 250
신구절충新舊折衷 172
신기선 181, 189
신민체新民體 82
《신민총보》 82, 83, 261
《신보》 259, 260
신사神思 278, 281
신세계 177
《신인간》 239
《신인철학》 239, 245, 247~250, 252
신자유주의 28, 37, 43, 66
신채호 69, 175
실학 172, 173, 175, 176
심학心學 170, 171

【ㅇ】

아담 스미스 33, 84
아리가 나가오 10, 83, 100, 108, 109, 111~113, 126
아리스토텔레스 83, 264
아즈마 헤이지 84
아펜젤러 183
아편전쟁 199, 200
안창호 96
안향 176
《안휘속화보》 261
야경국가 34
야노 후미오 85
야마가타 아리토모 108
약육강식 24, 25
양명학 179, 186
양무운동 194, 195, 256
엠벌리 183
예링 102
옌푸 9, 10, 69, 70, 74~79, 81~83, 86, 87, 92~94
오랑캐 200
오야마 이와오 108
오희상 136
온고지신溫故知新 172
외학 13
욕동欲動 241
《용담유사》 222, 227, 247
용한재필기 258

우생학 25, 62, 63
우승열패 10, 24, 25, 83, 86, 92, 93, 101, 104, 106, 109
우에키 에모리 85
우주의 대활정 13, 230, 235, 248, 251
원자론적 사회관 47, 48
위원 201, 203
위정척사 166
유교 125, 128, 165, 168, 169, 171, 175, 179, 186, 188, 190, 211, 215
유교자본주의 165
유길준 25, 69, 70, 87~89
유성목 258
윤시병 147
윤치호 69, 89, 183
을사늑약 11, 72, 154, 159
이건창 4
이광수 240, 241
이돈화 234, 236~241, 244, 247, 249, 251, 252
이무夷務 199, 200
이상수 5
이상夷商 201
이시다 다케시 123
이용후생 174
이이 137
이인夷人 200

이진하 94, 95
이채우 141
이치무라 미츠에 122
이토 히로부미 108, 189
이학理學 170, 171
이홍장 194
인과법 104
《인권신설》 85, 100, 103
《인내천요의》 239, 241~244, 248
인내천人乃天 221, 233~235, 230, 238, 240, 243, 247
《인류경쟁론》 91
인종주의 50, 58, 59, 65
《일본국법학》 119
《일본헌법》 120
일성자一惺子 176
일신학교 153
일진회 147, 149, 188, 189

【ㅈ】

자강 159
자강불식自强不息 153, 154
자강운동 93
《자암역전》 257
《자연과 윤리》 104, 107, 122
자연법 104, 105, 125
자연적 도덕 107

찾아보기 355

자유권自由權 94
자유민권운동 127
자유방임 지향적 사회진화론 36
자유방임적 자본주의 66
자유방임주의 24~26, 28, 36~38, 44
자유주의 84
장덕수 241
장응진 96, 179
장지동 12, 194, 195, 198, 202, 207~209, 212~214, 216
장지연 69, 152
《장초재수필속필삼필사필오필》 258
장타이엔 204
장현광 136
적자생존 25, 28, 83, 86, 93, 125
전쟁 29~32, 64
정관잉 202
정몽주 176
정약용 175
정학正學 170, 171
제국주의 24, 25, 31, 35~37, 50, 58, 59, 65, 72, 175
《제국헌법편》 108, 109
조중응 189
《족제진화론》 108
종교 혁명 262
《종교진화론》 108

《종의 기원》 27, 28, 69, 75, 76, 96
《종합철학체계》 71
《주역》 80
《주자어류》 135
주희 135, 136, 170
〈중국론〉 205
중서이분이원론中西二分二元論 197
《중영사전》 201
《중외일보》 261
중일전쟁 194
중체서용 13, 193, 195~198, 203, 216
중학 198, 204~209, 212, 215
중학경제 211
중화주의 216
지기至氣 222, 248, 252
지나支那 181, 204
지동설 267
지상천국 13, 244, 247~251
진기원 258
진명進明 11, 158
진명회 138, 147, 148
《진명휘론》 138
진보 29, 143, 159
진보처進步處 136, 137, 157
진보회 147
진화 77, 87, 105, 126, 140, 158
집단 내부의 투쟁 55

집단들 사이의 투쟁 55
집단주의 26, 28, 31, 36, 38
집단주의적 사회진화론 34, 35, 38, 51, 52, 65

【ㅊ】
차이나[齊拿] 204
찰스 부스 42
천 개념 13, 219~221, 230
천도교 13, 219~221, 230, 231, 233, 234, 252
《천도교약사》 232
《천도교창건사》 233, 245, 234, 239, 247, 248
천도天道 227
천부인권 10, 85, 95, 96, 100, 101, 103, 104, 107, 116, 123, 273
《천연론》 77~79, 82, 92, 93
천연지학 76
천연天演 10, 74, 76~79, 83, 86, 87, 92
천주天主 223, 225
천택 76, 86
천황제 11
《철학과 종교》 241
《청의보》 82~84, 262
청일전쟁 74
최병헌 183

최적자 생존 77
춘삼월호시절 225, 226
춘추공양학 69
치지治知 135

【ㅋ】
카네기 71
칸트 83, 268
캉유웨이 69, 82, 139, 140, 262
코페르니쿠스 267
크로포트킨 73
키드 9, 27, 38~51, 53, 54, 57, 59, 61, 64~66, 73, 83, 84, 141

【ㅌ】
톈진조약 200
통제되지 않은 무정부 상태의 경쟁 42
퇴화의 법칙 40, 45

【ㅍ】
페놀로사 71, 108
〈포덕문〉 229, 233, 243
풍계분 202, 203
피어슨 27, 51~66

【ㅎ】

하등 사회 155, 156
하원갑 237
《학지광》 241
한말韓末판 24
〈한살림선언〉 253
한울243, 246~248
한유 170
함양涵養 135
《해국도지》 201
헉슬리 71, 73, 78, 81
《헌법제요》 113, 118
헤겔 52, 53, 57, 73
헬발트 102
현지성 6~8
호시절 225
호즈미 야쓰카 10, 100, 113~115, 118, 121, 123, 125, 127

홉슨 28, 43, 47, 48, 83
홉하우스 43
《화영어림집성》 260
활정론活精論 241
황석우 241
황성신문》 138~141, 153, 154, 181, 184, 185
《황조경세문삼편》 259
《황조경세문신편》 259
황준헌 204
후천개벽 221, 225~227, 237, 238, 242, 245
후쿠자와 유키치 259
히라쓰카 데이지로 84
히라타 도스케 84
ᄒᆞ늘님 223, 225

두 시점의 개념사 현지성과 동시성으로 보는 동아시아 근대

- 2013년 5월 27일 초판 1쇄 인쇄
- 2013년 5월 31일 초판 1쇄 발행
- 지은이　　　　한림대학교 한림과학원 편
- 발행인　　　　박혜숙
- 영업·제작　　　변재원
- 종이　　　　　화인페이퍼
- 책임편집　　　허태영
- 펴낸곳　　　　도서출판 푸른역사
　우) 110-040 서울시 종로구 통의동 82
　전화: 02) 720-8921(편집부) 02) 720-8920(영업부)
　팩스: 02) 720-9887
　전자우편: 2013history@naver.com
　등록: 1997년 2월 14일 제13-483호
ⓒ 한림대학교 한림과학원, 2013

ISBN　978-89-94079-95-0　93900

· 잘못 만들어진 책은 교환해드립니다.

이 저서는 2007년 정부(교육과학기술부)의 재원으로 한국연구재단의 지원을 받아 수행된 연구임(NRF-2007-361-AM0001).